삶과 송두리째 바꾼
남극 탐험 500여 일의 기록

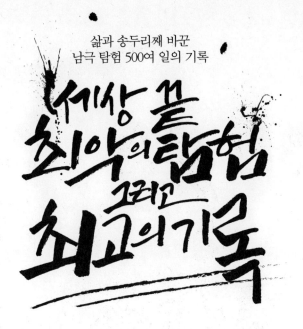

세상 끝
최악의 탐험
그리고
최고의 기록

로버트 팔콘 스콧 지음 박미경 옮김

나비의 활주로

극점 정복을 위한 저장소를 설치할 가을 원정대가 썰매에 짐을 싣고 있다. 열두 명의 대원,
여덟 마리의 말, 스물여섯 마리의 개로 이루어진 원정대는 1911년 1월 24일 출발하여 숱한 눈구덩이와
크랙, 악천우 등을 견디고 2월 16일 저장소 설치에 성공한다.

로버트 팔콘 스콧.
스콧은 극점팀 중 가장 나중에 사망했다.

스콧과 마지막을 함께 했던 대원들.
순서대로 윌슨, 보워즈, 에드가 에번스, 오츠

사진작가 폰팅과 생물학자 넬슨. 폰팅은
남극의 두렵고도 아름다운 다양한 모습을 사진으로 남겼으며,
넬슨은 진화에 관한 다양한 표본 수집과 연구를 진행했다.

자신들에게 맡겨진 일이 정말 잘 맞기 때문일 수도 있겠지만
다른 사람이 했더라면 그렇게까지 잘 할 수는 없었을 것이다.
모두 귀중한 동료들이다. 그래서 어쩌면 선택된 사람들인 것 같다.

1911년 9월, 반쯤 녹은 눈덮인 빙산을 지나고 있다.

스콧이 남극 탐험을 위해 시도한 것 중의 하나는 바로 썰매 차였다. 그러나 남극의 기후조건으로 인해 썰매 차는 모두 고장이 나고, 결국 사용을 포기한다.

저장소 설치를 끝내고 귀환하는 대원들. 숱한 행군 끝에 노련하게 썰매를 끌게 된 데이와 보워즈는 심한 눈보라와 크레바스를 잘 극복하며 귀환에 성공한다.

스키와 개 썰매는
남극의 주요 이동 · 운송 수단이다.

15

통제 불능의 상황, 삶의 마지막 순간까지 평정심을 잃지 않은 최초의 기록!

이 책은 오래전에 나온 내 번역서인 스콧의 《남극일기》를 여러모로 보완한 것이다. 스콧의 《테라노바 호 탐험》은 사백오십 쪽 이상의 원서 두 권으로 이루어져 있다. 첫 번째 권은 스콧이 뉴질랜드에서 남극으로 출항한 날부터 죽음까지 약 일 년 사 개월(1910년 11월~1912년 3월)을 일기 혹은 일지 형식으로 기록한 것이고, 두 번째는 극점팀의 실종 이후에 탐험대의 지휘권을 잡았던 앳킨슨 · 캠벨 · 에번스 등이 수색팀을 조직하여 극점팀을 찾아내기까지 두 번째 해(1913년 1월까지)의 이야기를 나누어 저술한 것이다.

(남극 탐험에 왜 이렇게 긴 시간이 필요한지 의아해하는 독자들이 있을 것이다. 지금은 비행기로 물자를 투하하는 시대지만 그것이 가능하지 않았던 당시에는 남극 특성상 여름만 탐험이 가능했기에 한해 여름은 물자 공급을 위한 저장소 설치를 하고 이듬해 여름에 탐험했다.) 그래서 초판 《남극일기》는 독자들이 부담스럽지 않도록 일정 부분 편집하고 뺄 수밖에 없었는데 일부 독자의 비판이 있기도 했다. 적어도 이 책은 스콧팀이 극점을 향해 출발하고 극

점에 도달하여 귀환하기까지 약 오 개월에 대해 거의 완역했다.

독자들이 알아야 하는 또 다른 한 가지는 스콧의 테라노바 호 탐험대는 극점팀만으로 이루어진 것이 아니었다. 지도와 표본 수집을 위해 남극 대륙의 미지의 부분을 탐사한 북부팀이나 서부팀도 있었다. 북부팀의 탐험 또한 비극으로 끝나지 않은 것이 천만다행일 정도로 극점팀 못지않은 혹독한 환경에서 가까스로 생존했다(어떤 의미에서 극점팀의 비극만 아니었다면 이것 역시 탐험 역사에서 매우 회자되었을 것이다). 이뿐만 아니라 극점팀이 돌아오지 않자 다시 겨울 동안 원정 준비 작업을 마치고 극점팀의 경로를 거슬러 올라간 수색팀이 있었다. 이 모든 팀이 유기적으로 결합한 것이 테라노바 호의 탐험이다. 테라노바 호 탐험대의 목표는 '남극점 정복과 남극에 대한 과학적 연구'였다.

스콧팀은 남극에 도착해 이듬해 가을까지 저장소 설치 작업을 마치고 1911년 11월 1일에 직접 썰매를 끌고 출발하여, 1912년 1월 17일에 남극점을 정복했다. 하지만 개 썰매를 이용한 아문센팀이 먼저 남극점을 정복한 후였다. 설상가상으로 스콧팀의 귀환 과정은 순조롭지 않았다. 이상 기후와 악성 지표가 있는 길고 험난한 길에서 직접 썰매를 끌며 이동하느라 엄청난 힘을 소모했다. 결국 에번스가 크레바스 추락 후에 급속히 약해져 사망했다. 연이어 오츠가 혹독한 기후에 동상이 악화되면서 죽음을 맞았다. 스콧, 윌슨, 보워즈는 마지막까지 고군분투했지만 안전을 확보하는 원톤 캠프를 바로 눈앞에 두고 눈보라에 제동이 걸렸다. 약 5개월의 썰매 행군이 겨우 하루거리 앞에서 완전히 발이 묶여버린 셈이다.

스콧은 이 탐험으로 지난 백 년 동안 수많은 세계적인 비평가들의 주목을 받았다. 더 정확히 말한다면 혹독한 비판에 시달렸다고 하는 편이 더 맞을 것이다. 그렇다고 일반 대중들까지 완전히 등을 돌리게 하지는 못했다. 남극 케이프 에번스에 남아 있는 스콧 탐험대의 기지에는 탐험대의 흔적을 보고 싶어 하는 관광객들이 줄을 이었다. 그리고 폰팅이 찍은 탐험대 사진은 스콧이 알았더라면 깜짝 놀랐을 만큼 많은 수익을 냈다.

두 시선은 국내에서도 다르지 않았다. 일부 주요 언론은 사실이 아닌 왜곡된 정보를 기사화하며 비판에 가세했고 독자들은 또 나름대로 판단했다.

"좋은 글 감사합니다. 얼마 전… 방송에서 남극 탐험에 대해서 나오더군요… 스콧 탐험대가 했던 것처럼 재현하는 것 같던데, 무척 인상 깊은 방송이었습니다… 그 방송 덕분에 스콧에 대해 많은 관심이 생겼습니다… 그러다 보니 여기까지 흘러들어오게 되었군요… 스콧에 대해 많은 글을 올려 주시면 감사하겠습니다…."

"크라이스트 처치에서 그 동상을 봤을 때는 아무런 감흥이 없었는데 이런 사연을 보니까 마음이 아프네요…."

"감동적이네요. 가족을 위하여 삶이 위태위태했음에도 불구하고… 이런 편지를 남기다니…."

이렇듯 평범한 감성을 지닌 독자들은 스콧을 안타까워했다.

이십 세기는 스콧에 대한 비평가들의 공격이 절정에 이른 시기였다고 해도 과언이 아니었다. 그들이 삶을 마감한 캠프에서 윌슨과 보워즈가 원톤 캠프로 가지 못한 것을 두고 스콧이 혼자 죽기가 두려워 그들을 가지 못하게 했다는 추정까지 나왔다. 근거는 오직 스콧이 윌슨과 보워즈가 상태가 괜찮다고 기록한 내용이었다. 보편적 인간 논리로 보면 이해하기 어려운 추정이었다. 그들이 삶을 마감한 곳은 안전을 보장받는다고 할 수 있는 원톤 캠프에서 하루 행군 거리 앞의 지점(십이 마일)이었다. 약 오 개월을 빙하 위에서 썰매를 끌고 행군한 후였고 극한의 한파와 눈보라 속에 있었다. 그들이 생존할 수 있는 유일한 길은 윌슨과 보워즈가 원톤 캠프로 가서 물자를 가지고 다시 스콧이 있는 텐트(이하 나오는 천막은 등산용 텐트를 일컬음)로 돌아오는 것뿐이었다.

이런 상황에서 어떻게 스콧이 그들을 가지 못하게 했을지도 모른다는 추정으로 이어질 수 있을까? 그들의 생존은 물론이거니와 자칫 잘못하면 탐험대의 행로가 영원히 미궁에 빠질 수 있었다(원톤 캠프는 붉은 드럼통으로 높이 세워져 있지만 다른 곳은 그렇게 되어 있지 않아 눈이 덮이면 흔적조차 남지 않는 곳이 남극이었다). 탐험대로서 가장 두려운 것이 이런 결과가 초래되는 것이 아니었을까? 그들이 가지 못했다면 도저히 가기 어려운 상황 때문이라고 하는 편이 가장 논리적인 추론이 아닐까?

디스커버리 호 탐험 때 스콧이 윌슨과 함께 엄혹한 상황에서 괴혈병에 걸린 섀클턴을 끝까지 포기하지 않았던 과거의 족적을 근거로 판단해도 마찬가지였다(실제로 수색팀은 그들을 찾아 올라가던 중에 눈으로 파묻힌 스콧팀의 천막을 못 보고 지나쳤다. 한 대원이 쌓인 눈이 깃대 모양을 하고 있는 것을 발견하고 수색팀을 올라가게 해놓고 따로 떨어져 확인하던 중에 발견했다). 그 이후에 모든 비판을 쏟아붓고도 완전히 판세를 뒤집지 못해서였을까? 아니면 당시의 기상에 대한 과학적인 연구 결과들이 나와서였을까? 어느 시점에 스콧에 대한 비판은 다소 힘을 잃었다. 사실 스콧에 대한 평가는 그의 죽음 이후부터 '롤러코스터'라는 말로 표현될 정도로 많은 부침을 겪었다.

'1913년 2월 10일, 테라노바 호가 뉴질랜드의 작은 항구로 들어오면서, 스콧과 극점팀이 남극점 정복에 성공했지만 귀환 중에 사망했음'을 알리는 보도가 전 세계로 퍼져나가자 영국인들은 충격에 빠졌다. 하지만 죽음 앞에서도 끝까지 용기를 잃지 않았고 인간의 존엄성과 강인함이 스콧이 적은 기록에서 드러나자 스콧은 영국인을 상징하는 인물이 되었다. 잘 알려진 것처럼 그는 끝까지 자연사를 고수했다. 부득이한 경우 '죽음의 수단'으로 쓸 수 있는 진통제나 진정제가 있었지만 사용하지 않았다. 다시 말해 '죽음 앞에서도 인간의 존엄성과 위엄을 잃지 않는다.'는 영국인들에게 전통적인 미덕, 즉 영국 전통 속에서 면면히 내려온 기사도 정신이나 영국 신사의 정신과 맥을 같이했다.

이런 분위기는 오래가지 않았다. 제국주의 열강들 중 하나였던 영국은 당시 제1차 세계대전(1914년)의 전운이 감도는 분위기 속에서 국가를 위한 헌신과 희생에 높은 가치를 부여하면서 국민들을 독려하고 있었다. 전쟁의 발발로 인한 공포와 전후의 상처는 제국주의에 대한 반감으로 이어졌고 사회적 정치적 변화와 함께 불가피한 가치관의 변화를 불러일으켰다. 그 결과, 제국주의 지원을 받았던 모든 것이 구시대의 유물로 간주되기 시작했다. 스콧 역시 예외가 아니었다. 애국심은 '국가라는 집단이 개인의 희생을 이용하는 것'인 양 부정적으로 치부되었다. 그리고 물질주의적이고 개인주의적인 가치관과 함께 실용주의가 득세하여 '영웅주의'

에 대한 강한 반발을 불러일으켰다. 이런 상황에서 스콧이 끝까지 지키려고 했던 정신적인 가치는 인정받지 못하였고 오히려 유약함의 상징이 되었다. 더 나아가 막중한 과업 앞에서 자신의 가치를 고집하는 것이야말로 이기적인 오만함의 산물이라는 말까지 나왔다. 한때 스콧을 규정했던 좋은 군인의 미덕이었던 충성심, 의무, 자기희생, 힘의 의미가 퇴색되었다. 아니 더 정확히 말해 왜곡되었다. 이런 경향 속에서 전기 작가나 비평가들이 요즘 언론과 같이 사회적이고 정치적인 흐름에 편승하려고 하였다. 그래서 스콧 원정대가 살아 돌아왔다면 일화로 지나갔을 탐험의 세세한 부분까지 파헤치며 냉혹한 비판을 가하기 시작했다. 그러자 스콧은 사랑과 존경을 받았던 대장이 아닌 무능한 관료주의자의 상징이 되었다. 그들은 스콧에 대한 내용 중 많은 부분이 이상화되었다는 증거를 대는 데 총력을 기울였다. 그리고 그들이 탐험의 행간까지 분석하고 세세히 파헤칠 수 있는 '스콧의 기록'이 있었기 때문이 일정 부분 성공을 거두는 것처럼 보이기도 했다.

역설적으로 이런 점들로 인해 스콧은 탐험가로서 유례없이 세계 무대에서 오랫동안 주목받았고 이십일 세기로 넘어온 이 시점까지 백 년 동안 쟁점의 중심에 있었다. 한 역사학자의 말처럼 일찍이 스콧만큼 많은 흥미와 논쟁을 불러일으키고 조명을 받은 탐험가가 없었다. 이제 그만하자는 말이 나올 정도이다. 그럼에도 그에 대한 시선의 간극은 여전히 좁혀지지 않고 있는 것처럼 보인다.

영국인들이 깊은 존경과 애도를 보냈던 영국적인 본보기의 상징이었던 스콧, 비평가들의 가혹한 비판의 대상이 된 스콧, 평범한 독자가 그의 글의 행간을 통해 느끼는 스콧 사이에 여전히 어떤 차이가 있다. 추측컨대 이 부분은 결국 비평가들의 판단이나 논리가 아닌 평범한 인간이 직관적으로 받아들이는 결론으로 귀결되지 않을까 하는 조심스런 예측을 해본다. 논리로 논쟁을 종결시키지 못할 때 세월이 지나면서 논리가 점점 옅어지다가 희미한 흔적만 남기며 사라지는 것을 보았기 때문이다. 분명한 것은 이십일 세기에 접어들면서 이전과는 다른 흐름이 나타나고 있다는 것이다.

《남극일기》의 역자로서, 탐험에 별로 관심이 없음에도 스콧에 대해 깊이 관심을 가진 것은 스콧의 탐험에서 어디에서도 보지 못한 독특한 가치와 매력을 발견했기 때문이다(탐험 그 자체만이 아니라 요즘 우리 식의 표현대로 하면 흙수저인 스콧이 당시에 금수저인 쟁쟁한 상류 계급 경쟁자 무리를 꺾고 스토리를 만든 것부터 그랬다). 스콧뿐만 아니라 윌슨과 보워즈를 포함하여 탐험대 모두에게 강하게 이끌렸다.

한 역사학자는 "과학적인 연구는 스콧이 아니어도 누군가 할 수 있는 것일지 모르지만 통제 불능의 상황에서 삶의 마지막 순간까지 평정을 잃지 않고 기록을 남긴 사람은 역사상 스콧 외에는 없었다."라고 말했다. 스콧은 남극으로 출발한 시점부터 죽음까지 일 년 사 개월, 즉 약 오백일을 한결같이, 거의 하루도 빠짐없이 기록했다. 상황이 여의치 않을 때면 다음 날에 전날 것을 적었다. 불가항력적인 죽음 앞에서도 예외는 없었다. 인간이라면 누구나 가질 수밖에 없는 원초적인 절망감과 두려움 앞에서 그것은 엄청난 용기였고 초인적인 인내력이었으며 한 치 흐트러짐 없는 '완전한 자기 통제력'이었다. 체리-개라드는 스콧의 시신과 기록 앞에서

세상 끝 최악의 탐험, 그리고 최고의 기록

"그때만큼 그가 그렇게 강한 사람이었음을 깨달은 적이 없다."라고 기술했다.

이것이 탐험의 차원을 넘어 평범한 인간에게 어필되는 행간의 한 부분이다. 일기의 내용이 아니라 그가 죽음의 순간까지 그렇게 했다는 사실 자체가 행간이 되어 그가 어떤 사람인지 판단하게 만들었다. 아니 인간이란 어떤 존재인가에 대한 생각을 하게 만들었다. 다시 말해 인간에게 가장 이상적인 명제인 "내일 지구가 멸망하더라도 한 그루 사과나무를 심는다."라는 것이 인간에게 완전히 불가능한 것이 아님을, 역설적으로 자연의 거대한 힘 앞에서 죽음을 맞을 수밖에 없었던 한 탐험가를 통해 보았다. 그래서 그의 죽음이 특별한 의미가 있다. 비록 그들이 살아서 돌아왔기를 훨씬 더 갈망한다고 해도 말이다.

박미경

탐험대 구성

(직위는 탐험대에 참여했을 당시의 직위임)

스콧 Robert Falcon Scott (대장) 해군 대령

지휘관

- 에드워드 에번스 Edward Evans (부대장, 지원팀) 해군 중령

- 보워즈 Henry R. Bowers (극점팀, 물자 담당) 해군 대위

- 오츠 Lawrence Oates (극점팀, 말 담당) 이니스킬링 기병대 대위

- 앳킨슨 Edward Atkinson (의사, 기생물학자, 지원팀) 군의관

- 캠벨 Victor L.A. Campbell (북부팀 팀장) 해군 대위

- 레빅 G. Muray Levick (북부팀) 군의관

과학진 및 전문가

- 윌슨 Edward Adrian Wilson —과학진 수장, 의사, 동물학자, 극점팀

- 심프슨 George C. Simpson —기상학자

- 테일러 T. Griffith Taylor —지질학자

- 넬슨 Edward W. Nelson —생물학자

- 데벤햄 Frank Debenham —지질학자

- 프리스틀리 Raymond E. Friestley —지질학자

- 라이트 Charles S. Wright —물리학자

- 폰팅 Herbert G. Ponting —사진 및 영상 작가

- 메레스 Cecil H. Meares —개 썰매 책임자

- 데이 Bernard C. Day —기술자, 썰매 차 책임자

- 체리-개라드 Apsley Cherry-Garrard —동물학 보조

- 그랜 Tryggve Gran —노르웨이 스키 전문가

일반대원

- 레슬리 W. Lashly —난방 담당, 지원팀

- 클리솔드 Thomas Clissold —요리사, 이후에 해군이 됨

- 에드가 에번스 Edgar Evans —해군 하사관, 극점팀

- 포드 Robert Forde —해군 하사관, 지원팀

- 크린 Thomas Crean —해군 하사관, 지원팀

- 키오한 Patrick Keohane —해군 하사관, 지원팀

- 후퍼 F. J. Hooper —선원, 이후에 해군, 지원팀

- 안톤 Anton Omelchenko —말 관리 담당

- 드미트리 Demetri Gerof —개 관리 담당

- 윌리엄슨 Thomas S. Williamson —해군 하사관

- 아처 W.W. Archer —선원

이 외에도 배 팀의 과학자들과 뱃사람까지 합치면 총 예순다섯 명으로 구성되어 있다. 참고로 탐험대에는 에번스가 두 명이다. 한 사람은 부대장인 에드워드 에번스이고 다른 한 사람은 극점팀의 에드가 에번스이다.

스콧(해군 대령, 대장 극점팀)

해군사관학교 장교 후보생들의 범선 경주에서 우승한 것을 계기로 남극탐험계의 대부 클레멘스 마크햄에게 리더로서의 자질을 깊이 각인시켰다. 서른두 살의 젊은 나이에 중산층으로서 상류층의 수많은 경쟁자를 물리치고 디스커버리 호 탐험대의 리더로 발탁되어 1901년, 남극에 도달하였다. 윌슨, 섀클턴과 함께 인류 역사상 최초로 남극 내부로 진입하여 구십삼 일 동안 구백오십칠 마일의 썰매 행군을 하였다. 이 탐험은 출발 오십여 일만에 괴혈병에 걸린 섀클턴을 윌슨과 함께 무사히 귀환시킨 유명한 일화를 남겼다.

디스커버리 호는 '지리학적 목적과 과학적 목적', '기술적 시스템 구축', '자기학적 · 지질학적 연구'까지 모두 성공적이었다는 평가를 받았다. 스콧은 이 탐험대를 이끌고 돌아온 직후에 해군 대령으로 승진하였다. 그의 두 번째 탐험이자 마지막 탐험인 테라노바 호 탐험은 1909년, 공식 발표되었고 1910년 남극을 향해 출항했다. 사후에 기사 작위를 받았다.

윌슨(극점팀, 과학진 수장, 의사, 동물학자)

케임브리지 의대 출신의 내과의로서 디스커버리 호에서 스콧과 인연을 맺어 오랜 기간 스콧의 든든한 친구이자 동지이며 조언자 역할을 한 인물이었다. 그는 동물학자이기도 했고 섀클턴의 친구로도 잘 알려져 있으며 수채화를 잘 그린 것으로 특히 유명했다. 그가 남극에서 그린 많은 수채화는 폰팅의 사진과 함께 기록물로 남아있다.

스콧의 지속적인 언급처럼 그는 충성심이 강하며 다른 사람을 배려하는 마음과 실용적인 지식이 풍부하여 대원들에게 인기가 많았다. 남극 체류 동안 보워즈·체리-개라드와 함께 탐험이 불가능하다고 여겨지는 한겨울의 어둠 속에서 삼십오 일간 황제펭귄 서식지인 크로지어 곶으로 황제펭귄 알을 구하기 위해 모험했다. 이것은 남극에서의 최악 조건의 탐험으로 탐험사 기록에 남아있다.

에드워드 에번스(부대장, 지원팀)

탐험대의 부대장으로 디스커버리 호 시절의 또 한 사람의 동료였다. 부대장으로 테라노바 호 탐험대에 참여하여 극점팀을 지원하고 내려오던 중 괴혈병에 걸려 생존을 위한 사투를 벌였고, 동료들이 헌신적으로 보살펴서 극적으로 생존하였다. 배에 실려 뉴질랜드에 가서 치료를 받고 건강을 회복한 후에 아내가 병으로 죽은 상황에서도 다시 남극으로 돌아가 남은 탐험대를 인솔해 돌아갔다. 이후에 해군 최고위직에 오른 인물이다.

보워즈(극점팀. 물자 담당)

'디스커버리 호 탐험대의 리더'로 스콧을 추천한 마크햄이 또 추천하여 탐험대에 입성하였다. 스코틀랜드 출신으로 버마와 페르시아 만에서 복무한 경험이 있었다. 보워즈는 업무에 대한 주도면밀한 수행 능력과 강인한 정신, 불굴의 의지로 네비게이터로서뿐만 아니라 물품 적재 및 관리 책임자로서 탁월한 능력을 발휘하였다. 남극에 상륙하면서 스콧의 왼팔로 급부상했고 스콧의 기록에서 가장 많은 찬사를 받은 대원이 되었다. 엄청난 작업량을 소화할 수 있는 능력, 어떤 경우에도 포기를 모르는 강인한 의지와 지칠 줄 모르는 기력, 남극의 혹독한 추위에 강한 내성 등은 당할 사람이 없었다. 차세대 지도자 감이었으나 극점팀의 비극으로 수많은 이들의 안타까움을 자아냈던 젊은 대원이다.

오츠(극점팀, 말 담당)

이니스킬링 기병대 대위 출신으로 말을 전문적으로 다루며 지극하게 헌신하여 유명했던 대원이다. 동료들 사이에 '군인' 혹은 '유쾌한 염세주의자'라는 별명으로 통했다. 영국인으로 프랑스의 나폴레옹을 매우 존경한 특이한 취향의 소유자였다. 극점팀이 귀환 중 위기에 처하자 심한 동상으로 더 이상 갈 수 없어 스스로 걸어 나가 죽음을 택했다.

엣킨슨(의사, 미생물학자, 지원팀)

외과의이자 군의관으로 전문가팀이 아니라 지휘관 소속으로 남극 체류 중에 눈보라로 길을 잃어 모두를 놀래킨 유명한 일화의 주인공이었다. 극점팀을 지원하고 내려온 후 극점팀이 돌아오지 않고 북부팀의 행방역시 묘연한 최악의 상황에서 지휘권을 잡아 무난하게 잘 해냈다는 평가를 받았다.

에드가 에번스(해군 하사관, 스콧의 디스커버리 호 동료, 극점팀)

힘이 센 거구의 해군 하사관으로 디스커버리 호 시절, 스콧이 만년설고원 탐사를 떠났을 때 함께 가며 생사고락을 같이 한 대원이었다. 썰매 행군에 상당한 힘이 필요했기 때문에 극점팀의 일원이 되었다. 썰매 개조, 천막, 피네스코(털 장화), 크램폰(경사가 심한 얼음 땅을 오르내릴 때 신발 밑창에 부착하여 미끄러짐을 방지)과 다양한 보급품 제작을 담당하였다. 썰매 행군의 특성상 극점팀에 가장 필요한 대원이었지만 극점팀 정복 이후에 크레바스에 추락하면서 신체 능력과 판단 능력을 빠르게 잃고 제일 먼저 죽음을 맞았다.

심프슨(기상학자)

남극에 당시의 온갖 최신 기상학 장비를 설치해 기상학 기지로 불렸던 곳을 책임졌던 기상학자였다. 당시로서 얻기가 거의 불가능했던 남극 빙붕의 사계절 기온 정보를 얻어 남극 기상을 분석하여서 스콧이 특히 신뢰했다. 당시 인도 기상 관측소 소속이었지만 이후에 영국 기상 관측소 소장이 되었고 훗날 기사 작위를 받았다.

테일러(지질학자)

오스트레일리아 출신의 지질학자로 탐험대에서 독특한 개성을 가진 과학자로 잘 알려져 있다. 지적 호기심이 왕성하고 많은 분량의 글을 뛰어난 표현력으로 쓰기로 유명했다. 그리고 말하기를 좋아해서 스콧과도 자신의 분야에 대한 논쟁을 즐겨 했다. 이후에 연구 논문의 서문에서 탐험 당시에 스콧이 보여준 놀라운 통찰력이 자신의 연구의 실질적인 기반이 되었다고 밝혔다. 이후에 그는 대학교수가 되었다.

데밴햄(지질학자)

탐험 이후에 케임브리지 대학교수가 되었고 대학 내에 있는 〈스콧 극지 연구소〉 소장을 역임했다.

라이트(물리학자)

캐나다 출신으로 물리학자이면서 탐험 대원으로 활약하였다. 특히 그는 수색팀의 네비게이터로 스콧의 마지막 천막을 발견하는 데 공헌한 인물이었다. 이후에 케임브리지 대학의 교수가 되었고 학문적 업적을 쌓아 훗날 최고의 영예인 기사 작위를 받았다.

폰팅(사진작가)

영국에서 유명한 사진작가일 뿐만 아니라 잘 알려진 세계 여행가이자 저술가이다. 1909년, 스콧 대장이 폰팅의 능력과 이력, 일에 대한 자세에 깊은 인상을 받아 남극 탐험 사진 및 영상 기록을 맡겼다. 그래서 탐험대와 함께 남극에 들어간 세계 최초의 전문 사진작가가 된다. 탐험 대원은 아니었지만 남극에 체류하는 동안 스콧의 전폭적인 신뢰를 받았다. 탐험에서 돌아온 후 스콧의 사진 및 영상 기록을 왕실, 군인 및 일반 대중들에게 알리는 일에 평생을 헌신하였다.

체리-개라드(동물학자 보조, 지원팀)

당시 이십 대 후반의 어린 대원이다. 옥스퍼드 대학에서 역사를 전공하고 윌슨의 '동물학 보조'로 탐험대에 들어가서 이 탐험으로 이후에 타의 추종을 불허하는 섬세한 감성과 놀라운 글 솜씨로 '탐험서 불후의 명작'이라는 찬사를 받은 《지상 최악의 탐험》을 썼다. 이 책은 남극에 체류 중에 겨울에 윌슨·보워즈와 함께 크로지어 곶으로 황제펭귄 알을 구하러 간 탐험을 말한다. 이뿐만 아니라 남다른 글 솜씨로 〈남극 타임스〉 편집장을 맡아 이를 발간하면서 남극에서 추위와 단조로운 생활에 새로운 힘을 북돋워 주었다. 하지만 결정적으로 자신이 이끈 개 썰매팀이 극점팀과 만나는 데 실패하고 이후에 스콧의 기록을 통해 거의 만날뻔했다는 사실이 밝혀지자 정신적인 충격에 의한 깊은 아픔에서 벗어나지 못하였다. 그러다가 세상을 떠나는 날 전문가의 도움으로 안식을 찾았다고 전해진다.

남극 용어 설명

- **눈보라** – 남극의 눈보라는 남풍에 눈과 지표에 쌓인 눈이 함께 휘몰아치는 것을 동반한다. 여름의 한낮에도 몇 미터 앞의 천막이 보이지 않고 겨울의 어둠 속에서는 몇 걸음 나가지 않아도 길을 잃기 쉽다. 눈보라 속에 나가면 판단이 흐려질 뿐 아니라 혈액 순환에 문제가 생겨 순식간에 동상에 걸린다.

- **빙하** – 대륙에 쌓인 눈이 무게와 압력으로 점차 두꺼워져 얼음이 된 것으로 중력에 의해 떠다닌다(비유를 하자면 마치 물엿처럼 움직인다.)

- **빙산** – 남극 대륙 가장자리로 밀려와 중력의 작용으로 바다로 떨어져 나간 빙하를 빙산이라고 한다. 다양한 형태의 빙산은 투명한 우윳빛과 자연 그대로의 아름다운 모양으로 남극해의 아름다운 경관 중 하나이다.

- **바다 얼음** – 빙하와는 다른 얼음이다. 바다 얼음은 바다가 계절에 따라 아주 두껍게 얼지만 계절의 전환기에 해수 온도와 바람의 영향으로 갈라지며 떨어져 나간다.

• **빙붕** – 남극 해안을 따라 있는 얼음 절벽으로 이십 내지 오십 미터 높이이다. 일부는 육지에 붙어 위에 있지만 대부분 바다 위에 떠 있다.

• **빙퇴석** – 빙하에 의해 운반되었던 점토 등의 물질이 빙하가 일부 녹으면서 쌓여 생긴 퇴석이다.

• **크레바스** – 빙하 유동의 속도 차이로 생긴 균열로 갈라진 부분이 눈에 덮여 가려져 있는 경우가 많다.

• **크랙** – 크레바스 중에 크기나 규모가 비교적 작은 것을 말한다.

• **사스트루기** – 남극의 강한 바람과 눈이 만들어내는 날카로운 지표 (지구의 표면, 땅의 겉면)이다. 눈이 바람이 부는 각도에 따라 물결 모양으로 얼어붙어 만들어진다. 현대의 설상차(눈이나 얼음 위를 달릴 수 있도록 제작한 특수 자동차)조차도 이동하기 어려운 지표이다.

• **드리프트** – 쌓인 눈이 바람에 휘몰아치는 현상이다.

목차

4. 봄 – 극점 정복을 위해 마지막으로 준비하다

5. 11월 – 남극점을 향해 광활한 빙붕으로 가다

6. 12월 – 거센 눈보라에서 빠져나온 후 비어드모어 빙하를 오르다

7. 1월 – 남극점을 정복하다

/ 1 /

여름–케이프 에번스에 상륙하다

아델리 펭귄의 얼빠진 행동

우리가 해안에 올라가 있는 동안 캠벨이 짐을 내리기 위한 첫 번째 단계에 들어갔다. 곧 두 대의 썰매 차를 해안에 내렸고 데이와 여러 명이 몰려들어 재빨리 짐을 풀기 시작했다. 다시 운이 따랐다. 항해 동안 거친 날씨와 수 톤의 바닷물이 덮쳤음에도 불구하고 모든 부속이 마치 전날 꾸린 것처럼 말끔하고 깨끗했다. 방수포와 끈으로 철저히 싸놓은 장교들 덕분이라고 해도 지나친 칭찬이 아니다.

다음 차례는 말이었다. 몇 마리는 상자 속에 들어가지 않으려고 해서 많은 어려움이 있었지만 오츠가 올라가 어르고 달래어 무사히 내릴 수 있었다. 그 외에 다른 말들은 뱃사람들이 들어서 옮겼다. 하나같이 야위어 있고 지쳐있었지만 그래도 끈질긴 생명력을 내뿜는 것에 놀라움을 금할 수 없었다. 열일곱 마리 모두 유빙 위에 안전하게 옮겼을 때 나는 한숨 돌렸다. 눈 위에 발을 올려놓는 순간부터 말은 새로운 생활에 대한 기대감을 가지는 것처럼 보였다. 말이 빠르게 회복되리고 믿어 의심치 않았다. 불쌍한 놈들! 마음대로 긁을 수 있는 자유에 저토록 기뻐하다니! 하나같이 피부질환으로 고통스러웠으리라. 몸놀림이 자유로워지자 서로 옆구리에 몸을 비비며 정겹게 긁는 모습을 보여주었다.

메레스와 썰매 개는 일찌감치 배에서 내려 종일 가벼운 짐을 실어 날랐다. 썰매는 펭귄들의 얼빠진 행동이 가장 큰 장애물이었다. 펭귄 한 무리가 바다에서 우리가 있는 부빙(물 위에 떠다니는 얼음덩이)으로 계속해서 솟아올랐다. 펭귄은 발을 딛는 순간부터 자신들의 안전 따위에는 아랑곳하지 않고 대책 없이 호기심만 발동시켰다. 우스꽝스러운 자세로 고개를 이리 기웃 저리 기웃하면서 개가 있는 쪽으로 어기적거리며 걸어왔다. 개가 짖어대며 펭귄에게 다가가려고 줄을 잡아당겼지만 펭귄은 눈 하나 깜짝하지 않았다. 그러면서 마치 이렇게 말하는 것 같았다.

"야! 여긴 만만치 않은 곳이야. 도대체 웃기게 생긴 녀석들이 여기 무엇을 하러 왔는데?"

펭귄은 점점 더 개 쪽으로 가까이 다가왔다. 개 무리는 펭귄 쪽으로 줄을 팽팽하게 잡아당겼다. 펭귄들은 전혀 무서워하는 기색이 없었다. 펭귄 목둘레 털이 곧게 섰다. 마치 무례한 이방인을 꾸짖어 나무라는 것처럼 성난 듯 꽥꽥거렸다. 그 태도에는 이런 뜻이 들어있는 것 같다.

"오, 별것 아닌 주제에. 잘못 왔어, 네까짓 것들이 그런다고 우리가 눈 한번 까닥할 줄 알아!"

펭귄이 결정적으로 개들이 묶여있는 반경에 걸음을 들였다. 끔찍한 몸 싸움이 일어났고 눈 위에 핏자국이 선명했다. 그제야 사건은 막을 내렸다. 아무도 이 얼빠진 새들을 말릴 수가 없었다. 대원들 몇몇이 펭귄들을 쫓아버리려고 달려갔다가 오히려 펭귄이 태연자약해서 멈추었을 뿐이었다. 그들의 행동은 마치 이렇게 말하는 것 같았다.

"너희들은 또 뭐야? 무슨 상관이야? 바보 같은 것들. 우릴 건들지 마."

피가 보이자 도둑갈매기 떼가 모여들었다. 그것들은 수확물에 만족감을 느끼는 것 같았다. 이상하게도 갈매기는 펭귄과 달리 개를 자극하지 않았다. 도둑갈매기 떼는 약탈품이 생길 때 흔히 그러듯이 개 바로 앞에서 사납게 아우성치고 소리를 지르며 자신들의 차례가 오기를 기다렸다. 이런 일들이 하루 종일 반복적으로 일어나자 개의 사기가 심각하게 떨어졌다. 메레스는 분노하고 또 분노한다.

오후에는 썰매 차를 운행했다. 한 대는 데이가, 다른 한 대는 넬슨이 운행했다. 몇 번의 잔고장이 있었음에도 불구하고 많은 짐을 해안으로 실어 날랐다. 성공이라고 부르기에는 아직 이르지만 한번 기대해 볼만하다. 이제 기지를 지을 상당한 양의 목재를 내려야 한다. 오늘 밤은 아직 태양이 비치고 있으며 이틀 전이나 하루 전과는 확연히 다르다.

✢ ✢ ✢

나는 방금 해변에서 돌아왔다. 통나무 기지를 지을 자리를 골랐다. 건축팀은 여드레 동안 해안의 넓은 초록색 천막 속에서 지낸다. 통나무집을 지을 목재를 모두 해안으로 운반했다. 말이 모래를 먹지 못하도록 눈 경사의 말뚝에 매었고 개는 모래까지 닿을 수 있는 느슨한 줄에 묶었다. 개는 하루 종일 바쁘게 보낸 후 몸을 웅크리고 있다. 메레스와 드미트리가 초록색 천막에서 잠을 자고 밥을 먹으며 개를 돌본다. 사람뿐만 아니라

세상 끝 최악의 탐험, 그리고 최고의 기록

말과 개의 식량까지 모두 해안에 내렸고 두 대의 썰매 차가 안전하게 실어 나르고 있다.

첫날 작업은 많은 성과가 있었다. 내일은 6시부터 모든 일손이 움직이기 시작한다. 준비하고 조직하느라고 바쁘게 보낸 지난 몇 개월의 결과를 지켜보자니 감회가 새롭다. 글을 쓰고 있는 지금 내 주위로 코 고는 소리가 여기저기서 들린다. 힘든 하루 일을 마친 지금 피곤에 지친 사람들이 내일을 위해 쉬고 있다. 나도 지난 이틀 동안 전혀 눈을 붙이지 못했기 때문에 이제 자야 한다.

범고래의 위협에 놀라다

1월 5일 화요일

아침 5시에 일어나 6시부터 작업을 시작했다. 모두 일에 뛰어들어 결과가 나타나는 것을 보고 있으면 흐뭇하다. 나는 오늘 아침 조금 늦게 현장에 나가보았다. 그런데 매우 기이한 장면을 목격했다. 예닐곱 마리의 범고래는 어린 놈도, 늙은 놈도 있었다. 배 앞의 단단한 부빙 가장자리를 맴돌고 있었다. 흥분한 것처럼 보였는데 부빙을 스치듯이 순식간에 잠수해 들어갔다. 그리고는 갑자기 물을 뿜어 올리며 선미(배의 뒷부분)에 나타났다. 범고래에 대해서는 이전에 이야기를 들은 것이 있어서 특별히 위험하다는 생각은 하지 않았다. 부빙 가장자리에는 선미와 연결된 쇠줄에 에스키모 개 두 마리가 묶여 있었다.

　나는 고래 움직임이 이것과 관련이 있을 거라고는 미처 상상하지 못했기에 고래가 매우 가까이 다가오는 것을 보고 배 옆에 서 있던 폰팅에게 소리쳤다. 폰팅은 그 광경을 가까이서 찍으려고 카메라를 쥐고 부빙 가장자리로 달려갔다. 한순간 고래들이 모습을 감추었다. 곧 폰팅과 개가 있던 얼음판 가장자리가 위로 올라가면서 산산조각이 났다. 고래가 얼음 밑으로 들어가 등으로 얼음을 깬 것이다. 고래 무리가 쿵 쿵 하는 울림소리를 내며 돌아가면서 얼음을 강타했다. 다행히 폰팅이 중심을 잃지 않고 재빨리 안전한 곳으로 피신했다.

두꺼운 얼음 여기저기에 금이 갔고 개 사이의 얼음도 금이 갔다. 다행히 개 두 마리는 물에 빠지지 않았다. 그런데 다음 광경은 더 놀라웠다. 고래의 거대한 대가리가 그들이 만든 얼음의 금 사이에서 밀고 올라왔다. 갈라진 얼음 사이에서 대가리가 칠 내지 십 피트 올라왔을 때, 대가리에 있는 황갈색 무늬, 작고 반짝이는 눈, 끔찍한 톱니바퀴 같은 이빨 등이 선명하게 보였다. 생전 처음 보는 흉포한 모습이었다. 아마 고래는 폰팅과 개에게 무슨 일이 일어났는지 보기 위해 올라온 것이 틀림없다. 개는 겁을 집어먹고 울부짖으며 줄을 팽팽히 잡아당겼다. 고래 한 마리가 대가리를 어떤 개의 오 피트 이내까지 들이댔다.

그 후에 놀이가 더 이상 무의미하다고 생각했는지, 폰팅을 완전히 놓쳤다고 생각했는지 다른 사냥터로 몰려가 버렸다. 그래서 개 역시 무사했다. 더 중요한 것은 얼음 위에 오류 톤의 석유통을 임시로 내려놓았는데 그쪽은 금이 가지 않아 피해가 없었다는 점이다.

범고래가 계속 얼음 가장자리를 맴돌며 잘못해서 물에 빠지는 뭔가를 호시탐탐 노렸다. 지능적으로 용의주도하고 그토록 두꺼운 얼음(약 삼 피트 정도 두께)을 깰 수 있고, 무리를 지어 행동하는 모습이 우리에겐 실로 의외였고 놀라웠다. 범고래의 뛰어난 지능은 타고난 것이 분명하다. 앞으로 그들의 지능을 여러 면에서 다루게 될 것이다.

범고래에 관한 기록(학명 Orcinus Orca)

그리니치에서 삼십일 피트의 범고래가 잡혔다.

턱 위로 이빨 약 이 인치 반으로 총 길이 삼 인치 반이다.

British Quadrupeds(영국의 네발 짐승류) - Bell(벨)

범고래의 흉포함과 사나움은 알려진 다른 모든 고래류를 능가한다.

이십일 피트 위에서 열세 마리의 고래 잔해와 열네 마리의 물개 잔해를 발견했다.

흰고래 떼가 만으로 몰려가서 그곳을 초토화시켜 놓았다.

넓고 원뿔형이고 조금 휘어진 이빨은 각 턱마다 열한 개에서 열두 개이다.

Mammals(포유류) - Flower and Lydekker(플라워와 리데커)

엄청난 힘과 흉포함에 있어 다른 범고래 부류와 구별된다.

떼 지어 사냥을 다니고 다른 고래들을 잡아먹는다.

Marine Mammalia(해양 포유류) - Scammon(스캐몬)

성성인 수컷은 평균 이십 피트 암컷 약 십육 피트로 원뿔형의 강하고

날카로운 이빨이 서로 맞물려 있다. 민첩하고 힘이 세다.

낮게 물을 뿜으며 육식성이고 대담하고 교활하다.

서너 마리 떼가 모이면 제일 거대한 수염 고래와 맞붙는 것도 주저하지 않는다.

도망 가려는 시도를 하지 않는 모습도 자주 보인다.

한 무리의 범고래가 일반 고래들을 포위 공격한 예가 있다.

동작이 신속하고 날래다.

때때로 해수면 위로 양턱에 물개를 물고 흔들고 짓이긴 다음 게걸스럽게 삼킨다.

흰고래를 갈기갈기 찢는다.

폰팅은 어제 발견한 빙산의 얼음 동굴을 통해 보이는 배의 광경에 홀려 사진을 찍고 싶어 했다. 그는 이미 몇몇의 멋진 장면을 담는 데 성공했다. 오늘 오후에 나는 폰팅과 그 빙산으로 가보았다. 우리 둘 다 그토록 아름다운 광경을 처음 보았다. 기울어진 빙산 속 동굴은 원래 빙하의 크레바스였는데 뒤쪽이 비스듬한 타원형으로 뚫려 있었다. 가장자리에 매달린 고드름의 투명 막을 통해 하늘이 보였다. 하늘은 마치 짙푸른 자줏빛을 띠고 있었는데 동굴의 푸른빛과 대조되어 그런 것인지 착시 현상인지 알 수 없었다. 고드름을 통해 부분적으로 보이는 배의 전경, 서부산, 라일락 빛 하늘…. 이것이 어우러지자 한 마디로 환상적으로 아름다운 한 폭의 그림이었다.

오늘 우리는 기지를 지을 나머지 자재, 석유, 파라핀 기름, 말의 식량인 엄청난 양의 귀리를 내렸다. 내일부터는 말이 작업을 시작한다. 오늘은 썰매 차가 대신 운행을 잘해서 한 번도 중단되지 않았다. 그래서 믿을만 하다는 말이 나오지만 우리가 바라는 무게를 감당해낼 수 있을지 여전히 의문이다.

통나무 기지의 기초 작업이 거의 완성되었다. 작업은 새벽 1시까지 이어졌고 아침 7시에 재개되었다. 내가 측정한 것에 따르면, 통나무 기지는 해수면 십 내지 십삼 피트 높이다. 바다가 열릴 때 북풍이 아무리 강하게 몰아치더라도 파도가 그런 높이까지는 올라오지 못할 것이다. 상황이 모든 면에서 순조롭다. 작업하느라 글 쓰는 것이 매우 피곤하다.

물자 하역 작업

우리는 오늘 아침 6시에 작업에 들어갔다. 윌슨·앳킨슨·체리-개라드·내가 말 한 마리씩을 이끌고 배로 가서 짐을 실어 운반하는 작업을 했다. 그리고 말을 바꾸어 계속했다. 말 힘이 보통이 아니었다. 네 마리 중 세 마리의 활약이 대단했는데 그만큼 내게 힘든 운동이었다. 보통 삼백이십 킬로그램이었고 한 번은 사백오십 킬로그램이었다.

말뿐만 아니라 썰매 차와 개 썰매도 수송을 하며 하루를 보냈다. 하루만 더 하면 끝나고 연료와 건초(육십 톤)만 남는다. 놀라울 정도로 빠르게 이루어지고 있다. 썰매 차는 잘 운행되지만 안심하기에는 아직 이르다. 작은 문제라면 극복하겠지만 우리가 앞으로 실으려는 무게를 감당할 수 있을지 여전히 의문이다. 그래도 도움이 될 것이란 생각은 변함없다. 게다가 썰매 차가 부빙(바다 얼음) 위를 힘차게 지나다니는 모습은 멋있고 보고 있으면 꽤 만족스럽다.

개들은 점점 나아지고 있다고 해도 여전히 가벼운 짐을 끌 수 있을 뿐 매번 녹초가 되어 돌아온다. 자신감이 보이지 않는다. 하지만 따뜻한 날씨가 개(에스키모 개)에게 나쁘게 작용하는 경우도 있다.

대원들도 팀을 이루어 매우 잘하고 있다. 캠벨의 동부팀은 오늘 하루 이십사 마일의 거리를 여덟 번 왕복했다. 모두 스키 스틱이 짐을 끄는 데 많은 도움이 된다고 말한다. '왜 진작 그 생각을 못했지?' 앳킨슨이 오늘 밤 설맹(눈이 쌓인 곳에서 반사된 햇빛의 자외선이 눈에 염증을 일으킴, 눈을 뜨기 어려움)을 앓고 있다. 브루스도 마찬가지다. 이렇게 되니 대원들은 눈을 보호해야 한다고 알게 된다.

단단한 얼음 표면에서 썰매 활주 부에 손상이 생기니 걱정이다. 활주 부가 좋은 나무로 되어 있어 지금까지는 별 이상이 없지만 오래 사용하면 닳게 된다. 윌슨이 구 피트 가량의 썰매 활주 부를 자신이 잡은 물개 가죽으로 덮개를 씌워보자고 조심스럽게 제안했다. 이것이 효과가 있을지 모르겠지만 만약 있다면 더 많은 썰매에 덮개를 씌울 것이다. 내일 새 활주 부로 시험해 볼 생각이다. 날씨는 48시간 동안 화창한 햇살이 비친 후 뿌연 안개에 싸여있다.

✦ ✦ ✦

오늘 나는 대륙의 남쪽이 어떤지 보기 위하여 반도로 올라가 보았다. 수백 마리의 도둑갈매기들이 둥지를 틀고 있었다. 내가 지나가자 흔히 그렇듯 떼를 지어 공격을 해댔다. 사납게 울음소리를 내며 일정한 고도까지 빙빙 돌며 올라갔다. 그리고는 수직으로 내려오면서 우리를 급습하고 다시 일 피트 이내로 올라간다. 실제로 더 대담한 것들은 날개로 사람 머리를 때린다. 처음에 난 깜짝 놀랐다. 그러나 겪어 보니 도둑갈매기의 무기는 오직 날개뿐이었다. 도둑갈매기들은 말과 개 사이에 있는 암석 지대에 둥지를 틀고 있다. 사람들이 쉴 새 없이 그 부근을 지나다녀도 어미들은 새끼들을 한순간도 내버려 두지 않는다. 오히려 점차 자신감을 회복해 가는 것처럼 보였다. 더 이상 방해꾼들을 공격하려고 하지 않았기 때문이다. 오늘은 폰팅이 카메라를 들고 매우 가까이 접근했다. 그는 도둑갈매기가 새끼에게 먹이를 주고 보살필 때의 결정적인 모습을 포착하기 위해 인내심을 발휘했다.

썰매 사고

1월 7일 토요일

다시 화창한 하루였다. 날씨는 더 좋아진 것 같았고 밝은 빛은 여느 때보다 더 눈부셨다. 그래서 오히려 설맹을 앓는 대원들이 많다. 일은 수월하게 진행되고 있다. 오늘 밤에 병 제품들을 제외한 모든 식량을 하역하고 과학진의 모든 기구와 장비들을 내린다. 그러면 통나무집의 가재도구들, 이 톤 반의 카바이드, 병 제품들, 이런저런 잡동사니들만이 남는다. 별일이 없으면 이번 주 중에 거의 마무리된다. 그동안 배는 얼음 가장자리에서 증기를 내지 않고 정박해있다. 서너 명이 한 조를 이루는 두 개 조가 한 명당 평균 백십삼 내지 백삼십육 킬로그램을 끌며 이십오 마일의 거리를 각각 열 번 정도 갔다가 돌아왔다.

말은 일을 잘하다가 가끔씩 흥분한다. 일반적으로 말은 매우 조용한 동물이지만 썰매 짐이 있고 얼음이 미끄러우면 불안해한다. 그래서 말들은 도리깨 나무와 봇줄(마소에 쟁기 따위를 매는 줄)이 무릎 주위로 걸리면 귀신처럼 알고 싫은 내색을 한다. 말들을 움직여 가게 하기는 쉽지 않다. 그리고 걷다가 주저하거나 멈추면 오히려 썰매에 다칠 수 있다는 것을 본능적으로 아는 것처럼 보인다. 결과적으로 좀 더 예민한 것들은 아예 말을 듣지 않는다.

오츠는 말을 다루는 솜씨가 뛰어나다. 그가 없었더라면 어떻게 했을지 모르겠다. 나는 말들과 일곱 번 다녔는데 그 과정에서 한 번 넘어져 약간의 타박상을 입었다. 데벤햄이 데리고 있던 말 한 마리가 배가 있는 쪽으로 도망쳤다. 그 말은 짐 실은 썰매를 뒤에 매단 채 질주했다. 짐이 해안 근처에서 뒤집어졌고 말은 썰매를 매단 채 기지로 돌진했다. 오츠가 지혜롭게 그것을 붙잡아 데리고 왔고 다시 짐을 실었다.

메레스의 썰매개 중 하나인 무카카가 썰매 사고를 당했다. 그 불쌍한 개는 출발한지 얼마 가지 않아 넘어졌고 다시 일어나지 못했다(펭귄 때문에). 그는 질주하는 다른 개들에게 거의 반 마일을 끌려갔다. 나는 그 개가 죽었다고 생각하고 포기했지만 겉으로 드러난 상처는 거의 없었다. 말은 시간이 지나면 활력과 생기를 되찾을 것이다. 현재 상태도 우리가 예상한 것 이상으로는 나쁘지 않다. 도망갔던 말도 그 이후에는 이상 행동을 보이지 않았다.

겨울 기지에 질서가 잡히고 있다. 우리는 이 지역에서 이용 가능한 모든 것을 활용할 생각이다. 해안이 길고 평평하여 보워즈가 가장 체계적인 방식으로 물자를 정리하기에 수월했다.

통나무집 건축 작업도 진척이 빨라지고 있다. 벌써 지붕을 만들고 골격에 몸체를 붙이는 작업이 진행 중이다. 기지는 따뜻하고 아늑한 곳이 되어야 한다. 그래서 단열이 잘 되도록 이중벽 사이에 건조된 해초 자루를 넣을 것이다. 이것 외에도 나는 기지 사면에 건초더미를 쌓아놓는 것을 제안했다. 겨울에 말들을 안정시킬 수 있는 방안도 강구 중이다.

지금 상태에서 유일한 장애는 얼음이 점차 얇아지면서 크랙(얼음과 빙하의 틈)과 떠다니는 작은 얼음덩이를 딛고 말의 발이 자주 빠지는 것이다.

대원들은 설맹 외에도 사소한 질환에 시달리고 있다. 얼굴과 입술의 쓰라림, 발에 잡히는 물집, 베임, 긁힘 등이다. 문제가 없는 사람은 거의 없다. 물론 이런 것들도 우리 일의 일부이다. 나는 발의 통증이 심하다. 물론 문제가 없을 수 없겠지만 지금까지 그것이 유일한 문제일 뿐 내적인 갈등을 느낄 여지가 별로 없는 것이 다행이라는 생각도 든다.

유빙에서 사라진 썰매 차

1월 8일 일요일

재난의 날이다. 오늘 오전에 세 번째 썰매 차의 하역을 승인했다. 이 작업이 제일 먼저 이루어졌고 썰매 차를 단단한 얼음 위에 내렸다. 캠벨이 내게 자신의 대원 하나가 배에서 약 육백오십 피트 지점에서 작은 얼음조각을 딛고 발이 빠졌다는 것을 말해주었다. 그는 단단한 얼음만 걸어본 사람이었기에 나는 크게 심각한 것으로 받아들이지 않았다. 아침 7시경 캠벨에게 썰매 차를 맡기고 짐을 싣고 해안으로 갔다. 그곳에서 석유 수송을 위해 메레스의 개 썰매를 다시 배로 보냈다.

20분 후 메레스가 돌아왔는데 썰매 차가 사라졌다고 말했다. 곧이어 캠벨과 데이가 도착해 나쁜 소식을 확인해주었다. 얼음 상태가 심상치 않음을 알아차린 캠벨이 썰매 차에 밧줄을 묶었다. 그리고 줄을 당겨 얼음 지반이 약한 부분을 재빨리 지나가게 하려고 했다. 그런데 이 줄을 잡은 뱃사람이 갑자기 밑으로 꺼지면서 얼음 속에 빠졌다. 그 순간 주위에 있던 사람들이 달려들어 그를 끌어올리고 밧줄을 잡아당겼지만 부근의 얼음이 점차 꺼지면서 썰매 차가 밑으로 기울었다. 있는 힘을 다해 밧줄을 끌어당겼지만 결국 놓지 않을 수 없었다. 잠시 후 얼음에는 큰 구멍 하나만 덩그러니 뚫려있었다. 어떻게 보면 뱃사람들에게 사고가 없었던 것이 천만다행이다. 수많은 시간과 노고가 들어간 최고의 썰매 차 중 한 대가 바다에 가라앉다니…. 아무튼 애석한 사고였다. 여간 손실이 아니다. 실제 그것이 사라진 지점은 어제까지만 해도 다른 썰매 차가 무거운 짐을 싣고 부지런히 지나다니고, 말과 사람들이 계속 짐을 실어 나르던 곳이었다.

메레스가 개 썰매로 캠벨을 다시 배로 데려다주고 돌아와 사고 지점 부근의 얼음이 시간이 지나면서 더욱 위험해지고 있다고 보고했다. 무거운 짐을 고려하면 이곳의 바다 얼음이 떨어져 나가는 것이 가능했다. 아직 지시가 없었기 때문에 메레스가 보워즈와 방풍복 몇 벌과 이런저런 것들을 나르기 위해 배로 돌아갔다. 그 이후에는 이 문제에 대해 별다른 말이 나오지 않았다. 해안팀은 한창 작업 중이지만 배의 일꾼들은 이제 반쯤 쉬고 있다.

6시에 나는 얼음 북쪽 가장자리로 갈 수 있는 데까지 가보았다. 그곳에서 배가 들어갈 갈 수 있고 얼음이 두꺼워 썰매 작업이 가능한 지점을 발견했다. 나는 배로 다가가 수신호를 보내 필요하면 증기를 올려서라도 최대한 빨리 그쪽으로 가라고 지시했다. 배는 현재 얼음이 촘촘한 부빙 속에 끼여 있는데 펜넬이 얼음이 느슨해질 때 그것을 따라 움직일 것이다.

메레스와 나는 돌아오기 전에 등유 통으로 새로운 길을 표시해 놓았다. 그래서 운이 더 좋아질 때까지 다시 여기서 기다릴 것이다. 그 사이 오두막은 진척이 빠르다. 사면에 벽을 붙이는 작업이 진행 중인데 두 면이 거의 완성 단계이다.

오늘은 날카로운 북풍이 불고 안개가 끼어 있지만 바람이 잦아들고 해가 밝게 비치고 있다. 오늘은 이곳에 온 이후로 가장 따뜻한 날인 것 같다. 이후 내가 점심 후에 햇살을 느끼며 앉아있었을 때 런던의 따뜻한 여름날이 연상되었다. 오늘은 해안에서 보내는 첫 번째 밤이다. 나는 매우 편안하게 천장이 둥근 천막 중 한 곳에서 글을 쓰고 있다.

개가 한 마리 죽다

1월 9일 월요일

6시 45분이 되어서야 나는 천막 밖으로 얼굴을 내밀었다. 맨 처음 배를 찾았는데 보이지 않았다. 그 시간에 배는 부빙 가장자리를 따라 조심스럽게 움직이고 있었다. 이후 배가 6시 15분에 출발해서 8시 15분경 내가 어제 지시해준 곳에 도달했다는 보고를 받았다. 아침 식사 후 나는 배로 가보았고 견고한 바다 얼음을 발견하고 안심했다. 즉시 말들의 출발을 알리는 깃발을 올리고 작업을 시작했다. 말이 썰매 작업의 대부분을 했다. 바닷길의 지표가 좋아서인지 말이 제법 무거운 짐도 거뜬하게 운반했다. 개와 사람도 가세했다. 팀마다 다섯 마리의 개들을 할당했는데 무거운 짐을 나르지는 못해도 속도가 빠르고 기동력은 좋았다.

삼 톤의 석탄, 이 톤 반의 카바이드, 많은 비축품, 굴뚝, 통나무집에 달 통풍기, 생물학자의 장비, 물리학자의 장비, 의학 용품 등 오늘 하루 우리는 엄청난 양의 잡다한 물품들을 수송했다.

한 가지만 빼고 더없이 잘 마무리된 하루였다. 불행하게도 개 한 마리가 죽었다. 썰매를 잘 끌어온 개인데 갑자기 앓다가 뭔가를 토해내려고 안간힘을 쓰다가 순식간에 죽었다. 아무도 원인을 알 수 없었다. 앳킨슨이 사후 검시 중인데 원인이 곧 밝혀질 것이다. 이런 식으로 동물을 잃는 일이 있어서는 안 되는데 안타까울 따름이다.

말은 세 마리만 빼고 모두 운송 작업에 참여하고 있다. 오츠는 그 세 마리가 너무 예민해서 미끄러운 지표 위에서는 작업을 못한다고 생각한다. 그러나 오츠는 오늘 밤에 세 마리 중 가장 힘센 말 하나를 시험해 보았고 큰 짐을 싣고 오는 데 성공했다.

테일러(지질학자)가 세 가지 일로 동료의 입방아에 오르내렸다. 첫 번째, 두 번째는 어느 정도 자신의 잘못이지만 세 번째는 뱃사람 한 명이 어리석고 둔했기 때문이었다. 그럼에도 세 번째 경우에도 동료들이 봐주지 않았다. 그들은 두고두고 흥겹게 떠들어댔다. 그가 무표정한 얼굴과 씩씩한 걸음걸이로 지나가는 동료들에게 말 한마디 없이 마지막 짐을 가져왔는데 그의 표정이 재미있었다.

케이프 에번스의 겨울 기지

통나무집이 이상적인 거주지의 모습을 갖추어간다. 매우 조용하고 아늑할 뿐만 아니라 평온하고 관심이 쏠리는 곳이다. 이 고상한 거주지는 헛(오두막을 뜻함)의 의미를 능가한다. 좀 더 어울리는 이름이 있으면 바꿀 것이다. 뭐라고 할까? '오두막'은 맞지 않다. 우리 기지는 모든 면에서 지금까지 극지에 세워졌던 것 중 제일 크고 좋은 것으로 다소 상당한 규모이다. 길이 사십구 피트, 넓이 이십사 피트, 처마가 오와 십 분의 구 피트.

그림을 그려보면… 통나무집은 작은 언덕 아래 있고 용암 때문에 검은 모래인 해변가에 자리 잡고 있다. 그 앞에는 상자에 넣어진 수십 톤의 저장품이 차곡차곡 쌓여있고 아래의 얼음 발판에는 바닷물이 철썩거린다(해수면 십 내지 십삼 피트 높이).

주위 배경은 형언할 수 없을 정도로 아름답다. 케이프 에번스는 에레버스 산의 수많은 지맥들 중 하나로 기지 바로 뒤편에 안개에 싸인 정상과 눈 덮인 봉우리가 있어 장관이다. 기지의 북쪽과 남쪽은 깊은 만이고 그 너머에는 거대한 빙하 물결이 있다. 기지 앞의 바다에는 푸른빛이 감도는 많은 빙산과 바다 얼음이 점점이 수놓아 있다. 반면에 맥머도 사운드 쪽으로는 하늘을 찌르는 수많은 봉우리와 깊은 빙하 계곡이 장관을 이룬다. 전경은 감히 비견할만한 것이 없다.

누구보다도 폰팅이 매우 행복해한다. 그는 이렇게 아름다운 곳은 처음 본다며 하루 종일, 밤늦게까지 카메라와 영사기를 들고 다니며 그의 표현처럼 많은 '수확물'을 얻으며 보낸다.

최근 눈이 내린 직후에 바람이 하루 종일 사납게 불었다. 단단한 지표 위에서 드리프트로 쌓인 눈이 딱딱하게 굳어가고 있다. 말은 단련 과정을 좋아하지 않는 게 당연하지만 오히려 동물들에게는 좋을 수도 있을 것 같다. 비록 인간에게는 좋지 않을지 몰라도 말은 혹독한 날씨를 겪으면서 자연히 털이 무성하게 자란다. 이미 말의 털이 좋아지기 시작했다. 개들은 지금까지는 추위를 많이 타는 것처럼 보이지 않지만 아직까지는 추운 날씨에 나가 있지 않았기 때문일 수도 있다.

목수가 지금 말 우리의 지주와 지붕 들보를 세우고 있다. 이것을 완성하는 데 이틀 정도 걸릴 것이다. 모든 작업이 빠르게 이루어지고 있어 모습이 시시각각 달라져 있다.

나는 25일을 저장소 설치 원정을 떠나는 날로 잡았다. 에번스가 모든 썰매 용품들을 준비하고 있고 보워즈가 식량을 준비하는 일을 감독한다. 테일러와 그의 동료들은 서부 탐사에 대한 조언을 구하고 있고 윌슨이 온 힘을 다해 지도해주고 있다. 폰팅은 암실 설치 작업을 하고 있다. 그는 경탄스러울 정도로 빠르게 해나간다. 오늘 밤 그는 1시간 만에 창문 하나를 뚝딱 만들어 달았다.

데이와 넬슨은 자신들에게 할당된 자리를 어떻게 적절하게 꾸밀지 궁리를 한 후에 작업에 들어갔다. 어쩌면 둘 다 재간이 보통이 아니므로 공간을 제일 잘 활용하리라는 생각에는 의심의 여지가 없다. 나는 곧 떠날 가을 저장소 설치 작업에 대해 수많은 생각을 거듭해야 했다. 한동안 기지로부터 완전히 고립될 수도 있기 때문에 최대한 많은 식량을 준비하는 것을 비롯하여 할 일이 많다.

다양한 목적으로 지은 별채

상당한 규모의 통나무집에 딸린 보워즈의 별채를 완성했다. 사방으로 눈에 철저히 대비하고 있다. 이곳은 여분의 의복·털·비축품을 보관해두기에 매우 적합한 곳일 뿐만 아니라 통나무집 입구 현관을 완전하게 보호할 수 있는 기능까지 하고 있다. 말 우리를 거의 완성했다. 이것은 통나무집 북쪽에 붙여서 지었고 튼튼한 지붕을 달았다. 넬슨은 오두막 동쪽을 어느 정도 확장했고 심프슨은 남동쪽 모퉁이의 돌출 부분에 한 곳을 더 만들었다. 주 건물 사방으로 가지가 뻗은 셈이다. 심프슨은 빛이 통하지 않는 얼음 동굴도 거의 완료했다. 라이트와 포드가 작은 오두막 하나를 거의 완성했는데 뼈대만 온전한 것이고 나머지는 잡동사니 건물이지만 우리에게는 더없이 안성맞춤이다.

그랜은 스키 활주 부에 뭔가를 바르고 있다. 그 뭔가는 채소 타르, 파라핀, 연성 비누, 아마인유이다. 그리고 그랜에 따르면, 어는 것을 막아주는 특허 물질 같은 것도 들어 있다고 한다. 에드가 에번스와 크린은 썰매를 만들고 있다. 에드가 에번스는 최고의 기술자이다. 난 그가 작업한 썰매에 대해 한 번도 의구심을 가져본 적이 없다.

대원들에게 썰매 용품과 겨울 부츠를 제공하고 있다. 모두 만족해한다. 마침내 오늘 밤에 우리는 이것을 점검하고 대원들에게 각각 두 켤레의 피네스코(털 부츠)를 배분했다. 품질이 우수하다. 처음에는 약간 작아 보인다고 생각했지만 추위와 건조함으로 약간 딱딱해져 그런 것이었다. 조금 늘어나니 잘 맞았다. 정말 대단하다. 나는 방풍 바지와 피네스코가 분리되지 않도록 접합제를 사용하여 붙이는 것이 어떨까 생각 중이다.

데이는 썰매 차에 문제가 생기면 어떻게 대처해 나갈 것인지 내게 설명해준다. 그는 문제를 바로잡을 수 있다는 데 대해 매우 긍정적이다. 하지만 나는 여전히 기계가 우리 기대에 못 미칠 것 같아 우려스럽다.

물자와 말을 빙하 지맥 너머로 이동시킬 수만 있으면 저장소 원정이 순조로울 것이다. 오늘 우리는 물개 고기만두를 먹었는데 매우 잘 요리하여 쇠고기와 구별이 되지 않았다. 나는 두 명에게 "쇠고기!"라고 말했다. 그들은 먹고 난 후에 내가 사실을 알려줄 때까지 아무런 의견을 내지 않았다. 물개 특유의 맛을 느끼지 못하고 먹어본 것은 처음이었다. 우리 요리사가 뛰어난 솜씨로 이 맛을 조리했기 때문이다.

배가 좌초되다

배에 대한 걱정은 근거가 있었다. 배가 마음에 걸려 한밤중에 통나무 기지 밖으로 나가보았는데 아니나 다를까 좋지 않은 상태였다. 북풍에 얼음이 떨어져 나갔고 바람이 점점 더 거세지면서 배는 바람 부는 해안으로 밀려가 꼼짝 않고 있었다. 불행 중 다행인 것은 닻이 얼음 위에 그대로 붙어 있었다는 점이다. 펜넬은 증기를 올리고 있었고 뱃사람들은 닻을 회수하려고 안간힘을 쓰고 있었다.

우리는 대원들을 보내 돕도록 했다. 6시에 증기를 켠 상태에서 닻과 밧줄은 우리가 거두도록 남겨두고 배가 바람이 불어온 원래 자리 쪽으로 돌아가는 것이 보였다. 이때까지만 해도 다행이라고 생각했다. 배는 잠시 서쪽으로 멀어져 갔다. 그 직후 큰 빙산 하나가 떠내려 와서는 우리 배가 있던 자리를 차지해 버렸다. 우리는 종일 저장소 설치 원정을 위한 이런저런 준비를 하느라고 바빴다.

오후에 배는 북쪽 얼음 가장자리로 돌아왔다. 바람이 여전히 거세서 부빙 가장자리는 얼음조각 천지였다. 대원들이 회수한 닻을 가지고 나갔다. 나는 배가 다시 서쪽으로 가는 것을 보았다. 그런데 얼마 후 내가 부빙으로 나갔을 때 배가 좌초되었다는 보고를 받았다. 나는 에번스와 즉시 현장으로 달려갔다. 그것은 한 치 오차 없는 사실이었다. 배가 매우 불안정한 자세로 해안가에 단단히 박힌 것처럼 보였다. 배는 곶을 돌려고 했던 것처럼 보였는데, 나중에 펜넬에게 들은 보고에 따르면 배를 빙산 뒤쪽의 잘 보이는 지점에 이동시키려고 돌리다가 그렇게 되었다는 것이었다.

배가 좌초된 모습이 보고 내 마음이 바닥까지 가라앉았다. 나는 에번스를 보내 수심을 측정하게 했고 닻을 다시 회수했다. 그리고 대원들에게 일을 맡겨놓고 곶으로 걸어가 배를 지켜보았다. 배가 뉴질랜드로 귀환하지 못하고 예순 명 넘게 여기서 기다리고 있는 장면이 머릿속을 떠나지 않았다. 문명 세계로는 돌아가지 못하는 상황이라도 남극점 탐험은 할 수 있다는 걸로 위안삼았다. 하나 밖에 없는 최고의 해결책은 밀물이 최고조에 이르렀을 때 가능한 한 배를 최대한 가볍게 하는 것이다.

나는 대원들 서너 명과 해안에서 어두운 표정으로 배를 지켜보았다. 배에서는 왁자지껄한 소리와 함께 뱃사람들이 화물을 고물(배의 뒷부분)로 이동시키는 것이 보였다. 펜넬은 내게 "십 톤의 화물을 매우 빠른 시간에 옮겼어."라고 말했다.

조심스럽게 지켜보던 중 배가 조금씩 방향을 트는 모습을 보이기 시작했을 처음으로 약간의 희망을 보았다. 서른두 명의 뱃사람들이 배의 한쪽 끝에서 다른 쪽 끝으로 달려가는 모습이 보였다. 옆질(배가 양쪽 옆으로 흔들리는 일)이었다. 옆질은 처음에 조금 빠른 회전을 만들었고 다시 잠잠해졌다. 그것도 잠시였다. 고물의 엔진이 가동되면서 움직임이 분명해졌고 가볍게 회전했다. 하지만 배가 완전히 덫에서 빠져나왔음을 안 것은 배 위에서 환호성이 들리고 작은 배에서 더 큰 환호성이 들렸을 때였다. 그 때의 안도감은 이루 말로 표현할 수 없었다.

배가 빠져나왔을 때 바람은 잠잠해졌다. 배는 지금 북쪽 얼음 가장자리에 안전하게 정박해있다. 그곳에서 뱃사람이 안전한 휴식을 취하기를 바라 마지않는다. 뱃사람이 위기에 대처하는 방식을 정말 기록해 두고 싶다. 배가 곤경에 처했을 때 작업 방식과 태도를 보고 우리는 찬사가 우러나왔다.

지난 다섯 주 동안 펜넬만큼 자신의 직무를 멋지게 완수한 대원이 없다. 배팀이 우리에게 아낌없고 충심 어린 도움을 준 것을 기억하는 것은 매우 즐거운 일이다. 펜넬이 오늘 밤 내게 사고의 전모를 말해주러 왔다. 날이 갈수록 펜넬이 더 마음에 든다.

메레스와 오츠는 빙하 지맥까지 가보고는 바다 얼음이 아직 견고하게 붙어있는 것을 발견하고 기뻐했다. 사흘은 더 붙어있어야 한다. 만약 그 전에 떨어져 나간다면 큰일이다.

1월 22일 일요일

기록적으로 고요한 날이다. 배가 만에 평화롭게 정박해 있다. 오전에 북

쪽에서 불었던 갑작스러운 산들바람이 저녁 무렵에 잠잠해졌다. 우리는 작업하면서 매우 길고 바쁜 하루를 보냈다. 동부팀*에게 할당한 말을 오늘 오전 배에 실었다.

동부팀
캠벨과 프리스틀리(지질학자), 레빅(의사)을 포함한 여섯 명으로 조직된 킹 에드워드 랜드 해안선 및 지질학 탐사팀으로 끝까지 스콧팀과 따로 떨어져 탐사 활동을 했다.

무너지기 시작한 바다 얼음길

1월 23일 월요일

짧은 동안이지만 평온했다. 나는 오늘 아침 5시에 일어났다. 날씨는 고요하고 아름다웠다. 그런데 놀랍게도 대륙과 만의 얼음 사이에 물길이 생긴 것을 발견했다. 만의 얼음이 떨어져 나가고 있었다.

우리는 저장소 원정 준비를 계속했다. 그러나 곧 메레스가 남쪽 만의 얼음(저장소 원정으로 통하는 바다 얼음길) 역시 빠른 속도로 떨어져 나가고 있다고 했다. 내용을 다소 과장했지만 대륙에 붙어있던 거대한 얼음이 떨어진 것은 사실이었다. 메레스와 나는 얼음이 끝나는 지점까지 걸었다. 다행히 얼음은 곶의 암석을 따라 이 마일 가량 뻗어있었다. 우리는 말이 지나갈 수 있는 길을 마침내 찾아냈다. 이후에 모든 일은 일사천리로 이루어졌다. 결과는 멋졌다. 우리가 가지고 갈 모든 식량과 물자가 얼음 위에 대기해 있다.

내일 아침에 개 썰매팀과 말이 곶을 가로질러 서던 로드*(바다 얼음길)로 출발한다. 제발 바다 얼음이 우리가 통과할 때까지라도 붙어있기를 다들 기도한다. 바다에 떠 있는 빙산 사이에 파인 곳이 특히 문제다. 어쩌면 그곳은 많이 약해졌을지도 모른다. 게다가 좁은 지협은 순간적으로 떨어져 나갈수도 있다. 어쩌면 우리는 아슬아슬하게 통과할지도 모른다. 나는 내일 오전에 말들이 출발한 후 배로 빙하 지맥까지 간다. 그곳에서 썰매짐을 싣고 빙붕을 향해 출발한다.

서던 로드 ―――――――――――――――――――――――――――――――――――――

서던 로드는 케이프 에번스의 기지에서 디스커버리 호의 헛 포인트로 통하는 남쪽 만의 바다 얼음 길이다. 내륙으로 가는 길은 험준한 산과 크레바스투성이의 경사가 있어 불가능하기 때문이다. 바다 얼음은 계절이 바뀔 때 얼었다 떨어지기를 반복하는데, 스콧은 케이프 에번스의 북쪽 만의 얼음이 일부 떨어져 나간 것을 발견하고 서둘러 저장소 원정에 나섰다. 달리 바다 얼음이 모두 떨어져 나가기를 기다렸다가 배로 헛 포인트까지 이동할 수도 있지만 그것은 상황에 따라서 지연될 수도 있고 언제 떨어져 나갈지 불확실하기 때문에 스콧은 얼음이 붙어있을 때 그곳을 통과하려고 했다. 스콧의 예상대로 그들이 통과한 다음 날 얼음 길은 무너졌다.

/ 2 /

가을 – 저장소를 설치하다

스콧의 저장소 작업팀은 1911년 1월 24일 열두 명의 대원, 여덟 마리의 말, 스물여섯 마리의 개 썰매를 이끌고 다가오는 여름에(하반구는 10월 말) 남극점 원정을 위해 수 톤의 저장품을 여러 저장소에 나누어 수송하는 작업에 들어갔다. 스콧의 계획은 남위 80도까지 저장소를 설치하는 것이었다.

1월 24일, 말이 한 마리씩 바다 얼음 길을 따라 출발하자 스콧은 빙하 지맥까지 배로 이동한 후에 그곳에서 저장품을 기다렸다. 그들은 1월 26일, 배팀과 작별하고 27 · 28 · 29일 캠프 1 · 2, 1월 3일 빙붕 위의 첫 저장소인 캠프 3(안전 저장소), 2월 2일 캠프 4, 2월 3일 캠프 5, 2월 4일 캠프 5 · 6, 2월 5일 크로지어 곶 부근 모퉁이에 저장소를 설치했다. 이날 그들은 심한 눈보라에 갇혔고 2월 6일 캠프 6, 2월 7일 캠프 7(이날은 눈보라로 조랑말이 심하게 동요하며 상태가 나빠지기 시작했다). 2월 8일은 계속되는 눈보라로 캠프 7에서 말의 상태가 악화되기 시작했다.

2월 9일 캠프 8, 2월 10일 캠프 9, 2월 11일 캠프 10, 2월 12일 캠프 11을 설치했지만 일부 말의 상태가 매우 악화되어 스콧은 부대장 에드워드 에번스에게 제일 병약한 말 세 마리를 몰고 먼저 귀환하게 했다. 남은 말과 개 썰매팀은 계속 올라갔지만 2월 13일에 눈보라로 행군을 중단하고, 2월 14일 · 15일에 눈보라와 최악의 지표로 조랑말이 행군을 하지 않고 버티는 사태가 일어났다. 2월 16일은 보워즈를 제외한 전 대원들의 얼굴에 심한 동상 자국이 나타나자, 2월 17일 남위 79도 28분 지점에 제일 큰 원톤 캠프(저장소)를 설치하고 일 톤의 물자를 저장하고 기지로 돌아가기로 했다.

2월 18일, 스콧은 윈톤에서 보워즈팀과 수송을 마친 말들을 귀환길로 먼저 출발시킨 후에 윌슨·메레스·체리-개라드와 두 대의 개 썰매로 빠르게 내려갔다. 테라노바 호가 뉴질랜드로 돌아가기 전에 배팀이 켐벨 팀을 어느 지점에 상륙시켰는지에 대한 보고서를 헛 포인트에 있는 스콧에게 전달하도록 안전캠프에 가져다 놓게 되어 있었다. 스콧은 켐벨팀이 상륙을 제대로 했는지에 대하여 걱정하느라 이 보고서를 하루라도 빨리 보고 싶어 했고, 또 그 외에도 말들이 병약하여 먼저 지름길로 내려갔다.

귀환을 시작하다

나는 저장소 동쪽으로 약 백육십 피트 지점까지 곡물을 뿌렸다(다음 봄에 바람과 눈의 효과를 알기 위해). 우리가 캠프를 떠났을 때 최저 온도는 -26℃ 였다. 심프슨이(기상학자) 이 사실을 알아야 한다.

말이 먼저 출발했다. 그랜이 내 말을 앞세우고 워리 윌리를 뒤로 하고, 이어서 오츠가 자신의 말을 앞세우고 체리-개라드의 말을 뒤로하고… 일렬을 이루었다. 보워즈는 가벼운 썰매를 끌며 길을 앞장섰다. 우리는 그들을 보내고 30분 후 개 썰매로 출발해 곧 말을 따라잡았다. 그리고 다행히 말이 떨어뜨리고 간 작은 귀리 자루들을 회수했다. 쉬지 않고 사분의 삼 마일을 달렸고 곧 점심을 위해 멈추었다. 놀랍게도 우리가 점심을 먹은 직후에 멀리서 말이 오는 모습이 보였다. 그들은 몇 마일 더 가서 천막을 칠 계획인 것 같았다. 나는 그들이 비교적 빠른 속도를 유지하는 것을 보고 안심했다. 그들은 오늘 하루 중단 없이 십 내지 십이 마일을 갈 예정인데 이 정도는 큰 문제가 되지 않을 것이다.

우리 개 썰매가 달리는 지표(땅의 겉면)는 좋지 않았다. 그래서 우리는 많은 시간을 썰매 옆을 따라 같이 달려야 했다. 최대 속도를 냈다.

우리가 늦게 천막을 쳤을 때 기온이 매우 낮았고 눈이 휘날렸다. 빙붕의 기후가 점점 가혹해지고 있었다. 말이 좀 더 편안한 지역으로 들어서야 내 마음이 놓일 것이다.

오즈맨이 리더십을 회복하다

2월 19일 일요일

10시에 출발해서 6시 30분에 천막을 쳤다. 이십육 마일을 달린 셈이다. 개는 잘 달렸고 초반에 오륙 마일을 간 후에 지표가 월등하게 좋아졌다. 절벽 캠프(캠프 11)에서 에번스팀의 경로를 발견하고 그들이 빠른 속도로 내려간 것을 알았다. 캠프 10은 눈이 많이 쌓여 있었다. 나는 이 길에서는 가벼운 눈보라도 가혹하게 느꼈다는 사실을 상기해야 했다. 내일 에번스 팀이 어딘가에서 '발이 묶여있지' 않은지 살펴야 한다.

이런 원정 중에 말과 개에게는 평소 때보다 많은 양의 먹이를 준다. 둘 다 매우 허기져있다. 그렇다 보니 양쪽 모두 자기 배설물을 먹는다. 말의 배설물 속에는 곡물 알갱이처럼 완전히 소화되지 않은 것들이 많이 섞여 있어 그렇게 끔찍해 보이지 않는다. 그러나 개는 다르다. 이것이 개 썰매를 모는 일의 가장 큰 단점이다. 나머지는 좋다. 시간이 아무리 지나도 한결같은 속도를 유지하는 것을 보면 훌륭하기까지 하다. 개의 다리는 강한 용수철 같고 피곤함을 모른다. 오즈맨이 대장 기질을 완전히 회복했다. 언제나 한결같은 늙은 스타렉을 제외한 우두머리 개들이 이처럼 대장 역할을 잃었다가 회복했다가 하는 것이 매우 신기하다.

지금 우리는 노련한 썰매꾼들이 다 되어있다. 일단 행군을 멈추면 천막과 요리 기구를 재빨리 설치한다. 그리고 천막을 철수할 때도 마찬가지다. 지금은 체리-개라드가 요리 담당이다. 체리-개라드는 잘하고 있으며 자기 몸과 털 장화를 유지하고 관리하는 법을 빠르게 배워가고 있다.

그러나 차이가 여전히 있는데 그가 천막에 들어왔을 때 보면 분명하게 드러난다. 윌슨과 내가 양말과 털 장화를 언제나 건조한 상태로 유지하고 있는데 반해 그의 털 장화는 언제나 얼어붙어 있다. 그 차이는 경험해보지 않고는 모른다. 착용 도구를 언제나 건조한 상태로 유지하고 눈이 들어가지 않도록 세심한 주의를 게을리하지 않는 것은 그만한 보답이 따른다.

이십구 마일을 와서 보니 점심때이다. 바람이 눈을 쓸어버린 단단한 지표 위에서 썰매는 잘 달렸다. 멈추니 이십구 마일이었다(표준 마일로 삼십오 마일이다). 개들은 지쳐 있지만 기진맥진한 상태는 아니다. 행군 말미에도 리듬을 잃지 않고 꾸준히 달렸다.

행군 중에 하늘은 멋지고 아름다운 색채를 연출했다. 남쪽 지평선에서 태양은 낮은 반원을 그리고 밝은 분홍색 구름이 잿빛이 감도는 푸른색 하늘을 배경으로 떠다닌다. 그 속에서 노을에 물든 산이 층운(안개구름, 지면에서 고도 약 일 내지 이 마일 범위 내에서 지평선과 나란히 생기는 구름)들 사이로 엿보인다.

　남극에서 다음 순간 날씨가 어떻게 변할지 예측하기가 매우 힘들다. 때로 남쪽 하늘이 어둡고 불길해 보이지만 30분만 지나면 언제 그랬냐는 듯이 달라져있다. 대륙은 하늘 위로 올라갔다 내려갔다 하는 층운의 장막을 통해 가까워 보이기도 하고 멀어 보이기도 한다. 날씨가 다른 어딘가의 조건에 영향을 받기보다 자체적으로 형성되는 것 같아서 매우 이채롭다.

개 썰매가 크레바스에 추락하다

2월 21일 화요일

안전 캠프(캠프 3)에서 약 십이 마일 정도 떨어진 새 캠프이다. 십오 마일 하고 반을 갔다. 보통 때처럼 저녁 10시경에 출발했다. 처음에는 잘 보였지만 순식간에 빛이 약해지며 지표가 거의 보이지 않았다. 개는 지친 기색이 역력했다. 출발한지 약 1시간 30분쯤 지났을 때 흐릿한 빛 속에서 희미하게 윤곽이 드러난 등성이로 접어들었다. 우리는 썰매 옆을 달리고 있었다. 갑자기 윌슨이 소리쳤다. "썰매에 매달려요!" 그리고 그는 한 발을 크레바스 속에 넣었다 빼 보였다.

나는 썰매에 올라탔지만 아무것도 보이지 않았다. 그 순간 나란히 달리던 두 팀 중 우리 팀의 중간에 있던 개들이 사라졌다. 곧 전체가 흔적도 없이 사라졌다. 개들이 두 마리씩 발판에 발을 붙이려고 안간힘을 쓰는 듯하다가 사라졌다. 선두인 오즈맨만이 목숨을 걸고 발판에 발을 붙이고 있었다. 정말 놀라운 힘이었다. 썰매는 곧 멈추었고 우리는 옆으로 뛰어내렸다. 다음 순간 상황이 분명하게 드러났다. 그곳은 크레바스(균열) 다리였고 썰매는 아슬아슬하게 그 위에서 멈추어 있었다. 반면에 개들은 크레바스 아래로 떨어져 줄에 묶인 채 썰매와 우두머리 개 사이에 매달려 있었다. 썰매가 같이 떨어지지 않은 것이 기적이었다.

무게가 오백 그램만 더 무거웠어도 같이 추락했을 것이 분명했다. 상황을 파악하자마자 우리는 썰매를 힘껏 잡아당겨 단단한 땅에 고정시켰다. 그리고 함정을 자세히 살폈다. 개들이 하나같이 기이한 자세로 매달려 끔찍하게 겁을 집어먹고 구슬프게 울부짖고 있었다. 그중 두 마리는 마구가 풀어지면서 아래로 추락했다. 그 두 마리가 끝없는 심연 속에 살짝 걸려있는 눈 위로 떨어지는 것이 보였다. 이때 이 사고를 목격한 윌슨과 체리-개라드가 달려왔다. 처음이 이 사고는 엄청난 재난처럼 보였고 구조할 수 없어 보였다.

다행히 나는 행군에 나서기 전에 고산용 밧줄에 대해 배워두었다. 곧 체리-개라드가 서둘러 구조 도구를 가져왔다. 갑작스러운 상황이라 계획을 세울 시간도 여유도 없었다. 한동안 우리가 노력했으나 계속 허사였다. 썰매 줄이나 우두머리 개가 묶여있는 줄을 일 인치도 건드릴 수가 없었다. 간신히 눈 위에 버티고 있는 오즈맨이 목을 옥죄는 압력을 받고 있었기 때문이었다. 하지만 곧 우리는 방법을 강구했다.

일단 썰매에 실려 있는 천막·취사도구·침낭 등의 짐을 내렸다. 오즈맨의 호흡 소리가 가해지는 압력이 훨씬 줄어들었음을 분명하게 보여주었다. 나는 메레스의 침낭 끈을 붙잡고 천막 축대를 크레바스 사이로 걸쳐놓았다. 그리고 메레스의 도움으로 선두 줄의 몇 인치까지 접근했다. 내 손이 오즈맨에게 닿자 즉시 마구를 자르고 풀어주었다. 그런 뒤에 고산용 밧줄을 주 봇줄에 묶어 끌어올렸다. 한 마리가 끌려 올라왔고 풀어

　　　　　세상 끝 최악의 탐험, 그리고 최고의 기록

주었다. 그렇지만 그 다음 봇줄에 밧줄을 거는 것은 무리였고 더 이상은 헛수고였다.

우리는 썰매를 곧게 편 다음 균열을 가로질러 넘어간 후에 그곳에서 다시 작업을 시작했다. 우리 손은 얼어서 감각이 없었다. 윌슨이 고정된 봇줄을 잡고 있는 동안 나머지는 그 끝에서 작업했다. 메레스가 일 피트 반 정도 아래로 내려가 고산용 밧줄을 봇줄 끝에 걸었다. 이렇게 하자 구조 작업을 훨씬 빠르게 할 수 있었다. 개가 두 마리씩 끌려 올라왔고 마구에서 풀려났다. 이상하게도 균열의 가장자리 바로 밑에 매달려있던 개를 가장 구조하기 어려웠다. 마침내 헐떡이는 숨소리와 함께 마지막 한 마리가 단단한 눈 위에 올라왔다. 열세 마리 중에 열한 마리를 구조했다.

나는 밑으로 추락한 마지막 두 마리에 도달할 수 있는 방법이 없는지 살폈다. 개 두 마리가 웅크리고 있는 바닥이 얼마나 깊은지 알아보기 위해 고산용 밧줄을 내려 보았다. 밧줄 길이가 팔십팔 피트였는데, 남은 길이를 빼니 깊이가 약 육십이 피트였다. 나는 올가미를 만들었고 대원들에게 나를 아래로 내려달라고 했다. 아래로 내려가니 살짝 걸린 눈이 생각보다는 튼튼했다. 나는 개 두 마리를 밧줄에 묶었다. 그리고 차례로 위로 올려 보냈다. 그런데 다음 순간 위에서 사납게 짖는 소리와 으르렁거리는 소리가 들려왔다. 구조된 개 몇 마리가 두 번째 썰매팀 개에게 덤벼들어 한바탕 싸움이 벌어진 모양이었다. 날 끌어올리려던 대원들이 먼저 싸움을 말리러 달려가야 했다. 그러나 대원들은 곧 돌아왔고 나는 큰 힘을 들이지 않고 지표로 올라왔다.

끝이 좋으면 모든 것이 좋다. 이 일은 예상도 못해서 놀란 와중에 만족스럽게 끝났지만 확실히 심각한 사고였다. 우리는 한숨 돌렸고 기운을 회복해야 한다고 느꼈다. 그래서 천막을 치고 이 기적적인 탈출을 축하하는 식사를 했다. 만약 우리가 썰매와 같이 추락했더라면 메레스와 나는 죽었거나 적어도 중상을 입었을 것이다.

개는 그 상황에서 훌륭하게 버티고 빠져나왔지만 끔찍한 동요를 경험했다. 개 무리 중 세 마리가 피를 토했는데 내부 기관에 심각한 상처를 입은 것이 분명했다. 개가 배 주위를 감싸는 가는 줄에 묶인 채 벗어나려고 미친 듯이 발버둥을 쳤기 때문이다. 위치가 좋았던 개 한 마리는 사방으로 발을 뻗으며 균열로 벌어진 벽을 긁으면서 올라오려고 몸부림쳤다. 그 개는 끔찍하게 울부짖는 소리를 내며 올라오려는 시도를 한 순간도 늦추지 않았다. 또 나란히 매달려 있던 두 마리는 가끔씩 흔들릴 때 몸이 서로 닿기라도 하면 서로 물어뜯고 할퀴고 싸웠다. 크레바스는 한동안 아수라장이었다. 그리고 그 시간은 비참한 처지의 동물들에게 끔찍하게 길었을 것이다. 우리가 구조 작업을 끝냈을 때는 3시 20분이었다. 사고는 1시 30분 전에 일어났다. 그러니까 개 몇 마리는 1시간 이상 매달려있었다.

나는 그 기회에 크레바스 내부를 살펴보았다. 그것은 동쪽으로 점차 좁아지고 서쪽으로 점차 넓어졌다. 내가 내려간 곳은 균열 사이에 살짝 걸려있는 눈 다리였다. 그 아래쪽은 텅 빈 공간이었지만 내려갈수록 간격이 점차 좁아졌다. 나는 두 번이나 이것 때문에 사고를 모면했다. 그렇다고 해서 이것을 믿고 떨어져도 되는 곳이 절대로 아니다. 고산용 밧줄이 닿지 않는 지점으로 추락했더라면 곤란한 상황이 되었을 것이다.

세상 끝 최악의 탐험, 그리고 최고의 기록

우리는 점심 후에 계속 행진했다. 곧 크레바스가 없고 갓 내린 눈이 덮인 지표가 나타났다. 개가 매우 지쳐있을 뿐만 아니라 지표가 나빴기 때문에 우리는 힘겹게 썰매를 밀어야 했다. 우리도 점점 지쳐갔다. 그러나 다행히도 날씨가 좋았다. 남쪽에서 날카로운 폭풍이 몰아쳤지만 글을 쓰고 있는 지금 햇살이 천막을 비추고 있다. 원정에 나선 이후 제일 고요하고 따뜻한 날이다. 이곳은 안전 캠프에서 약 십이 마일 정도 떨어진 곳인데 별다른 사고만 없으면 내일 무사히 그곳에 도달할 것이다. 개 몇 마리가 여전히 걱정스럽다는 것만 빼고 모두 회복된다면 최고의 행운일 것이다.

오늘 동료들은 최고였다. 윌슨과 체리-개라드는 처음부터 끝까지 주도면밀하고 신속하게 도왔다. 절벽 캠프에서 크로지어 곶으로 이어진 균열선을 피해 가는 것은 힘들다. 나는 위험한 구간이 일 내지 이 마일을 넘지 않고 코너 캠프로 향하는 조랑말 길에 난 균열이 점차 좁아지기를 바란다. 만약 여덟 마리의 말이 사고 없이 지나갈 수만 있다면 큰 위험은 없을 것이다. 물론 앞으로의 원정도 이 노선을 고집할 수밖에 없다. 위험한 경로를 도면에 표시해야 한다. 귀환하는 말이 걱정이다.

개와 말의 수난

썰매 개가 갈퀴처럼 말라있다. 허기져 있을 뿐 아니라 매우 지쳐 있다. 배급량이 적은 것이 틀림없다. 다음 원정에는 양을 더 늘려야 한다. 비스킷만으로 충분치 않은 것 같다. 메레스의 지적이 아무리 날카롭다고 해도 그도 이곳의 특수한 상황은 잘 모른다. 한 가지 확실한 것은 개가 사람을 썰매에 태운 채 무거운 짐을 지속적으로 끌 수 없다는 것이다. 러시아 속담을 버리고 개와 함께 달리는 법을 배워야 한다. 메레스는 개 썰매를 타고 극점까지 달려갔다가 돌아오는 상상을 하고 있었던 듯하다. 저장소 작업을 하면서 그가 눈을 많이 떴다.

우리는 오전 4시 30분 안전 캠프(캠프 3)에 도달했다. 에번스팀이 모두 건강하게 도착했다. 그러나 하느님! 말이 한 마리뿐이었다. 그들의 말에 따르면, 절벽 캠프에서 사 마일을 가기도 전에 눈보라가 몰아쳤고 포드가 자신의 말을 지극 정성으로 보살폈음에도 말이 눈보라 속에 주저앉았다고 했다. 에번스는 포드가 말을 계속 가게 하려고 몇 시간 동안 먹이고 보살피며 할 수 있는 모든 것을 다했다고 했다. 결국 말이 가엾게도 쓰러졌다. 모두 달려가 말을 일으켜 세우려고 안간힘을 썼지만 소용없었다. 말은 서지 못하고 곧 죽었다.

그 후에 그들은 약 십 마일을 행군했다. 눈보라는 블로섬에게도 나쁜 영향을 미쳤다. 블로섬은 끔찍하게 수척해져 거의 움직이지도 못했다고 한다. 에번스는 블로섬이 죽을힘을 다해 싸웠던 모습을 애처롭게 표현했다. 그것은 삼백 피트 정도 가다가 다리를 뻗고 코를 땅에 박고 쓰러져 버렸다고 했다. 그 말을 쉬게 했고 잘 먹였으며 덮개로 덮어주었다. 그런데도 노력은 허사로 돌아갔다. 고통과 함께 마지막이 찾아왔다. 블로섬은 지금 서던 로드에 남아있다. 나머지 말인 제임스 피그는 이름만큼이나 건강했다. 그는 지금도 가벼운 일을 하고 있다.

말을 잃어서 심각한 상황이 되었다. 죽은 두 마리는 말들 중에서 제일 늙은 놈들로 오츠가 제일 힘들 것으로 여기던 말이었다. 여기 있어야 하는 앳킨슨과 크린이 없었다. 쪽지도 없었다. 우리는 1~2시간 눈을 좀 붙이고 일어나 헛 포인트로 출발했다.

스콧이 저장소 설치 원정을 떠날 때 테라노바 호는 캠벨팀을 태우고 그들의 상륙 지점인 킹 에드워드 랜드로 갔다. 테라노바 호가 뉴질랜드로 돌아가기 전에 캠벨의 상륙 보고서를 헛 포인트에 가져다주면, 빙붕에서 동상이 심해 저장소팀을 따라가지 못한 앳킨슨과 크린이 그 보고서를 안전 캠프에 갖다 놓아야 했다. 스콧이 다급하게 달려가는 것은 캠벨팀이 무사히 상륙했는지를 한시바삐 알고 싶어 했기 때문이다.

아문센이 고래의 만에 상륙해 있다는 서신을 받다

헛 포인트에 도착했다. 그런데 헛 포인트에는 수수께끼 같은 일이 벌어져 있었다. 오두막을 말끔히 치워서 기거할만한 곳으로 변해 있었다. 그러나 사람이 아무도 없었다. 벽에 쓰인 글에는 편지 가방이 안에 있다고 했지만 가방은 어디에도 없었다. 어떻게 된 영문인지 머리를 쥐어짠 끝에 한 가지 결론에 도달했다. 우리가 헛 포인트로 오고 있을 때 그들은 반대로 안전 캠프로 가고 있었다. 나중에 바다 얼음 위로 나 있는 썰매 자국으로 알게 되었다. 그래서 우리는 다시 안전 캠프로 달려갔다.

도중에 그들의 행방을 우려할만한 여러 가지 일들이 있었지만 안전 캠프에서 앳킨슨이 내게 전해준 놀라운 서신에 비하면 아무것도 아니었다. 그것은 캠벨의 서신이었는데 아문센이 고래 만에 상륙해있다는 것이다.

내 마음속에 한 가지 사실만큼은 분명하게 새겨졌다. 가장 현명할 뿐만 아니라 가장 적절한 대처는 아무 일도 없는 것처럼 계획대로 일을 정확하게 추진시켜 나가야 한다는 것이다. 나라의 영예를 위해 두려움이나 공포감 없이 앞으로 나아가야 하고 온 힘을 다해야 한다.

아문센의 계획은 우리에게 매우 심각한 위협이다. 그는 우리보다 극점에서 약 육십이 마일 가까운 지점에 있다. 그렇게 많은 개를 그렇게 높은 지대에 안전하게 상륙시키는 방법을 감히 생각하기 어렵다. 개 썰매로 달린다는 계획이 대단해 보인다. 그러나 무엇보다도 그에게 가장 이로운 점은 우리보다 일찍 출발할 수 있다는 것이다. 그 시기에 말을 이끌고 가는 것은 불가능하다.

2월 23일 목요일 – 안전 캠프

보워즈팀이 이곳에 도달하려면 며칠 걸렸기 때문에 다시 코너 캠프(캠프 6)로 올라가기 위해 썰매 개조 작업을 하면서 하루를 보냈다. 바람이 불고 눈이 바람에 날려 쌓였으며 날씨가 별로 좋지 않았다. 윌슨과 메레스가 개 먹이로 물개 세 마리를 잡았다.

코너 캠프로 다시 올라가다

6시에 일어나 9시에 행군을 시작했다. 크린·체리-개라드·내가 썰매 한 개와 천막 한 개를, 에번스·앳킨슨·포드가 두 번째 썰매와 두 번째 천막을 사용했다. 그런데 두 번째 썰매가 따라오지 못해 행군 중에 썰매를 바꾸었다. 발로 직접 썰매를 끄는 것은 엄청난 노동이다. 두 번째 팀이 뒤처진 것은 썰매 때문이었다. 우리 썰매는 십 피트였고 두 번째 팀의 썰매는 약 십삼 피트였다. 썰매 무게가 같았음에도 우리 것이 훨씬 더 끌기가 쉬웠다.

정말 지독한 날이었다. 아침에 일어나 보니 모든 것이 끈적이는 눈 결정체로 덮여있었다. 나는 아침을 먹기 전에 내 스키에 쌓인 눈을 치웠는데 나중에 보니 더 쌓여있었다. 케이프 에번스에서 이런 아침은 날이 화창할 조짐이었지만 지금은 전혀 그렇지 않다! 습도도 높았고 기온은 -17.7℃에 가까웠다. 그리고 행군하기에 빛이 매우 약했다.

밝고 화창한 날이다. 어제 구 마일 조금 더 갔고 오늘도 마찬가지였다. 내일 점심 전에 코너 캠프에 도달해야 한다.

새벽 3시경에 출발했다. 화이트 섬 쪽의 지평선에서 짧은 검은 선 하나를 발견했다. 암석이 드러난 지점이라고 보기에는 꺼림칙하여 자세히 관찰했다. 보워즈의 말팀이 분명했다. 그들은 매우 빠르게 이동하고 있었는데 우리 캠프를 보지 못한 것처럼 보였다. 오늘 우리는 그들의 경로를 따라갈 것이다. 그런데 말이 네 마리밖에 보이지 않아 염려스럽다.

두 번째 팀의 유일한 말인 제임스 피그의 상태가 행군 거리를 결정했다. 우리는 좀 더 갈 수 있었다. 모두 스키로 썰매를 끄는 것이 낫다고 한다. 스키로 썰매를 끄는 훈련이 되어 있어야 한다.

코너 캠프로 갔지만 두 번째 팀이 매우 힘겨워해 결국 스키를 벗고 발로 썰매를 끌었다. 제임스 피그에게 지표가 좋지 않았다. 그래서 우리는 삼 마일을 간 후 천막을 치고 점심을 먹었다. 천막 치는 작업을 제외하면 속도가 느렸다. 대원들에게 나들이가 아니라 임무 수행 중이라고 일깨워 주어야 했다.

점심 후 다시 삼 마일을 행군해 코너 캠프에 도달했다. 그곳에서 보워즈팀의 천막 흔적과 다섯 마리의 말 벽을 발견하고 안도했다. 말들이 모두 무사했다. 여섯 주 동안 식량을 저장하는 작업을 마친 후 나는 에번스팀에게 말을 데리고 천천히 내려오게 하고 체리-개라드 · 크린과 먼저 출발했다. 우리는 지름길로 육과 사분의 일 마일을 가서 차를 마시고 다시 팔 마일을 갔다. 안전 캠프까지는 얼마 남지 않았다.

2월 27일 월요일

아침에 눈을 뜨자 눈보라가 휘몰아치고 있었다. 천막 밖에 나가자 한 걸음을 떼기도 전에 휘날리는 눈이 순식간에 날 뒤덮었다. 우리는 취사도구를 천막 안으로 가지고 들어와 요리를 해야 했다.

보워즈의 말팀이 매우 걱정스럽다. 어딘가에 피신해 있을 것이 틀림없지만 이런 눈보라를 미처 예상치 못했을 것이다. 위력적인 바람과 강한 돌풍이 천막으로 몰아쳤다. 기온마저 매우 떨어졌다. 운이 없다.

세상 끝 최악의 탐험, 그리고 최고의 기록

안전 캠프에서 합류하다

오전 6시, 안전 캠프에 도착했다. 코너 캠프에서 내려오고 있는 에번스팀을 제외하고 안전 캠프에 모여 뭉쳐 있었다. 모두 매서운 추위에 떨고 있었는데 분위기가 매우 무거웠다. 윌슨과 메레스는 우리가 떠난 이후, 보워즈와 오츠는 이곳에 도착한 후 날씨가 매우 나빠졌다고 말했다. 눈보라가 이틀 동안 미친 듯이 날렸다. 동물이 정말 비참한 상태에 있었지만 아무튼 모두 살아있었다.

동쪽에서 부는 바람은 매섭고 차가웠다. 이곳에서 에번스팀을 기다리고 있어봐야 이로울 것이 없었다. 우리는 헛 포인트로 돌아가기 위해 팀을 다시 짰다. 짐을 꾸리는 데 제법 시간이 걸렸다. 폭설 양이 엄청났다. 4시경에 두 썰매팀이 제일 먼저 안전하게 출발하고 이어서 말팀이 간다. 동물은 하나같이 형편없이 상태가 약해졌다. 워리 윌리가 특히 더 심했다.

윌슨과 메레스가 개 썰매로 제일 먼저 출발하고 보워즈팀의 말이 그 경로를 따라가고 마지막으로 우리가 출발해 말팀을 앞질러 바다 얼음길로 들어선다는 계획이었다. 바다 얼음에 물구멍이 생긴 곳이 있었기 때문에 안심할 수가 없었다.

말이 출발했다. 그런데 마지막에 짐 없이 따라가던 워리 윌리가 갑자기 쓰러졌다. 우리는 그 개를 일으켜 세우려고 애썼고 말도 안간힘을 썼지만 곧 탈진해버렸다.

나는 재빨리 팀을 다시 조직했다. 보워즈·체리-개라드·크린에게 말을 데리고 계속 가게 해놓고 나는 오츠·그랜과 함께 남았다. 우리는 불쌍한 동물을 구하기 위해 필사적인 노력을 했다. 워리 윌리를 한 번 더 일으켜 세우고 뜨거운 귀리죽을 만들어 먹였다. 그리고 1시간을 기다렸다가 다시 출발했다. 오츠가 그를 몰고 앞장섰고 우리는 스키로 썰매를 끌며 따라갔다. 그러나 이 불쌍한 동물은 안전 캠프에서 삼분의 일 마일도 못 가서 다시 쓰러졌다. 나는 워리 윌리가 마지막으로 죽을힘을 다해 싸우고 있다고 알았다. 우리는 천막을 치고 주위에 작은 눈 벽을 쌓아주고 할 수 있는 모든 것을 다했다. 이 짐승은 힘겹게 온 힘을 다했지만 모든 것이 허사였다. 자정 무렵에 우리는 워리 윌리에게 가능한 한 편안한 버팀목을 만들어주고 잠자리에 들었다.

워리 윌리 죽다

간밤에 끝내 워리 윌리가 죽었다. 그를 살리기에 역부족이었다. 눈보라가 불어서 불쌍한 동물들에게 끔찍한 것이 분명하다. 털이 좋지 않다. 털이 가장 좋은 말조차도 눈보라를 맞으면 매우 거칠어진다. 원정 초기에 이렇게 나빠져도 문제가 없을 만큼 탐험대가 여유롭지 않다. 더 나빠지면 극점 원정의 출발 시기를 늦출 수밖에 없다.

어떻게 보면 우리는 온 힘을 다했고 비싼 대가를 치르고 경험을 샀다. 지금 모든 노력은 남은 동물들을 구하는 데 기울여야 한다. 네 마리 아니 세 마리라도 기지로 데리고 돌아가면 운이 좋다. 지미 피그도 상태가 좋지 않다. 보워즈의 큰 말도 사나운 눈보라를 만난 후 상태가 나빠졌다.

2월 혹은 3월에 이처럼 지독한 눈 폭풍이 있다는 것은 들어본 적이 없다. 온도는 -22℃였다.

보워즈에게 사고가 일어나다

지난 48시간 동안 있었던 사고는 탐험대가 산산조각 날 뻔할 정도로 위험했다. 기적적으로 인명 손실을 피했다는 것만이 다행이다. 어제 말이 죽고 암울한 밤을 보낸 후 나는 오츠·그랜과 일찍 출발했다. 그리고 앞에 간 보워즈팀의 경로를 따라 마초 저장소를 향해 스키로 썰매를 끌었다. 그곳에 가까워짐에 따라 하늘이 낮고 어두워졌다. 우리 눈앞에서 갈라진 거대한 부빙들이 떠다니는 신기루가 나타났다. 처음에 나는 신기루가 낯설었지만 이 지역에서 흔히 나타나는 착시 현상이라고 생각했다.

저장소에 가까워지면서 이 의문이 풀렸다. 바다는 빙붕 가장자리에서 떨어져 나간 빙하들이 온통 떠다니고 있었다. 내 생각은 앞에 간 말과 개들에게 미쳤고 두려움이 물밀듯이 밀려왔다. 바다 얼음 가장자리를 따라갔지만 갑자기 얼음에 금이 가 있는 것을 보았다. 우리는 최대한 빨리 달렸고 사분의 일 마일을 가서야 속도를 늦추었다. 곧 다시 금이 나타났고 우리는 있는 힘을 다해 속도를 내어 안전 캠프와 캐슬락(성채를 닮은 빙하)의 중간 지점에 도달해서야 다시 한숨 돌렸다.

그때 제일 먼저 떠오른 생각은 뒤에서 오고 있는 에번스팀에게 이것을 알려줘야 한다는 것이었다. 우리는 천막을 쳤고 그랜이 위험을 알리려 안전 캠프로 갔다. 뭔가 이상했다. 앞서 간 윌슨팀이나 보워즈팀 중 어느 팀이라도 빙붕이나 헛 포인트에 무사히 도달했다면 이 상황에서 지체 없이 위험을 알리려고 달려왔을 것이라고 생각했다. 그렇다면 전달자는 우리와 같이 있어야 했다. 그렇다면 무슨 문제가 생긴 것일까? 약 30분 정도 지났을까… 하느님 감사합니다! 나는 프람 포인트(바다 얼음과 빙붕과 대륙이 접해있는 지점으로 디스커버리 호 때 스콧이 프람 포인트라고 명명했다.) 쪽으로 보이는 두 점이 사람임을 확인했다. 나는 서둘러 그들이 있는 곳으로 달려갔다.

그들은 윌슨과 메레스였다. 그들은 안전 캠프에서 개 썰매로 제일 먼저 출발한 팀이었다. 그들은 나를 보고 놀라움을 감추지 못했다. 그들은 보워즈팀의 말들이 바다 얼음을 타고 표류하는 것 같다고 말했다. 업절베이션 힐에서 망원경으로 그것을 발견하고 내가 그들과 함께 있는 것으로 생각하고 아침을 먹지 않고 서둘러 달려온 것이다. 우리는 그들에게 코코아를 만들어주고 대책을 논의했다. 코코아를 마신 직후에 형체 하나가 서쪽에서 안전 캠프로 빠르게 달려오는 것을 윌슨이 발견했다. 나는 다시 그랜을 보내 중도에서 데려오게 했다. 형체는 보워즈팀의 크린이었다. 그는 완전히 지쳐 횡설수설했다. 보워즈의 말팀이 전날 밤 새벽 2시에 실크랙 너머의 바다 얼음 위에 천막을 쳤다. 그런데 한밤중에….

말이 유빙을 타고 떠내려가다

어제는 글을 멈출 수밖에 없었다. 그 이야기를 계속하면… 한밤중인 4시 30분경 보워즈가 천막 밖에 나가보고는 주위 얼음에 금이 가 있음을 발견했다. 금은 말 우리 밑으로도 지나가고 있었다. 그리고 말 한 마리가 사라지고 없었다. 허겁지겁 짐을 꾸렸고 말들을 이 얼음판에서 저 얼음판으로 계속 건너게 했다. 그 후에 짐을 끌고 왔다. 세 사람(보워즈 · 크린 · 체리-개라드)은 두려움 없이 잘 대처했다. 마침내 그들은 빙붕(얼음 절벽) 가장자리에 있는 가장 부피가 크고 무게가 나가며 단단한 얼음판 위로 옮겨갔다. 한순간 그들은 빙붕으로 무사히 갈 수 있다고 생각했다. 그러나 높은 얼음 절벽 앞면이 온통 갈라진 틈으로 이루어져 있어 갈 수가 없었다. 진퇴양난의 와중에 크린이 자원해서 내게 연락할 길을 찾아 나선 것이다.

바다는 얼음이 깨어지기 시작할 즈음에 마치 물이 끓어넘치는 솥단지 같았다. 범고래 떼가 쉴 새 없이 얼음 가장자리를 배회하며 대가리를 쳐들었다. 다행히 고래들이 말에게 겁을 주지는 않았다.

크린은 바다 얼음을 수없이 건너뛰며 엄청난 거리를 질주했고 마침내 두꺼운 유빙을 발견했다. 그곳에서 그는 스키 스틱을 이용하여 빙붕 절벽을 기어올랐다. 필사적인 모험이었지만 다행히 성공했다.

사태를 정확히 파악하자마자 나는 그랜·윌슨·메레스를 헛 포인트로 돌려보내고 크린·오츠와 함께 내 썰매를 끌고 재난 지점으로 출발했다. 우리는 안전 캠프에 들러 몇 가지 물품과 연료를 싣고 조심스럽게 행군하여 얼음 가장자리로 접근했다. 다행히 조난된 팀이 시야에 들어왔다. 우리는 구조용으로 가져간 고산용 밧줄을 이용하여 보워즈와 체리-개라드가 있는 얼음판을 빙붕 가장자리로 끌어당겼다. 나는 빙붕에서 조금 떨어진 안전한 지점에 천막을 치고 구조 작업을 시작했다. 얼음은 표류를 멈추었고 빙붕 가장자리에서 맴돌았다.

저녁 5시 30분에 우리는 두 사람을 빙붕으로 끌어올렸고 새벽 4시경 썰매와 짐들을 끌어올리는 데 성공했다. 마지막 짐을 끌어올렸을 때 얼음이 떠내려갈 조짐을 보였다. 그런데 말을 구할 수 있는 가능성이 없어 보였다. 세 마리의 불쌍한 짐승은 든든히 먹고 한동안 얼음 위에 남아있어야 했다. 전날 밤 모두 한숨도 자지 못했기 때문에 완전히 지쳐있었다. 나는 일단 휴식을 취해야 한다는 결론을 내렸다.

아침 8시 30분에 모두 일어났다. 그런데 아침을 먹기 전에 나가 보니 말들이 떠내려가고 없었다. 고산용 밧줄로 부빙을 고정시켜 놓았는데 닻이 뽑혀버린 것이다. 안타까운 순간이었다. 아침 식사 때 우리는 짐을 꾸려 빙붕 가장자리를 따라가기로 결정했다. 내가 글을 중단한 것은 바로 이때였다.

망원경을 가지고 나갔던 보워즈가 북서쪽으로 약 일 마일 되는 지점에서 조랑말을 발견했다고 알려왔다. 우리는 즉시 짐을 꾸려 그곳으로 달려갔다. 우리는 불쌍한 동물들을 구조할 실낱같은 가능성을 찾아 생명의 마지막 기회로 여기고 그들을 살려보기로 결정했다. 불행은 여기서 그치지 않았다. 나는 빙붕 가장자리를 계속 따라가다가 예상대로 말을 상륙시키기에 적절한 지점을 발견했다. 그러나 그 사이에 조금 긴장한 말 한 마리가 얼음 틈을 가로질러 뛰다가 바다에 빠졌다. 결국 죽일 수밖에 없었다. 참혹했다.

썰매를 사다리처럼 이용하여 부빙으로 내려간 보워즈와 오츠는 말을 그 지점으로 인도했다. 그동안 체리-개라드와 나는 그곳을 파서 길을 만들었다. 마침내 한 마리를 구조했다. 두 마리 모두 그랬어야 했지만 보워즈의 말이 뛰어 건너다가 미끄러지면서 또 바다에 빠졌다. 우리는 말을 부빙으로 가까스로 끌어올렸다. 사방에 온통 범고래들이 날뛰고 있었다. 불쌍한 짐승은 몸을 일으키지도 못했기에 죽이는 것이 자비일 뿐이었다. 매우 참담했다.

저녁 5시, 우리는 임시 천막을 철수하고 처음 구조 작업을 펼쳤던 캠프로 돌아갔다. 그곳조차도 안전해 보이지 않았다. 그래서 금이 없는지 살펴보기 위해 이 마일 너머까지 걸어가 보았다. 다행히 금이 간 곳이 없었다. 자정 무렵 우리는 잠자리에 들었다.

지금 우리는 슬픈 마음으로 헛 포인트로 귀환을 준비하고 있다. 말을 잃어 모든 것이 혼란스럽지만 대원들이 모두 무사하다는 자비에 오직 감사할 뿐이다.

세상 끝 최악의 탐험, 그리고 최고의 기록

내륙을 통해 헛 포인트로

3월 4일 토요일

출발부터 힘든 행군이었다. 안전 캠프와 마초 캠프 사이로 난 선을 따라 삼 마일을 가는 데 무려 4시간이 걸렸다. 가는 길에 보워즈가 안전 캠프를 들러 에번스가 경고 쪽지를 보았음을 확인했다. 점심 후 우리는 윌슨과 메레스를 만났던 지점으로 스키와 짐을 가지러 갔다. 그런데 짐은 없고 내륙으로 난 썰매 자국과 말 발자국만이 있었다. 에번스팀이 먼저 올라간 것이 분명했다. 우리는 자국을 따라가서 마침내 프람 포인트 능성이를 타고 올라가 정상 부근에 도달했다.

나는 이곳에 천막을 치기로 결정했다. 우리가 짐을 풀었을 때 형체 네 개가 다가오는 것이 보였다. 에번스팀이었다. 그들은 안전 캠프에 있는 내 쪽지를 발견하고 내륙으로 올라간 것이다. 어제 캐슬락으로 올라와 등성이의 정상에서 적절한 캠프 자리를 발견했다고 했고 모두 건강해 보였다. 그들이 헛 포인트로 통하는 길을 찾았다는 말을 듣고 마음이 놓였다. 그들은 우리 썰매 중 하나와 가벼운 짐을 끌고 그들 캠프로 돌아갔다. 내일 아침에 앳킨슨이 윌슨에게 우리 소식을 전해주러 갈 것이고 나머지는 우리와 같이 가서 언덕을 올라가는 것을 도울 것이다. 언덕을 오를 때 말에게 위험이 없기만을 바랄 뿐이다.

우리는 캐슬락 아래 에번스팀의 캠프가 있는 정상까지 언덕을 올랐고 에
번스팀은 우리가 짐을 끌며 올라가는 것을 도와주기 위해 마중을 나왔다.
경사가 가파른 곳이었기에 썰매가 잘 나가지 않았다. 오츠가 말을 맡았다.
점심 천막을 쳤을 때 앳킨슨과 그랜이 나타났다. 앳킨슨은 헛 포인트에 우
리가 무사하다는 소식을 전해주고 돌아오는 길이었다. 그랜은 안전 캠프
에 설탕과 초콜릿을 가지러 갔다.

　나는 에번스·오츠·키오한을 캠프에 두고 나머지 여섯 명과 헛 포인
트로 출발했다. 케이프 에번스에는 바람이 별로 불지 않았지만 헛 포인트
에는 심했다. 오두막은 비교적 잘 정비되어 있었고 우리는 무사히 그곳에
도착하여 잠자리에 들었다.

다시 바다가 얼기를 기다리며

아침 7시 30분에 작업을 시작했다. 나는 윌슨·보워즈·체리-개라드와 다시 캐슬락으로 올라갔다. 에번스팀이 막 캠프를 철수하고 있었고 썰매 짐들이 언덕 위에 놓여있었다. 오츠와 키오한이 말을 몰고 나설 준비를 하고 있었다. 등성이 꼭대기에서 우리는 말을 몰고 썰매를 끌며 헛 포인 트로 통하는 길을 따라 빠른 속도로 내려갔다. 행군이 끝날 무렵 사방이 점차 자욱해지며 또 다른 눈보라가 불 조짐이 나타났다. 경사면 정상에서 말의 마구를 풀어주었다. 윌슨이 말을 몰고 암석 지대를 내려갔다. 나머 지는 썰매와 짐을 끌었다. 얼음 발판을 따라 썰매를 끄는 것이 힘들었다. 아무튼 우리는 무사히 헛 포인트에 도착했다. 제일 먼저 말들을 베란다 아래의 아늑한 곳에 가두었다.

　코코아를 한잔 마신 후 개를 몰고 가서 또 다른 썰매를 가져왔다. 그 사 이에 눈이 그치면서 바람이 점차 잦아들었다. 모든 일이 무사히 끝났고 개와 말들은 안전한 곳에 가두어 두었다는 생각에 긴장을 풀고 안으로 들어갔다.

헛 포인트를 개조하는 작업

어제 윌슨과 프람 포인트로 갔다. 프람 포인트 만의 바다 얼음 한쪽 귀퉁이가 아직 떨어져 나가지 않은 것을 발견했다. 그곳은 물개 천지였다. 우리는 작은 물개를 한 마리 잡아 고기와 기름을 가지고 돌아왔다.

그동안 오두막에 남은 대원들은 오두막을 좀 더 아늑한 곳으로 개조하는 작업을 했다. 작지만 성능 좋은 난로를 만들어 이전의 난로 연통에 연결했다. 오두막은 실내 온도가 낮은 것을 제외하면 다른 점들은 더없이 편안했다. 비스킷, 커피, 차, 설탕과 소금이 많이 있었다. 게다가 초콜릿·건포도·렌즈콩·오트밀·정어리·잼 등 식단에 변화를 줄 사치품도 어느 정도 있었다. 우리는 케이프 에번스로 통하는 바다가 다시 얼 때까지 이곳에서 매우 편안하게 머물 것이다. 이곳은 우리의 임시 기지나 다름없다.

어제와 오늘도 오두막 개조 작업으로 매우 바빴다. 땔나무를 많이 태워야 하므로 난로를 다시 설계했다. 한 두어 개의 장작불과 물개 기름만으로 충분한 열이 발생되도록 만들었다. 요리 레인지도 좀더 편하게 손보았다. 디스커버리 호의 기지는 한층 더 효율적인 곳으로 바뀌었다. 이미 실내는 발생된 열을 유지하기 시작했다. 우리는 물개 기름을 먹어보았는데 물개 기름에 튀긴 비스킷이 그런대로 먹을 만했다.

이곳에는 편안하게 머무르게 위해 필요한 모든 것이 있다. 더 필요한 것이 있다면 좀 더 많은 경험을 해서 있는 자원을 최대한 활용했으면 하는 것뿐이다. 날씨는 불길할 정도로 좋다. 바다는 이미 몇 차례나 얼어붙는 듯하다가 떨어져 나가기를 반복했다. 따뜻한 태양이 내리쬐는 동안은 옷·신발·침구를 말릴 최고의 기회이다.

어제 아침에 보워즈가 팀을 꾸려 지난주 부빙에서 구해낸 짐들을 가지러 출발했다. 메레스, 키오한, 앳킨슨, 그랜, 스스로 같이 가겠다고 나선 에번스로 구성하여 오전 10시경 헛 포인트를 나갔다. 우리는 그들이 언덕을 오를 때까지 도와주었다. 그리고 7시 30분, 나는 그들이 캐슬락에서 십이 마일 정도 떨어진 캠프에 도달하는 것을 망원경으로 확인했다. 그들은 내일 밤이나 되어야 돌아올 것이다.

모두 밧줄 다루는 법을 배우는 모습을 보니 흐뭇하다. 윌슨은 언제나 그렇듯이 유익한 제안을 해서 부족한 것을 채워주는 일등공신이다. 의복

을 잘못 이용하는 부분이 있을 때 그가 점검해주는 모습이 정말 믿음직
하다.

어제 윌슨과 캐슬락에 올랐다. 달리 케이프 에번스로 돌아갈 방법이 없는
지 알아보기 위해서였다. 날이 화창해서 그런지 태양 아래 걷는 것이 따
뜻했다. 케이프 에번스로 통하는 길이 에레버스 산 최악의 기슭에 있는
것이 분명하다. 이 거리에서 보면 산의 측면 전체가 크레바스 덩어리로
보이지만 삼천이백팔십 피트 혹은 그 이상의 고도에서는 길이 있을지 모
른다.

오두막은 점점 더 따뜻해질 뿐만 아니라 점점 더 아늑해지고 있다. 밤
이 더없이 편안하다. 이른 새벽에만 추위가 실감 날 뿐이다. 바깥 온도는
-13℃, 밤에는 -17℃ 정도다. 오늘 드리프트를 동반한 강한 남서풍이 분
다. 난로에 사용할 물개 기름을 좀 더 많이 구해 와야겠다.

아침에 프람 포인트로 가서 물개 기름을 좀 더 구해왔다. 갈라진 틈에는 매우 강한 바람이 불었지만 프람 포인트에는 거의 불지 않았다. 저녁에 나는 캐슬락 중간 지점까지 올라갔다. 정상에는 강하고 매서운 바람이 불었다. 짐을 가지러 간 팀이 보이지 않더니 행군을 힘들게 마치고 저녁에 겨우 도착했다. 그들의 말에 따르면, 헛 포인트에 다가왔을 때 바람이 불었다고 한다. 기온이 −23℃, −26℃까지 떨어졌지만 낮에는 밝은 햇살이 비치는 화창한 날씨였다고 한다. 그들은 스키로 짐을 끄는 것을 즐기면서 왔다고 한다.

지질학 탐사팀이 도착하다

일요일, 월요일, 화요일 내내 남풍이 불었다. 처음으로 이렇게 남풍이 지속적으로 불었다. 월요일과 화요일인 어제 나는 그래터 힐에 갔다. 프람 포인트의 모퉁이에 있는 얼음이 떨어져 나가지 않았을까 걱정했지만 금이 가 있었음에도 불구하고 여전히 붙어있었다. 그것이 떨어져 나가면 큰일이다(물개가 더 이상 오지 않기 때문에).

어제 언덕을 내려가던 중 낯선 형체 하나가 다가오는 것을 발견했다. 테일러(지질학자)였다. 그는 넉 주간의 탐사 끝에 일행과 안전하게 돌아왔다. 그들의 이야기는 온통 모험으로 가득 차 있었다. 작업 중에 주요한 부분을 언급하긴 했지만 디스커버리 호 때 가볍게 여기고 지나쳤던 사실을 새로 발견했다. 자연 지리와 얼음 특성에 대해서 배웠던 내용들을 이제 철저하게 규명할 것이다. 매우 흥미로운 사실 하나는 그 팀이 1차 탐사를 했던 넉 주 내내 날씨가 화창했다는 것이다. 그들은 폭풍과 눈보라가 전혀 미치지 않는 곳에 있었던 것처럼 보인다.

그러나 나는 테일러가 탐사 이야기를 하도록 내버려 두어야 한다. 테일러가 그 이야기를 다 하려면 앞으로 긴 시간이 필요할지도 모른다. 오늘 물개를 잡으러 간다. 고기뿐만 아니라 두 주간 사용할 기름도 얻었으면 한다. 모퉁이 얼음이 제발 그대로 붙어있어야 할 텐데….

3월 17일 금요일

우리는 수요일 날 프람 포인트에서 열한 마리의 물개를 잡았다. 그리고 그곳에서 점심을 먹고 반 톤 정도 되는 기름과 고기를 캠프로 운반했다. 언덕에서 썰매를 끄는 것이 몹시 힘들었다.

어제 마지막 코너 캠프팀이 출발했다. 에번스 · 라이트 · 크린 · 포드가 한 팀이고 보워즈 · 오츠 · 체리-개라드 · 앳킨슨이 한 팀이다. 라이트(물리학자)는 탐사를 마치고 돌아온 지 겨우 이틀 만에 다시 팀에 합류했다. 그는 틀림없이 대단한 모험가이다.

데벤햄(지질학자)은 주방장 노릇을 하고 있는데 그 일을 즐기는 것 같다. 테일러는 활기가 넘쳐흐른다. 그에게는 이야깃거리가 무진장 있는 것 같다.

어제는 오전에 화창했고 오후에 강한 북풍이 불기 시작했다. 바람은 한밤중까지 불어서 작은 얼음조각들을 해협(육지와 육지 사이에 끼여 있는 좁고 긴 바다)으로 몰고 왔다. 그리고 나자 갑자기 남풍으로 바뀌었다. 처음에는 눈보라의 조짐이 아닐까 생각했지만 오늘 아침에 바람은 다시 남서풍으로 바뀌었다. 북풍에 의해 형성된 층운이 흩어지고 있다. 한밤중에 내린 축축한 눈이 바람에 휘날려 쌓이고 있다. 날이 갤 조짐이다.

오두막은 거주하기에 점점 더 아늑한 곳이 되어가고 있다. 난로도 많이 손을 보았다. 여분의 연통을 설치하여 외풍이 들어오거나 연기가 역류하지 못하게 하고 더 경제적으로 연료를 소모한다. 내부와 외부의 단열 문제만 남아있는데 지금 적극적으로 해결하려고 한다.

문제는 바다이다. 작은 얼음이 여기저기 떠다니지만 아직 바다는 멀리까지 얼지 않고 있다. 빙붕에서 떨어져 나온 빙하 조각들이 끼여 있는 프람 포인트만 예외이다. 바다에 떠다니는 얼음은 쌓인 눈의 깊이나 정도를 보면 나이를 알 수 있는데 주로 생긴 지 한 두어 해도 되지 않는 것들이다.

나는 이런 작업과 모든 활동에도 불구하고 여기서 기다리는 것이 초조하다. 그러나 케이프 에번스에 있더라도 이 초조함은 마찬가지일 것이다. 우리가 수송할 때 입은 타격을 보고 있으면 마음이 편치 않다. 극점을 가기 위한 계획을 세울 때는 달라야 한다. 극점은 매우 머나먼 곳에 있다. 매우 머나먼 곳에!

개에 대해서 온전히 쏟았던 믿음도 조금씩 줄어든다. 기대만큼 일정한 속도를 유지하지 못할 것 같아 우려스럽다.

거친 날씨의 영향

토요일 밤에 남풍이 강하게 불었고 안개가 자욱하고 낮은 안개구름과 드리프트가 있었다. 파도가 다시 얼음 발판(빙하의 말단부에 접해있는 바다 얼음) 위로 몰아쳤고 개들이 있는 곳까지 덮쳤다. 어제 내내 사나운 바람과 함께 기온이 –23℃, –24℃까지 떨어졌다. 우리는 오두막 부근을 벗어나지 못했다. 바람은 밤을 고비로 다시 잦아들었다. 오늘 아침에는 1~2시간 가볍게 불었고 기온이 -19℃까지 올라갔다.

거친 날씨가 이어지자 개한테도 미치는 영향이 매우 심각했다. 우리는 동물을 편안하게 해 주기 위해 많은 신경을 썼지만 변화무쌍한 바람의 방향 때문에 어느 쪽도 안전한 피신처가 되지 못했다. 어쩔 수 없이 개 대여섯 마리를 풀어놓았다. 그러나 더 힘센 개는 감히 자유롭게 둘 수 없다. 개가 추위로 많이 고통스러워했지만 악화되지는 않았다.

귀환 중 크레바스에 추락한 개들 중 하나인 작은 흰 개가 어제 죽었다. 피를 토해낸 것으로 보아 내부 기관이 상처를 입은 것이 분명했을 뿐만 아니라 외부 상처가 괴저(큰 덩어리의 조직이 죽는 현상)로 발전했기 때문에 다른 상황이 좋다 하더라도 결과는 마찬가지였을 것이다. 다른 세 마리도 상태가 나쁜데 운이 좋으면 다시 썰매를 끌게 될 것이다.

행운도 있었다. 헛 포인트 주변을 맴돌던 작은 얼음 하나가 단단하게 고정되었다. 오늘 그 위로 물개 두어 마리가 올라왔고 우리가 잡았다. 개들의 먹잇감으로도 좋고 난로의 연료 공급원으로도 그만이다. 우리가 가죽을 벗기고 있었을 때 더 많은 물개들이 올라와 이곳이 미래의 식량 보급처 역할을 할 것 같은 희망을 불어넣었다.

세상 끝 최악의 탐험, 그리고 최고의 기록

거센 파도가 몰아치다

지난 밤 8시 즈음에 바람이 남풍으로 다시 바뀌었다. 밤 2시까지 점차 강해져 풍력 9~10의 남남서풍이 불었다. 파도는 빙하에 접해있는 얼음 발판을 사정없이 몰아쳤다. 헛 포인트도 마찬가지였다. 파도가 모든 것을 뒤덮었다. 파도가 세차게 물줄기를 오두막의 지붕 위로 퍼부어 마치 비처럼 쏟아져 내렸다. 해발 삼십 피트 높이의 푸어 빈스를 바닷물이 완전히 덮쳤다. 물론 개도 힘들어했다. 물보라가 쳤을 때 우리는 물세례를 받은 두세 마리의 개를 풀어놓았다. 우리 방풍복도 한꺼번에 완전히 물에 젖었다.

이것은 우리가 이곳에 도착한 이후 세 번째 강풍이다. 이런 강풍에는 어떤 배라도 만에 접근하는 것이 불가능하다. 그러므로 1902년, 디스커버리 호 때 강풍에서 피신할 수 있었던 것은 지금 생각해도 기적이다.

강풍이 불어서 뚜렷한 흔적을 남겼다. 흔한 일이 아님이 분명했다. 바다 얼음 위의 잔물결 무늬의 눈에 사방으로 고랑이 파여 있고 짠 침전물로 덮여 있다. 이전에 한 번도 본 적이 없는 현상이다. 그것뿐만이 아니다. 만의 남서쪽에 있는 얼음 발판이 떨어져 나가 처음으로 암석이 그대로 드러났다. 썰매, 오두막, 포인트라는 지명처럼 바다 쪽으로 돌출해 있는 곳 전체에 바닷물이 덮쳤다. 프람 포인트(물개들이 잘 오는 곳에 있는 바다 얼음 지대 명칭)의 얼음도 떨어져 나갔다.

지속적으로 거친 날씨에 가장 큰 고문을 당하는 것은 역시 개다. 적어도 네 마리가 상태가 안 좋다. 예닐곱 마리는 건강하다고 볼 수 없다. 신기한 것은 그 와중에도 열두어 마리는 매우 건강하다. 체질적으로 더 강한 것인지, 본성이 원래 그런 것인지, 아니면 스스로를 보호했기 때문인지는 알 수가 없다. 우두머리인 오즈맨 · 크리스라비트사 · 호홀 · 치간 등은 상태가 일급이고 라파는 이전 어느 때보다도 좋다.

개들을 묶어놓고 편안하게 있게 하는 것이 불가능하다는 판단으로 대부분 풀어놓기로 결정했다. 싸우다가 한두 마리가 죽는 일이 일어나지 않는다면 그보다 더 좋은 일이 없겠지만 다른 한편으로 묶어놓으면 더 많이 죽을 수도 있다. 일단 한번 시도해보고 싸움꾼들은 계속 묶어둘 것이다. 이 불쌍한 녀석들의 가장 큰 고통은 엉덩이와 다리에 얼음이 달라붙는 것이다. 얼음이 털 속으로 파고들면 뒷다리는 반쯤 마비된다. 그래서 우리는 개가 사방으로 뛰어다니며 다리가 마비되지 않기를 간절히 바라는 것이다. 행운이 우리에게 따르지 않는다. 이번 달은 슬픈 기억으로 남을 것이다. 그리고 사태는 지금보다 더 악화될 수도 있다.

어제 오후에 우리는 회전 타원체 풍화작용의 몇몇 예를 관찰하려고 업절베이션 힐에 올랐다. 윌슨이 잘 알고 있어서 앞장서 우리를 안내했다. 지질학자들은 그것을 보고 원래는 원주 구조였는데 꼭대기 부분이 풍화

세상 끝 최악의 탐험, 그리고 최고의 기록

되어 그런 모양이 되었다고 한다.

우리가 발견한 표본들은 굉장히 완벽했다. 저녁에는 지질학자들과 지질학에 관한 흥미로운 대화를 나누었다. 날씨만 괜찮으면 두 명의 지질학자와 같이 돌아다니는 시간이 결코 후회스럽지 않을 것이다.

3월 23일 목요일

저장소로 올라간 팀이 오지 않는다. 벌써 일주일째이다. 화요일 오후에 우리는 빅 불더의 스키 경사면 위로 올라갔다. 지질학자들이 매우 흥미로워했다. 나머지 우리는 결정체에 초록색을 띤 감람석, 옅은 붉은색으로 산화한 감람석, 화강암, 백립암, 규암, 각섬석, 장석, 용암의 제1 산화물, 제2 산화물, 편암, 현무암 등에 대해서 배웠다. 이 모든 것들을 머릿속에 정리해 넣는 일만 남았다. 물개 기름 등을 성공적으로 제작했다. 어둠이 점차 길어질 때 불을 밝힐 걱정을 덜었다.

3월 24일 금요일

어제 처음으로 만의 남쪽에 있는 얼음 발판의 실체를 확인했다. 물 위로

오 피트 솟아있었고 수면 아래로 십삼 피트 잠겨있었다. 해저는 하얀 벽이 훤히 보일 정도로 맑았는데, 그것이 해안을 따라붙어있는 얼음 발판의 전형적인 형태임이 분명했다. 그리고 최근 강풍에 얼음의 표면이 파도에 침식되어 매우 이채롭고 신기한 모양을 하고 있었다.

저장소팀이 어제 오전에 귀환했다. 저장소로 올라가는 중에 대기가 자욱해 경로를 잃어버려 안전 캠프와 코너 캠프 사이에서 삼십 마일을 헤맸다고 한다. 이곳에 강풍이 분 날 저녁에 그곳에서도 위력적인 바람이 몰아쳤던 것 같다.

바다는 얼고 싶어 한다. 바람이 잠잠해지면 얇은 얼음막이 형성되는 것이 보인다. 그러나 온도가 높아서 얼음이 두꺼워지는 것을 막고 조류가 흘러서 얼음이 붙어있도록 내버려 두지 않는다. 우리는 모든 저장품들을 계산해서 이십 일간 더 머물기 위해 대비하고 있다.

바다 얼음을 보러 가다

4월 7일 금요일

앳킨슨 · 보워즈 · 테일러 · 체리-개라드와 함께 얼음 위를 걸어 북쪽으로 갈 수 있는 데까지 갔다. 해수로가 있는 곳을 제외하면 거의 모든 곳이 오 인치 이상의 두께로 얼어있었다. 대륙에서 멀어지면 질수록 작고 동글납작한 무늬를 한 얼음 표면이 색다른 여러 조각이 모인 형태를 하고 있어 흥미로웠다. 해협에서 바람 부는 곳은 바닷물이 잘 얼지 않으니 바람이 불지 않는 곳에서 얼기 시작했다. 월요일과 화요일에 강한 바람이 불었음에도 불구하고 얼어붙은 부분이 점차 늘어나 얼음이 뻗어나간 모양새를 하고 있다.

테일러가 어리석게도 얇은 얼음을 건너보려고 하다가 바다에 빠졌다. 우리가 구조하러 달려가는 동안 그는 매우 겁에 질렸다. 그러나 그는 얼음을 깨는 도끼를 이용하여 우리 도움 없이 무사히 올라왔고 체리-개라드와 함께 오두막으로 돌아갔다.

나머지 우리는 캐슬락 아래의 화산추(많은 양의 용암과 화산 조각이 계속 분출하여 쌓여 원뿔 모양을 이룬 지형) 기슭에 도달할 때까지 걸었다. 그리고 다시 해안으로 발걸음을 돌렸는데 서로 도와가며 절벽을 기어올라 대륙을 통해 돌아왔다.

모든 상태를 종합한 결과, 내일쯤 귀환을 시도해봐도 될 것 같지만 오늘 밤 하늘이 잔뜩 찌푸려있어 갑작스러운 날씨 변화가 있을 수 있다.

우리는 얼음 속에 얼어붙은 많은 물고기들을 거두었다. 큰 것들은 청어만 하고 작은 것들은 피라미 정도였다. 둘 다 물개의 추적을 피해 반쯤 녹은 얼음 위로 올라온 것 같았다. 오늘 그랜이 작은 물고기를 잡아먹다가 얼어붙은 큰 물고기를 발견했다. 먹이 사슬의 관계에서는 크거나 작거나 간에 먹이가 되기는 마찬가지인 것 같다.

여기가 너무 편안하고 부족한 것이 없어 떠나는 것이 조금 아쉬울 정도이다. 주위의 언덕을 오르다 보면 운동 효과가 큰데 이것도 케이프 에번스에 가면 그리울지 모른다. 그러나 나는 돌아가고 싶고 그곳의 모든 것이 괜찮은지 내 눈으로 직접 확인하고 싶다. 케이프 에번스가 북풍의 충격에 어떻게 버텼을지 걱정스럽다. 주변 얼음이 떨어져 나가고 통나무 기지가 파도의 충격에 파손되었을지도 모른다는 생각이 자꾸 든다.

헛 포인트 생활

우리는 상자 위에 걸터앉아 불 주변에 옹기종기 모여 버터 덩어리와 김이 나는 찻잔을 받아든다. 그러면 인생은 살만한 가치가 있는 것처럼 느껴진다. 점심 후에 우리는 다시 밖으로 나간다. 안에 머물고 싶은 유혹은 거의 없다. 우리는 건강을 유지하기 위해 운동한다.

5~6시경 날이 어두워지고 저녁 시간이 되면 우리는 왕성한 식욕이 돌아 헛 안으로 들어가고 싶다. 그리고 서로 경쟁하듯이 어떻게 하면 맛있는 요리를 해 먹을까 궁리한다. 한 가지 요리를 여러 가지로 변형시킬 수는 없다고 해도 약간의 밀가루, 한 줌의 건포도, 한 숟갈의 카레 가루, 조금 끓인 콩을 첨가하여 식단에 많은 변화를 줄 수 있다. 이런 식이라 해도 우리는 그 만족감으로 감탄사를 내뱉는다.

그런데 거의 매일 밤 새로운 요리를 고안하는데 천재임을 입증한 윌슨이 며칠 전에 한 요리로 인해 평판을 잃을 뻔했다. 그는 펭귄 기름에 물개 간을 튀겨보자고 제안했다. 기름 덩어리를 구했고 지방이 잘 정제되었다. 보기에는 냄새가 없는 순수한 지방이었다. 그러나 말끔한 모습은 가면이었다.

세 영웅은 접시를 완전히 비웠지만 나를 비롯한 나머지는 한 입을 시식해 본 후 차라리 코코아와 비스킷으로 만족하기로 결정했다. 저녁 식사 후 우리는 담배를 피우고 1시간 정도 이야기를 나눈다. 활기차고 유쾌한 시간이다. 말 그대로 세계 곳곳에서 경험을 가진 동료들과 추억을 주고받는 것이다. 지구상의 어느 곳이라도 한 사람도 안 가본 곳이 없다. 저녁 후 1시간 정도 지나면 하나둘씩 말꼬리가 흐려지면서 침낭을 펴고 신발을 벗고 안락함 속으로 기어들어간다.

순록 침낭은 완전히 말라서 매우 아늑하고 따뜻하다. 오두막은 내부에서 발생되는 열을 조금 유지한다. 물개 기름으로 등을 만들 수 있고 초를 원활하게 공급하므로 한 두어 시간 책을 읽을 기회도 있다. 그러면 침낭의 털 속에 몸을 푹 집어넣고 지난 십 년간의 사회적 · 정치적 의문들을 공부한다. 그러다가 하나둘씩 잠이 들기 시작하는데 모두 한 번도 깨지 않고 8~9시간 잔다. 시계 가까이에서 자도 불편함을 호소하는 사람이 없다. 이것은 극도의 단순한 생활이 극도로 건강한 생활임을 보여준다.

세상 끝 최악의 탐험, 그리고 최고의 기록

마침내 케이프 에번스로

4월 11일 화요일 9시에 우리는 헛 포인트를 출발했다. 나·보워즈·에드가 에번스·테일러가 한 천막이었고 에드워드 에번스·그랜·크린·데벤햄·라이트가 두 번째 천막이었다. 윌슨은 메레스·포드·키오한·오츠·앳킨슨·체리-개라드와 헛 포인트에 남게 했다. 이들은 우리를 위해 비탈 꼭대기까지 썰매를 끌어주었다.

날씨는 좋았다. 우리는 썰매를 끌며 경사면 동쪽에 있는 캐슬락을 지났다. 가는 도중에 빙하 지맥의 절벽 아래를 내려다보니 예상대로 빙하 양쪽 만이 단단하게 얼어붙은 모습이 한눈에 들어왔다. 그러나 내려가기에 좋은 가까운 지점까지는 얼음이 뻗어있지 않았다. 그래서 한동안 등성이의 능선을 따라 올라간 후 적절한 곳에서 바다 얼음으로 내려서야 했다. 문제는 절벽을 어떻게 내려갈 것인가 하는 것이었다. 출발 지점에서 칠 마일 반 지점에 있는 홀톤 락까지 계속 걸었다. 그런데 중요한 순간에 바람이 불고 하늘이 어두워졌다.

우리는 오후 2시경 천막을 치고 차를 마셨다. 30분 후 하늘이 다시 맑아졌고 절벽을 내려갈 만한 곳이 있는지 살피는 것이 가능해졌다. 홀톤 락과 에레버스 사이에 있는 모든 내리막 경사면은 온통 크랙과 크레바스 투성이었다. 결국 절벽을 내려갈 수밖에 없어 확실한 경로를 찾아 절벽 가장자리를 헤맸지만 높이가 낮은 곳이 없었다. 그나마 가장 낮은 곳이 바닥에서 이십이 내지 이십육 피트 높이였다. 이곳에 이르렀을 때 바람이 증가하고 능선을 따라 눈이 휘몰아치기 시작했다. 빨리 결정해야 했다. 나는 그곳의 가장자리로 가서 밧줄을 타고 내려갈 수 있는 발판을 만들었 다. 좋은 곳에 위치한 벼랑 끝의 눈 더미를 적절히 디뎠다.

먼저 에번스 · 보워즈 · 테일러를 밧줄로 내려보냈다. 이어서 적절히 꾸려진 썰매를 내려보냈다. 그다음에 나머지 대원들이 차례대로 내려갔 고 마지막으로 내가 내려갔다. 작업을 깔끔하고 신속하게 하였고 20분 만에 누구도 심각한 동상 없이 잘 마무리했다. 결과는 매우 만족스러웠다.

만의 바다 얼음을 가로질러 빙하 지맥으로 가는 중 소금 결정체투성이 의 얼음에서 썰매를 끄는 것이 여간 힘겨운 일이 아니었다.

우리는 5시 30분에 빙하 지맥에 도착했다. 지맥의 낮은 곳을 찾아내 별 어려움 없이 썰매를 끌어올렸다. 가파른 경사였지만 단단한 지표에서 썰 매를 끄는 것은 크게 어렵지 않았다. 어두운 빛 속에서 보니 지표에 수많 은 크랙(비교적 작은 크레바스)이 교차하고 있었다. 몇몇이 그곳에 빠져 발 목을 접질릴 뻔했다. 그러나 조금 더 북쪽으로 올라가니 그곳은 눈이 많 이 덮여 비교적 가기가 쉬웠고 얼음 절벽으로 이어지는 얼음 계곡이 있 었다. 이 계곡에는 바다 얼음으로 내려가는 발판이 될 만한 빙하 조각들이 쌓여 있었다.

나는 중단 없이 케이프 에번스로 밀고 가기로 결정했고 6시에 천막을 치고 차를 마셨다. 그런데 6시 30분경 갑자기 주위가 캄캄해졌다. 사방이 아무것도 보이지 않았다. 우리는 얼음 계곡을 내려가 다시 바다 얼음에 도달했고 한동안 힘겹게 썰매를 끌었다. 밤 10시에 레이저 백 섬 부근까지 갔지만 눈보라가 앞을 가려 아무것도 보이지 않았다. 결국 11시 30분경 얼음 위에 천막을 치고 편치 않은 잠자리에 들었다.

밤중에 바람이 거세졌고 아침에 눈보라가 휘몰아쳤다. 천막을 친 곳의 얼음이 떨어져 나갈 가능성이 있었기 때문에 약간의 불안감을 떨칠 수 없었다. 보워즈와 테일러가 위험을 무릅쓰고 섬으로 올라가 보고 정상 부근에 바람이 더 세차다고 보고했다.

우리는 하루 종일 잠시라도 잠잠해지기를 기다렸다. 오후 3시에 보워즈와 내가 직접 섬을 한 바퀴 돌았고 마침내 작은 내륙 발판을 발견했다. 그곳으로 캠프를 옮기기로 결정했다. 매서운 추위 속에서 2시간이 걸린 이동이었지만 적어도 그곳은 안전했다. 그러나 머리 위로 암석 능선을 휩쓸고 가는 광풍의 우렁찬 소리는 우리 귀를 먹먹하게 만들었다. 옆 사람의 말소리조차 들리지 않을 정도였다. 두 번째 밤도 아늑함이라고는 찾아보기 어려운 상태였지만 바다로 떨어져 나갈 걱정이 없다는 생각만으로도 잠을 더 잘 잤다.

식량이 한 끼밖에 남지 않아서 걱정이었지만 다행히 밤이 되자 바람이 진정되면서 대륙이 윤곽을 드러내기 시작했다. 이튿날 아침 7시에 출발했다. 우리는 절망적으로 매서운 추위와 살을 에는 바람, 그리고 얼어붙은 옷에 몸이 반쯤 마비되어 있었다. 썰매를 끄는 것은 정말 힘든 행군이었지만 남은 거리는 이 마일이었다. 힘겨운 행군 끝에 약 10시경 포인트에 들어섰다. 포인트 주위의 얼음, 멀리서 보이는 온전한 기지…. 그제야 엄청난 안도감이 밀려왔다.

말 한 마리와 개 한 마리가 죽었다는 보고를 받았지만 예상보다 나쁘지 않았다. 그 밖에는 모두 건강했다. 한숨 돌린 나는 통나무집 내부를 여기저기 둘러보았다. 심프슨이 자기 구역을 놀라울 정도로 잘 배치해 놓았고 다른 사람들도 마찬가지였다. 여기에 대한 기술은 다음에 해야 할 것 같다.

세상 끝 최악의 탐험, 그리고 최고의 기록

케이프 에번스

케이프 에번스의 해변에 통나무집 자리를 고를 때, 북풍이 불면 파도가 헛 포인트를 덮칠 수도 있다는 생각이 들었지만 장점이 더 많아 이곳을 선택했다. 세 가지 장점이 있어 쟁점을 잠재웠다. 첫 번째, 이전에 이곳에 그런 파도가 몰아쳤다는 기록이 없다. 두 번째, 북풍은 파도를 잠재우는 바다 얼음덩이를 몰고 오게 되어 있다. 세 번째, 위치가 반 빙하의 옆에 있어서 기지를 아주 잘 보호하고 있다. 그래서 해변 그 자체가 바닷물에 휩쓸린 표시나 흔적이 전혀 없다.

통나무집을 세우고 나는 그것의 지반이 해수면에서 겨우 십일 피트 위에 있다는 것을 알았을 때 조금 불안했지만 해변이 피신처를 역할을 해주는 여러 상황들을 다시 떠올리며 안심했다. 내 생각이 틀린 것은 아니었지만 그렇다고 해도 만약의 경우에 대비하여 좀 더 충분한 증거에 근거하지 않았다고 실토한다.

헛 포인트가 온전한 것을 직접 보고 나서야 내 걱정이 지나쳤다는 것을 깨달았다. 정상적인 계절에는 위험하다는 걱정을 해본 적이 없지만 저장소 원정에서 말을 잃고 거대한 빙하 지맥이 떨어져 나가는 예상 밖의 놀라운 것을 목격하고 나니 이곳 역시 그런 있을 수 없는 일이 일어날 수 있다는 불안감에서 놓이지 못했다. 이곳을 선택하게 한 이유가 있었음에도 사고를 겪은 뒤 많이 흔들렸다.

다른 해와는 달리 바다가 늦게 얼었고, 바람이 끔찍하게 내내 불었으며 이런 비정상적인 상황들 때문에 나의 불신이 깊어지고 강해졌다. 바로 이러한 불안감 때문에 남극의 알 수 없는 기후로 인해서 멀리 떨어진 동료가 여러 가지 형태의 재난을 입었을지 모른다는 생각을 할 수밖에 없었다. 우리는 사나운 눈보라 후에 부는 매서운 바람 속에서 최악의 상황을 피할 수 없어서 처절하게 걸었다. 이른 아침의 어렴풋한 빛 속에서 경관은 황량하기 그지없었으며 옷은 모두 뻣뻣하게 얼어붙어 있었다. 천막 속에서 손이 얼었고 썰매를 꾸릴 때 동상에 걸렸다.

곶에 가까워졌을 때 그나마 위안이 되었던 것은 하나둘씩 보였던 생명의 징표였다. 눈 속에 찍힌 오래된 발자국도 있었고, 기상학자의 관측용 열기구에 달린 긴 명주실도 있었다. 놀랍게도 바다 얼음은 곶 너머까지 단단했고 우리는 바다 얼음을 지나 곶을 돌아갔다. 곧 윈드 바인 힐의 기상 측정기가 나타났고 잠시 후 작은 곶으로 방향을 돌리자 통나무집의 온전한 모습이 시야에 들어왔다. 이전과 조금도 다르지 않았다. 말 우리나 옥외 화장실도 그대로였다. 파도의 공격을 받지 않은 것이 분명했다. 그제야 나는 깊은 안도의 한숨을 내쉬었다.

우리는 말 우리 부근에서 작업하고 있던 두 사람을 발견했다. 그들도 우리를 볼지 모른다고 생각했다. 잠시 후 그들도 우리를 발견한 것 같았다. 그들은 우리의 도착을 알리려고 통나무집 안으로 달려갔다. 잠시 후 기지에 남아있던 아홉 명 전원이 환영하는 외침과 함께 부빙 위로 줄지어 달려 나왔다. 서로 안부에 대한 열렬한 질문과 대답이 오갔다.

우리가 떠난 후 조용한 기지 생활에 어떤 일들이 있었는지 아는 데 1분도 채 걸리지 않았다. 말 한 마리와 개 한 마리가 죽은 것이 전부였다. 그 말은 가까이 다가오는 사람에게 앞발과 뒷말로 공격하는 나쁜 습관이 있던 헤켄 스미츠였다. 그는 분명히 다른 말과 종자가 달랐다. 그런데 증상이나 죽은 후 넬슨의 사후 검시에서나 이렇다 할 원인이 발견되지 않았다. 가장 좋은 먹이를 주고 정성으로 보살폈어도 말은 병이 점차 악화되어 일어서지도 못할 정도로 쇠약해졌다. 한시바삐 비참함에서 벗어나게 해주는 것 외에는 방법이 없었다. 안톤은 그 말의 죽음을 '고집불통' 탓으로 여긴다. 말하자면 탐험대를 위해 죽어도 일을 하지 않겠다고 결심한 결과라는 것이다. 상실의 심각성에도 불구하고 나는 그 동물이 우리에게 엄청난 말썽거리였음을 기억한다. 그는 성질이 고약하고 고집이 세어 가장 다루기 어려운 말이었다. 개는 전부터 매우 아픈 상태였기 때문에 놀랍지 않았다.

이 두 가지가 우리를 기다리고 있던 제일 안 좋은 소식이었다. 그 밖에는 통나무집을 최고로 잘 정비하고 있었고 과학적 연구 작업은 한창 진행 중이었다.

아미타지 곶에서 원시적 생활을 하고 난 후에 따뜻하고 건조한 케이프 에번스의 보금자리에 돌아오니 이보다 더 좋을 수가 없었다. 실내 공간은 궁전이 따로 없었고 불빛이 눈부셨으며 안락함은 사치 그 자체였다. 문화

인의 방식으로 식사하고 석 달 만에 처음으로 목욕하고 건조하고 깨끗한 옷을 입으니 만족감이 최고였다. 이렇게 잠깐 동안 안락한 순간이 극지 탐험가들에게는 보물 같은 기억으로 남는다. 탐험가는 고된 탐험을 하였으므로 현재 편안하고 느긋함을 느끼면서 가장 확실하게 대조를 맛본다. 그리고 한동안 익숙하지 않았던 신체적인 만족감 속에서 즐거움을 누린다.

이전에 나는 안에서 별로 많은 시간을 보내지 않았다. 그래서 내가 자리를 비운 동안 어떤 변화가 일어났는지 자세히 관찰하기 위해 실내를 한 바퀴 둘러보았다. 각 구역마다 작업하는 사람들의 적절한 자부심이 배어있었다.

제일 먼저 심프슨의 구역을 가보았다. 눈으로 자동 기록 장치들이 겹겹이 쌓여있는 수많은 선반을 훑는 동안, 귀는 수많은 시계 소리, 전동기의 부드러운 회전 소리, 가끔씩 울리는 전기 종이 떨릴 때 나는 음색에 사로잡혔다. 그런 광경을 보고 소리를 듣고 있으면 섬세하고 체계적인 수단으로 매일, 매시간의 기상 조건의 변화를 기록한다는 생각이 든다.

힐끗 보기만 해도 일급 기상학 기지가 복잡하다고 알 수 있었다. 그것은 극지에 세워진 최초이자 유일한 기상학 기지였다. 내가 우리 기상학자의 목표와 그가 얼마나 정확한 정보 처리 과정을 거처 그것을 달성하는지 이해하고 깨닫는 데 며칠, 아니 몇 달이 걸렸다.

앞으로 조금 더 자세히 기술할 것이지만 당장 처음 받은 첫인상은 다소 혼란스러웠다. 내가 심프슨의 자리에 가봄으로서 느낀 것은 얼핏 보기만 해도 바람이 얼마나 세게 불고 있는지, 불어왔는지, 기압계가 어떻게 변하는지, 어느 정도 추위에 온도계가 내려가는지 확인할 수 있다는 것

세상 끝 최악의 탐험, 그리고 최고의 기록

이다. 만약 더 알고 싶다면 대기의 전기 장력 같은 다른 문제들에 대한 정보를 얻을 수 있었다. 바깥에 나가보지도 않고 그런 정보를 얻을 수 있어서 직접 측정하기 위해 옷을 입어야 하는 사람들에 비하여 분명히 도움이 된다. 인간은 문제 해결을 위해서 이런 기술적 장치를 발명하다니 정말 대단하다.

심프슨의 자리 옆으로 기생물 학자의 작업대 바로 옆에 암실이 있다. 그다음에 내 관심은 바로 이 암실 주인에게 쏠렸다. 지금까지 극지에서 사진 예술을 위한 공간이 이토록 잘 갖추어진 적이 없었다. 사진 현상 작업의 질이 좋으면 충분히 그만한 공간을 가질 만한 이유가 된다. 폰팅 같은 작가가 있어 그 공간이 그만한 값어치를 하고 있다. 그는 내게 지난 여름 작업의 결과를 열심히 보여주었다. 그동안 나는 잠깐씩 카메라들이 줄지어 놓여있는 깔끔한 선반, 도자기 싱크, 자동 물 조절 장치, 빛 가리개가 달린 아세틸렌 가스 버너, 사진 예술의 일반적인 시설을 보았다. 실제로 이곳은 그에게 최고의 결과를 내도록 용기를 북돋우는 곳이었다.

그는 모든 것을 직접 설치해야 했고 온갖 연장을 다루는 '능숙한 잡역부' 역할부터 해야 했다. 빠른 속도로 선반과 탱크가 설치되었고 문과 창문이 달렸다. 관건은 속도였다. 짧은 여름은 사진 작업을 하기에도 부족했기 때문이었다. 폰팅의 예민한 기질은 시간 낭비를 절대로 허락하지 않았다. 그는 좋은 날씨에는 밤샘을 했다. 상황이 허락하는 한 절대 기회를 놓치지 않았다.

폰팅의 수많은 작품을 보면 경탄이 절로 나오지만 그 중에서도 폰팅은 얼음을 주제로 찍은 사진의 미학에 뛰어난 안목이 있다. 그가 찍은 사진의 구도는 놀라울 정도로 아름답다. 그는 사진 속에 담기는 전체적인 전경과 중간부, 생명 이입의 정확한 가치를 본능적인 감각으로 받아들이는 것처럼 보인다. 반면에 눈의 미묘한 그림자를 강조하고 그것의 투명한 질감을 재생산하는 스크린과 노출을 조작하는 기술은 조금 더 기교적이다. 자신의 일을 사랑하는 예술가로서 과거의 결과와 미래의 계획에 대한 열정을 듣고 있으면 기분이 좋다.

암실을 마음껏 구경하기도 전에 나는 생물학자의 공간으로 왔다. 넬슨과 데이는 처음부터 같은 공간을 쓰기로 결정했다. 둘 다 정리 정돈이라면 철저했기 때문이다. 넬슨과 데이는 둘 다 깔끔해서 방을 같이 쓰고 싶어 했는데, 같이 쓰는 것으로 배치가 되자 나머지 깨끗하지 못한 동료들로부터 해방되었다는 생각에 안도했다. 내가 떠나기 전에 그들은 공간의 내부 시설을 아직 하지 않았었다. 그러나 돌아와 보니 공간을 제일 잘 활용한 본보기가 되어있었다. 그들에게 중요한 점은 무엇보다도 깔끔함이었다.

생물학자의 현미경 주위로 정리 정돈한 그릇, 책이 있었다. 그 뒤에는 깔끔한 커튼이 드리워진 두 개의 침상, 옷장, 촛대가 있고 머리 위에는 말리는 양말들이 질서 정연하게 널려 있었다. 나무로 만들어 넣는 내부 장식이 좋아서 대충 해 넣은 다른 방과 대조적이었다. 베개를 올리고 침상 널판장은 가장자리를 섬세하게 마무리하여 갈색 페인트를 칠했다. 넬슨의 벤치는 통나무집의 가장 넓은 창문 아래 매우 편리한 곳에 있었다. 그리고 아세틸렌 가스 등잔 등 여름이나 겨울이나 실내 작업을 할 수 있는 모든 편리함을 다 갖추고 있다.

데이는 내가 없는 사이에 제일 바빴던 것처럼 보였다. 모두 데이의 솜씨와 재능에 공을 돌렸고 기구들을 손봐준 데 대한 고마움을 표시했다. 그는 난방 · 전등 · 환풍에 관한 사항을 완전히 도맡아 했다. 이 모든 일을 잘 해내서 그는 많은 찬사를 받았다.

이 특별한 것들과 관련해서는 나중에 언급할까 한다. 내가 받은 첫인상을 말하자면 통나무집의 온기와 밝기는 이상적인 쾌적함을 유지했고 실내 공기는 신선하고 맑았다. 기술자인 데이는 썰매 차를 남극 상황에 맞게 계속 연구하여 어느 정도 진전이 있다고 했다. 이 문제에 대한 내용은 앞으로 쓸 기회가 있으니 남겨둔다.

이어서 내 관심은 난방 기구에서 자연스럽게 요리 난로와 요리사인 클리솔드에게 향했다. 이미 그의 기술이 빚어내는 식사가 만족스럽다는 이야기를 많이 들었다. 나도 맛보았다. 나는 요리사의 영역인 레인지와 오븐 위에 주전자와 팬이 있고 보조 탁자와 선반이 있는 곳으로 갔다. 비록 좋은 식사가 좋은 부엌 용품에서 만들어진다고 하지 않더라도 그곳에는 많은 용품과 설비를 갖추고 있었다. 난로가 경제성뿐만 아니라 효율성이 좋다는 말을 듣고 흐뭇했다.

클리솔드가 오븐을 자랑스럽게 보여주었는데 그것은 빵이 올라오면 전기 회로가 작동하여 종이 울리고 빨간 등에 불이 들어오게 되어 있었다. 그는 종소리가 계속 울려서 우리 대원들의 신경에 거슬릴까 봐 일정한 간격으로 자동적으로 회로가 차단되는 타이머 장치를 고안해 설치했다. 누가 뭐라 해도 작고 예쁘고 잘 쓰이는 장치였다. 그리고 그것이 용수철, 전지, 자석 등 여기저기서 줍고 얻은 잡동사니들로 만들어진 것을 알고 그가 매우 특별한 요리사임을 깨달았다. 그래서 나중에 클리솔드가 심프슨의 모터 문제 해결사로 불려가거나 짐 가방으로 개 썰매를 만드는 것을 보았을 때 전혀 놀랍지 않았다. 그가 요리에 관심을 두기 전 기계 작업에 상당한 훈련을 받았음을 알고 있었기 때문이었다.

이것이 내가 기지에 귀환해서 받은 첫 느낌을 대강 적은 것이다. 한 마디로 이루 말로 표현할 수 없을 정도로 유쾌했고 귀환 내내 날 짓누른 두려움과는 상당히 대조적인 행복한 모습이었다. 시간이 지나면서 새것을 고안하고 헌 것을 개선한 점을 상세히 기록할 때가 있을 것이다. 마침내 나는 책임지고 있는 조직이 광범위하고 복잡하지만 얼마나 만족스러운지 다시 한 번 깨달았다.

며칠 후 스콧은 다시 헛 포인트로 가서 그곳에 남아있는 대원과 동물을 모두 넘어오게 했다.

/ 3 /

겨울 — 과학을 연구하다

태양이 사라지다

오늘이 태양이 떠오르는 마지막 날이다. 반 빙하 위로 황금빛이 빛나는 멋진 광경을 보았다. 그러나 반 빙하 때문에 태양은 보이지 않았다. 그것의 얼음 절벽이 장밋빛 광선 아래 깊은 그림자 속에 가려져 있었다.

부드러운 땅거미가 은고리처럼 오늘과 어제를 하나로 연결한다. 아침과 저녁이 별도 없는 한밤의 하늘 아래서 서로 손을 마주 잡고 앉아있는 것 같다.

오로라를 관찰하기와 열기구로 관측하기

4월 24일 월요일

불침번 제도는 아직 먼 곳에서 어렴풋하게 나타나는 오로라를 관찰할 목적으로 실시하였다. 관찰자는 오로라의 여부를 매시간 살펴야 한다. 당번에게는 빵과 버터와 함께 코코아와 정어리를 제공한다. 코코아는 심프슨 장비 중의 하나인 아세틸렌 버너로 끓이면 된다. 지난밤은 내 차례였다. 한 사람씩 차례로 돌아가며 하게 되어있다. 기나긴 밤은 미처 끝내지 못한 많은 작은 일을 마무리하는 시간이다. 기지 안에는 난롯불이 꺼졌어도 온기가 남아있다.

심프슨은 우리가 떠나 있는 동안 지속적으로 관측용 열기구 실험을 해오고 있다. 오늘 오전에도 했다. 관측용 열기구는 일 입방미터의 용량이며 명주실로 만든 풍선이다. 그 속에는 특수 발전기에서 발생된 수소가 들어있다. 수소 발생 과정은 간단하다. 물이 가득한 용기 속에 거꾸로 된 (전도된) 용기가 있다. 수소가 발생하면 이곳에 들어가 파이프를 통해 관측용 열기구에 들어간다. 그리고 용기에는 칼슘 수산화물이 들어있는 고무관이 붙어있어 기울이면 필요한 양의 칼슘 수산화물이 발전기에 들어간다. 기체가 생성되면 관측용 열기구로 들어가거나 내부 용기에 모인다.

관측용 열기구 주변 장치는 매우 아기자기하다. 관측용 열기구 밑에는 온도와 압력이 기록되는 자동기록 장치(육십삼 그램)가 작은 깃발과 함께 달려있고 명주실에 연결되어 있다. 이 명주실은 매우 미세하여 오 마일이 겨우 백십삼 그램밖에 나가지 않는다. 그에 반해 인장 강도는 500그램 정도 된다. 기구 아래쪽에는 또 다른 명주실이 붙어 있는데 그것은 공중으로 올라갈 때 얽히지 않도록 원뿔형의 얼레에 정교하게 감겨있다.

수소를 관측용 열기구에 주입하는 데는 약 15분 정도 걸린다. 기체를 넣은 후 도화선에 불을 붙이고 관측용 열기구를 놓으면 빠르게 하늘로 올라간다. 시야에서 멀어지면 망원경으로 주시한다.

이론상으로는 바람에 의해 명주실이 팽팽해지다가 기구와 관측용 열기구 사이의 실이 끊어져 장치가 땅으로 떨어지게 되어 있다. 그 실을 따라가 기구를 찾아내면 떨어진 고도의 기온과 압력이 입력되어 있다. 일단 모조 장치로 시도해보았는데 실이 자주 실패 근처에서 끊어졌다. 오후에 두 겹으로 시도했는데 성공적이었다.

강의 프로그램을 시작하다

4월 27일 화요일

나흘째 바람이 불지 않지만 날은 찌푸려있다. 하루 종일 가벼운 눈이 내리고 밤에는 북풍이 분다. 나간 팀을 곧 돌아오게 해야 한다. 기온이 -20℃를 유지하고 있다. 바다 얼음이 빠른 속도로 두꺼워져야 한다.

나는 케이프 에번스의 여러 빙산을 한 바퀴 돌았다. 모두 매우 아름다웠는데 특히 위쪽이 둥글게 구멍이 뚫린 거대한 빙산이 특히 더 그랬다. 겨울이 깊어갈수록 이런 기괴한 빙산 주변을 올라가 보는 것도 흥미로울 것이다.

오늘은 겨울을 위한 강의 프로그램을 만들었다. 모두 좋아하는 것 같다. 다양한 주제에 대해 전문가들과 토론하는 것은 매우 재미있을 것이다. 우리 탐험대에는 다양한 분야에서 전문적인 훈련받은 사람들이 많이 있다. 이만큼 다른 경험을 가진 사람들로 구성된 공동체는 상상하기 어렵다. 통나무집 하나에 모든 나라와 모든 지방의 경험이 다 들어있다. 잡다한 지식의 집합소가 따로 없다.

개인의 연구 분야

고요한 날이 조용한 밤으로 이어졌다. 밤에 한 두어 번 가벼운 북풍이 불었지만 곧 잦아들었다. 기온이 -24℃이었다. 날씨가 비교적 따뜻한 편이라고 할 수 있는데 무엇을 의미하지? 언제나 그렇듯 고요한 윈드 바인 힐은 온도가 -1.6~-1.5℃ 높다. 기지에서 이루어지는 작업량을 보면 기분이 좋다. 게으름을 피우는 사람이 없다. 이런 노동은 결국 탁월한 결과를 산출하리라는 것은 의심할 나위가 없다.

일반적인 곳에서는 인간관계에서 허식과 가식이 나타나기가 쉽다. 한마디로 자기주장은 자신의 약점을 가리는 가면이 된다. 그러나 우리는 그 이면을 파고들 시간도 없고 그럴 생각도 없다. 상대방을 있는 그대로 받아들일 뿐이다. 여기서 자신을 내세우는 것은 아무 의미가 없다. 오직 내면의 목적만이 중요시될 뿐이다.

윌슨은 연필과 물감으로 그림을 그리느라 바쁘다. 윌슨이 그림을 그려 화첩에 넣는데 그 작품 수가 늘어간다. 그리고 틈나는 대로 디스커버리호 때 마무리하지 못했던 동물학 연구에 몰두한다. 그는 언제나 다른 동료에게 충고와 지원을 아끼지 않는다(윌슨의 수채화 실력은 대단한 것으로 알려져 있으며 지금까지도 그 그림들이 남아있다).

심프슨(기상학자)은 숙련된 기상 전문가로 수많은 자동 기록 장치에서 얻은 정보로 결과를 도출하는 데 심혈을 기울인다. 그는 과학적인 예리함으로 모든 변화를 관찰하며 적어도 관찰자 두 명의 몫을 한다.

착하고 강하며 예리한 라이트(물리학자)는 이 특이한 지역에서의 얼음과 관련된 문제에 온 힘을 쏟는다. 그는 현대적인 시각으로 방사능과 관련된 전기 연구를 하는 데에 관심이 있다.

테일러(지질학자)의 지적 능력이 특정 분야에 국한되어 있는 것이 아니고 여러 방면으로 이해력이 뛰어나다. 그가 글을 쓰면 어떤 글도 재미있을 것이다. 한 마디로 달필이다.

데벤햄(지질학자)은 더 명쾌하다. 훈련을 잘 받은 견실한 작업자로 철저함과 진지함의 의미를 누구보다도 잘 아는 학자이다.

보워즈(대원)는 기지가 원활하게 돌아가도록 실제적인 부분에서 비범한 능력을 발휘하여 대부분 그의 덕분에 기지가 돌아간다고 해도 될 정도다. 강인한 몸과 강인한 정신이 이토록 이상적으로 결합된 사람을 본 적이 없다. 그는 한순간도 자신을 가만히 두지 않는다.

관측용 열기구 작업을 주도하고 명주실을 찾아 바다 얼음 먼 곳까지 간다. 그 일이 끝나면 자신의 조랑말을 운동시키고 온다. 나중에는 개들과 같이 나간다. 그리고 여러 곳에 설치된 온도계 스크린으로 가서 그 수치를 기록해 오고 그것을 기지의 것과 비교하는 일을 한다.

앳킨슨(의사 · 기생물학자 · 대원)은 기생충 연구를 말없이 하고 있다. 그는 이미 새로운 세계를 발견했다. 그가 하는 일은 물고기 잡이 망을 설치하고 그것을 끌어올리는 것이다. 그는 새로운 것을 발견하면 어김없이 내게 와서 한번 보지 않겠느냐고 묻는다. 그러면 나는 그의 현미경 슬라이드 위에 올린 몇몇 원생동물, 피낭류 등을 보러 간다. 새로운 종의 물고기도 과학의 범주에 속할 텐데 기생충을 먼저 연구하는 것이 신기하다.

앳킨슨의 작업대에는 현미경 · 시험관 · 알코올램프 등이 줄지어 있다. 그리고 바로 그 옆의 암실에서는 폰팅(사진작가)이 인생의 황금기를 보내고 있다. 그의 세계는 우리의 세계와 매우 다르다. 그는 모든 것을 아름다움으로 측정한다. 작품성이 있는 사진을 찍기를 즐기고 그렇게 하지 못하면 슬퍼한다. 그리고 자신의 작업에 빠져 있을 때 가장 행복해한다. 이 말은 그가 다른 사람의 작업에 관심이나 동정심이 없다는 것이 아니라 모든 힘과 열정이 한순간도 예외 없이 자신의 작업에 헌신하듯이 쏠린다는 것이다.

체리-개라드(대원)는 앞에 나서기보다 뒤에서 묵묵히 맡은 일을 하는 타입이다. 다른 사람을 돕고 싶어 하는 마음과 성실성이 남다르다. 오두막 안에서는 극지 신문을 편집하고 밖에서는 돌집과 물개 기름, 난로를 만들어 시험하느라고 바쁘다. 그는 크로지어 곶 겨울 탐험에 윌슨과 같이 갈 예정이다. 말이 난 김에 하자면 이 겨울 탐험의 의미는 기지에서 고립되어 온갖 어려움을 겪을지 모르는 모임을 위해서 교훈이 될 만한 시도라는 데 있다. 자연이 제공해주는 희박한 자원을 가장 잘 활용하는 법을 배울 수 있는 절호의 기회이다.

오츠(대원)는 모든 마음이 말에게 가 있다. 그는 말들을 보살피는 데 온 힘을 다한다. 나는 말들이 썰매 작업을 할 때까지 가장 좋은 건강을 유지하리라고 믿는다. 뿐만 아니라 그는 물개 난로를 설치하느라고 바쁘다. 반면에 그의 수행원인 안톤은 언제나 마구간에 있다. 그도 일을 탁월하게 잘한다.

에번스(대원)와 크린(대원)은 침낭을 수선하고 펠트 부츠를 손보고 있는데 썰매 용품과 관련된 작업을 맡아하고 있다. 사실 게으른 사람이 없고 게으름을 피울 것 같은 사람도 없다.

흥미로운 현상

평소 때와 다름없는 관찰을 했다. 오전에 북풍이 불었다. 오늘 저녁에 로이드 곶(이전의 새클턴의 기지가 있는 곳)으로 가볼 계획이었지만 반 빙하까지 물길이 뻗어있다는 보고가 들어왔다. 지난밤에 내가 관찰한 결과와 똑같았다.

나는 윌슨·라이트·테일러와 서쪽에 얼음이 생긴 과정을 두고 재미있는 토론을 했다. 코에틀리츠 빙하가 풍화(햇빛, 공기, 물, 생물 등의 작용으로 점차 부서진다.)된 부분에서 발견되는 해양 생물체를 어떻게 설명할 것인가? 빙하가 바다의 속에서 솟아오르기라도 했을까? 우리는 거대한 빙하가 꼭대기 부분과 더 아래층에 쌓인 빙퇴석 물질로 가라앉아 있다가 덩어리의 많은 부분이 풍화되어 떨어져 나가면서 결과적으로 다시 떠올랐다는 이론에 동의했다.

기온이 계속 떨어지고 있다. 오랫동안 -17℃를 맴돌더니 상당한 간격을 두고 약 -23.3℃가 되었다. 지금은 -29℃인데 더 떨어질 조짐이 보인다(오늘 -31℃이다).

보워즈의 기상학 기지에 매우 재미있는 이름이 붙었다. 원래는 그냥 A, B, C 이었는데 A는 아처볼드, B는 벨트램, C는 클래런스로 이제 첫 글자가 아닌 이름으로 불린다.

오늘 밤 오로라의 장관이 펼쳐졌다. 이제까지 내가 본 것 중에서 제일 찬란했다. 하늘거리는 빛의 모양이 특히 마음을 빼앗았다. 밝은 빛의 파장이 한쪽 끝에서 다른 쪽 끝으로 달려간다. 한 무리의 더 밝은 빛이 마치 천이 드리운 모양으로 옅어져가는 빛에 다시 힘을 불어넣기라도 하듯이 그 속으로 퍼져나간다.

오로라

오로라의 빛은 옅은 초록색이지만 지금 우리 눈에는 때로 밝게 나타나 흘러가는 분명히 붉게 물든 빛도 보인다. 창백한 초록빛은 장밋빛의 발그레한 홍조로 갑자기 생명력을 얻는 것처럼 보인다. 바로 이 현상 속에 무한한 암시가 있고 여기에 오로라의 매력이 있다. 덧없이 사라지는, 신비에 싸인 실체 없는 실체 이상으로 생명의 · 형태의 · 색깔의 · 움직임의 암시가 있다. 신비적인 징표와 전조의 언어이다. 오직 신들의 영감이며 성스러운 신호이다. 숭배를 떠올리게 하고 상상력을 불러일으키며… 어쩌면 격한 상징으로 우리 지구를 둘러싸고 있는 강력한 힘을 통제할 수 있는 또 다른 세계의 존재가 아닐까 하는….

❖ ❖ ❖

폰팅이 오로라를 찍는 것이 잘 안된다고 하여 구체적으로 이야기를 나누었다. 노르웨이의 스토머 교수는 성공했었다. 심프슨은 자신이 아는 방법을 알려주었다. 그것은 렌즈와 감광판의 속도에 달려있다는 것이었다. 폰팅은 그렇게 해 보았고 심지어 긴 노출까지 해보았지만 효과가 없었다. 오로라뿐만이 아니다. 폰팅의 감광판에는 별들이 어렴풋이 나타났다. 심지어 5초간의 노출에도 별들은 고정된 카메라의 감광판에 짧은 선으로 나타났다. 스토머 교수의 별은 점이었다. 그의 노출은 짧은 것이 틀림없지만 몇몇 사진에는 짧은 노출로 도저히 잡기 어려운 섬세함이 있었다. 이것 때문에 우리는 머리가 아프다.

섀클턴의 오두막

나는 윌슨 · 보워즈 · 앳킨슨 · 에번스 · 클리솔드와 함께 '손수레'에 침낭 · 취사도구 · 소량의 식량을 싣고 로이드 곶으로 출발했다. 손수레는 자전거 바퀴와 철조 뼈대로 만들어진 것이다.

부빙에는 일이 인치 눈이 쌓여 그 아래의 소금 얼음 꽃을 간신히 덮고 있었다. 이 상태는 데이의 썰매 차가 가기에 썩 좋다. 썰매의 나무 활주부가 소금 결정체와 심한 마찰을 일으킬 때 눈이 윤활유 역할을 해준다. 이번 경험으로 바다 얼음에는 썰매 활주 부보다 바퀴가 훨씬 더 효율적이라는 생각을 하게 되었다.

우리는 2시간 반 후에 로이드 곶에 도달했다. 곶의 반 너머의 만에서 황제펭귄 한 마리를 잡았다. 정말 멋진 깃털을 가진 새의 가슴은 거울처럼 흐릿한 북쪽의 빛을 반사했다.

우리가 암석을 올라 섀클턴의 오두막에 도달했을 때 날이 매우 어두웠다. 클리솔드가 요리를 시작했고 그동안 윌슨과 나는 블랙 비치를 돌아 블루 레이크를 통해 돌아왔다.

온도는 -35℃였고 오두막 안은 매우 추웠다.

오두막 안에서 우리는 추운 하룻밤을 침낭 속에서 매우 편안하게 보낸 후 오두막 안팎의 저장품들을 한 곳에 모으며 오전을 보냈다. 밀가루도 상당량 있었고 데니스 버터, 등유 등 이런저런 물품들이 많이 있었다. 제대로 관리만 하면 우리 같은 팀이 예닐곱 달 충분히 먹고 남을만한 양이었다.

이것은 필요에 따라 유용한 비상품이 될 수 있었다. 그러나 오두막은 물품들이 여기저기 흩어져 있는 데다 주인 없이 버려져 있다 보니 안온한 느낌이라곤 조금도 없이 황폐하기만 했다. 심지어 헛 포인트의 디스커버리 오두막보다 훨씬 더 우리를 반기지 않는 것 같았다.

특별히 호기심을 자극하는 것이 없었기에 우리는 코코아를 한 잔 마신 후 기지로 돌아왔다. 유일하게 가져온 품목은 가죽 한 두어 조각과 찬송가 다섯 권이었다. 우리에게 찬송가가 일곱 권밖에 없어 예배할 때 도움이 될 것이다.

썰매 식단에 대한 강의

5월 27일 토요일

정말 춥기만 하고 바람만 많은 날이다. 이런 날씨가 싫어 밖으로 나가지 않았다.

저녁에 보워즈가 썰매 식단에 대한 강의를 했다. 그는 대단한 용기를 내어 이 부분에 대한 강의를 맡았다. 끈질기게 책을 파고들어 정보를 캐냈고 그 정보를 서로 연관시키는 데 상당한 역량을 발휘했다. 그런 정보를 얻기 위해 극지 문학의 내용을 찾는 것은 보람 없는 작업일 뿐만 아니라 접근하기가 쉽지 않다. 썰매 식단을 어떤 품목으로 구성하는가 하는 중요한 문제를 아예 생략해버리는 작가도 있고 실제적인 면을 제대로 언급하지 못하는 작가도 있으며 아예 썰매 식단의 성격을 기술하는 것 자체를 잊어버린 이도 있기 때문이다.

강사가 이전의 일일 배급량을 다룰 때는 매우 재미있고 교훈적이었다. 그러나 그는 심리학적인 면으로 넘어가면서 어려움을 겪었다(어쩌면 당연한 일이겠지만). 그럼에도 그것을 씩씩하게 극복했고 유머까지 곁들였다. 예를 들어 그는 같은 주제에 관한 미스터 줄러라는 신사의 진술로 더듬어 올라가서는 그 진술을 의심할 이유가 없다고 했다.

윌슨이 이어진 토론의 버팀목(어떤 대상이나 상황을 지탱해 주는 기반이나 힘을 비유적으로 이르는 말)이었다. 그는 모든 의문점들을 좀 더 또렷하게 제기했다. 마치 과학은 '지방(혹은 탄수화물)을 늘여라'고 말하는 것처럼 보이는데 보수적인 쪽에서는 그런 주장을 조심스럽게 믿는다. 당연히 나는 이용 가능한 모든 정보를 검토하여 경험이 허락한다면 모든 궁금한 점을 한번 시험해 볼 생각이다. 그 사이에 다양한 의견을 내놓는 것은 매우 유익할 것이다.

다음은 차와 코코아를 견주는 이야기로 넘어갔다. 차와 관련하여 자극과 반작용에 대한 모든 것을 인정한다 하더라도 나는 차를 지지하고 싶은 편이다. 반작용이 있다고 하더라도 잘 대처하기만 한다면 행군 중에 약한 자극을 받아도 되지 않겠는가?

빙하에 대한 토론

기온이 꾸준히 오르더니 오늘은 -9℃까지 올라갔다. 눈보라가 올 조짐이 가득하다. 기온이 이렇게 올라가는 이유를 알 수가 없다. 암석 지대로 산책을 나갔는데 날씨가 비교적 따뜻했고 습도가 높았다.

테일러가 비어드모어 빙하에 관한 자료를 우리에게 주었다. 테일러는 모든 비어드모어 빙하의 정보를 이용이 가능하도록 모으느라고 고생했다. 그것에 따르면, 비어드모어 빙하는 페랄 빙하에 비해 비탈이 비교적 점진적이다. 만약 테일러가 보고한 대로 크레바스가 많다면 빙하의 유동이 상당한 수준에 있는 것이 틀림없다. 빙하 활동이 억제되어 깊은 골을 이루는 악성 크레바스 지대도 세 군데 정도 있다고 한다. 그리고 그곳에서 암석이 발견되었는데 지질학적으로 그것과 관련된 의문이 풀리지 않는다고 짚었다. 그곳의 토대가 되는 암석은 붉은빛과 회색빛을 띤 화강암과 변형된 점판암처럼 보인다.

그 외에도 우리는 버클리 산과 도손 산의 암석과 지질에 대한 흥미로운 토론과 다양한 관점에 대한 이야기를 나누었다. 특히 도손 산에서 발견되는 석회암에서는 캄브리아의 화석들을 발견할 수 있는 가능성 때문에 대단한 관심의 대상이 된다고 했다. 토론 중에 데벤햄은 몇 개의 큰 표본보다는 여러 곳에서 채취한 많은 작은 표본들이 훨씬 더 유용함을 언급했다.

우리는 또 다른 토론을 흥미롭게 벌였다. '빙결된'이라는 말이 나와 지질학자나 지문학자(자연지리학자, 즉 지구와 지표 가까이의 자연 현상을 연구하는 학자) 사이의 의미가 달랐다. 그들에게 '빙결된 대륙'이라는 말은 '얼음과 빙하 활동에 의해 형성된 이전의 대륙'었다. 그러나 나는 이 뜻보다 훨씬 더 보편적으로 두루 쓰이는 '얼음과 눈이 부분적 혹은 전체적으로 덮인 현재의 대륙'이라는 의미가 맞다고 생각한다. 후자가 훨씬 더 명백하다고 확신한다.

탐험가의 역할에 대한 강의

날씨가 별로 좋지 않다. 바람이 많이 불지는 않았지만 달이 구름 뒤에 숨었다. 달빛의 즐거움을 잃어버리니 꼭 어딘가에 속은 기분이다. 다음 달에 행운이 따라주지 않으면 크로지어팀(황제펭귄 탐사팀)이 어떻게 될지 모르겠다. 데벤햄과 그랜이 아직 돌아오지 않고 있다. 그들이 없었던 날이 닷새째다.

보워즈와 체리-개라드가 오늘 오후에 로이드 곶에 갔는데 그곳에서 밤을 보낼 것이다. 테일러와 라이트는 걸어서 그곳으로 가서 오늘 아침 식사 후에 돌아왔다. 그들은 점심을 먹자마자 다시 돌아갔다. 나는 오늘 오전에 스키로 주변을 한 바퀴 돌았고 오후에도 마찬가지였다. 오늘 저녁에는 에번스가 관측에 관한 강의를 했다. 그는 말이 느렸고 수줍음을 많이 탔지만 매우 공들여 준비한 흔적이 역력했다.

나는 모두가 주목해야 하는 몇 가지 점을 서둘러 말할 기회를 얻었다. 이전에 측량을 했던 사람들이 초기 북극에서 어떻게, 왜 실패했는지 매우 잘 이해한다.

1. 남극 탐험에 참가하는 모든 지휘관들은 탐험할 때 다양한 상황에서 나침반의 대략적인 편차를 기억해야 하고 진 코스(true course)를 찾을 때 그것을 적용하는 법을 알아야 한다. 편차는 기억하는 데 엄청난 노력이 필요치 않을 정도로 매우 천천히 변한다.

2. 진 코스란 한 저장소에서 다른 저장소에 도달하는 것임을 알아야 한다.

3. 경위의로 관측을 할 수 있어야 한다.

4. 자오선 고도 관측을 할 수 있어야 한다.

5. 자신의 지식에 경도 관측이나 Ex-자오선 관측(날이 흐릿해 자오선 관측을 하기 어려울 때 하는 관측)을 할 수 있는 능력을 보태야 한다.

6. 썰매 미터기를 읽는 법을 알아야 한다.

7. 휴대하는 시계의 오차와 확인된 오차율을 기억해야 한다.

8. 사물의 우연한 일치, 계곡의 펼쳐짐, 새로운 봉우리의 관찰 등을 주목함으로써 측량하는 사람을 보조해야 한다.

썰매 견 무카카

매우 화창한 날이다. 오늘 밤 우리는 맑고 고요한 달빛에 빠져들었다. 온도는 -32℃까지 떨어졌다. 부빙은 스키를 타기에 완벽했다. 오전에 남쪽 만을 한 바퀴 돌았고 오후에는 인액세스블 섬까지 길게 여러 곳을 두루 돌아다녔다. 이런 날씨에 주위 경관에서 퍼져 나와 흩어지는 차가운 광채는 형언할 수 없이 아름답다. 별이 총총한 짙은 자줏빛의 하늘 아래 희미한 빛을 발하는 빙산들과 얼음 결정체의 광채에 이르기까지 아름답지 않은 것이 없다. 산의 남쪽 기슭 위로 오로라의 찬란한 아른거림도 있었고 북쪽으로 하늘을 가로질러 유성이 쏟아져 내리는 모습도 관찰했다.

기지에 돌아와 보니 데벤햄과 그랜이 아미타지 곶에서 돌아와 있었다. 그들은 일요일 날 귀환하려고 했지만 나쁜 날씨에 발이 묶였다고 했다. 그곳에 훨씬 더 강한 바람이 분 것 같다.

그들이 디스커버리 오두막에 도착했을 때 한 달 전에 행방불명된 불쌍한 작은 '무카카'가 문밖에 몸을 웅크리고 있어서 놀랐다. 그 개는 애처로울 정도로 여위고 약해 보였지만 데벤햄과 그랜을 보고 여전히 힘이 남있는지 짖어댔다. 무카카는 1월에 배에서 짐을 내릴 때 썰매 활주 부에 치여 긴 거리를 끌려간 바로 그 개였다. 설상가상으로 그는 저장소 작업 때 크레바스에 떨어지는 사고를 또 당했다. 그 이후에는 쓸모가 없어 자유롭게 돌아다니도록 내버려 두었다.

우리가 저장소 작업 후에 헛 포인트로 귀환했을 때 무카카는 비참한 몰골을 하고 있었을 뿐만 아니라 엉덩이 털도 자라지 않았다. 그런 상태로는 도저히 생존이 불가능해 보였다. 그래서 케이프 에번스로 돌아갈 때 그냥 썰매 옆을 따라 달려오게 했다. 팀이 도착했을 때 나는 무카카에 대해 물었고 드미트리는 무사히 돌아왔다고 대답했다. 그러나 그 직후에 그 개는 실종되었다. 돌아다니다가 길을 잃었는지 두 번 다시 모습을 보이지 않았다.

나는 며칠 전에 이 사실을 알고 이 불쌍한 동물을 다시 볼 수 있으리란 희망을 접었다. 그런데 이 개가 털이 반쯤 벗겨진 상태로 다리를 절면서 헛 포인트로 가서 한 달 동안 혼자 힘으로 살아남았다니 무척 놀랐다. 발견했을 때 입에 피가 묻어있는 것으로 보아 물개를 잡아먹었으리라 짐작했지만 그런 상태로 어떻게 물개를 죽일 수가 있으며 가죽을 어떻게 벗겼는지 도무지 알 수 없었다. 굶주림의 힘이라고 할 수밖에.

겨울날의 일과

6월 19일 월요일

나는 스키를 타고 만을 가로지른 후 매서운 북풍을 받으며 곶을 돌아 기지로 돌아왔다. 앳킨슨이 얼음에 물고기 잡는 기구를 설치할 구멍을 새로 파고 있다. 이유는 이전에 설치했던 기구가 파손되었을 뿐만 아니라 구멍이 얼어붙어 한동안 고기가 잡히지 않았기 때문이다. 암흑의 계절 동안에 물고기는 별로 잡히지 않을 것이다. 그러나 앳킨슨은 적은 양이라도 잡고 싶어 한다. 그리고 생선 요리는 식단에서 빠질 정도로 잡기 어려운 사치품이 아니다.

우리 일과는 한동안 매우 규칙적이었다. 클리솔드가 아침 7시경 일어나 아침 식사를 준비한다. 7시 30분경 후퍼가 바닥을 쓸고 식탁을 차린다. 8시와 8시 30분경 일반 대원들이 나가서 물로 만들 얼음을 가지고 온다. 안톤은 말먹이를 주러 가고 드미트리는 개를 보러 간다. 후퍼는 자는 사람들에게 반복적으로 시간을 외치며 깨운다. 그는 시간을 15분 정도 속인다. 그러면 하나둘씩 일어나 몸을 뻗고 늘이며 졸음 어린 눈으로 아침인사를 한다. 윌슨과 보워즈는 눈이 가득 담긴 욕조 옆에서 자연 상태로 차가운 눈으로 세수하고 팔 다리를 문지른다. 잠시 후에는 다른 사람들이 부족하나마 물 배급을 받아 씻는다.

나는 8시 30분경 아늑한 침대에서 일어나 세수하고 단장을 한다. 8시 50분경 옷을 입고 침대를 정돈한 다음 식탁에 앉는다. 이때 대부분 식탁에 자리를 잡고 있다. 그렇지만 언제나 9시 규칙을 가까스로 지키는 느림보들이 한둘 있다. 이 규칙은 일을 미루지 않도록 만들었다. 9시 20분경에 아침 식사가 끝나고 30분경에 식탁을 치운다. 9시 30분에서 1시 30분까지 일반 대원은 썰매와 관련된 준비 프로그램에 따라 꾸준히 작업한다. 이것은 겨울 프로그램의 매우 중요한 부분이다. 침낭 수리, 천막의 개조는 이미 다 되어 있지만 완성되지 않은 일도 있고 식료품 가방·크램폰·물개 가죽 신발창·말의 덮개 등 아직 시작조차 하지 않은 일도 있다.

후퍼는 아침 식사 후에 다시 실내를 치우고 엉망인 배수구를 씻고 자질구레한 일을 한다. 이렇게 해두면 상급 대원들이 일할 때 지체할 필요가 없어서 좋다. 그리고 과학 작업의 연속성을 잃지 않아도 된다.

우리는 1시 30분 혹은 1시 45분 점심 식사에 다시 한자리에 모여 매우 활기차게 시간을 보낸다. 그 후에 말을 데리고 날씨만 괜찮으면 운동을 나간다. 이 일은 모든 일반 대원과 몇몇 상급 대원들에 의해 1시간 남짓 동안 이루어진다. 나머지는 동시에 어떤 형태로든 운동한다. 이후에 상급 대원들은 자신의 작업을 계속하고 일반 대원들은 여러 가지 맡은 일을 한다.

저녁 식사는 6시 30분에 시작되고 1시간 내에 끝난다. 그 후에는 책을 읽거나 글을 쓰거나 게임하거나 때로 미처 끝내지 못한 일을 마무리 짓는다. 그리고 일주일에 사흘 밤은 정해진 순서에 따른 강의가 있다. 이 강의는 모두 참가해야 하고 활기찬 토론이 벌어진다.

밤 11시경 아세틸렌 가스등을 끈다. 계속 남아있기를 원하거나 침대 머리에서 책을 읽고 싶으면 촛불을 켜야 한다. 대부분의 촛불은 자정 무렵에 끈다. 야간의 불침번은 기름 등을 밝혀 밤을 지새운다.

하루하루가 이렇게 지나간다. 매우 활동적인 생활은 아닐지 몰라도 절대로 게으른 생활은 아니다. 하루 24시간 중 8시간 이상 자는 사람은 없다.

세상 끝 최악의 탐험, 그리고 최고의 기록

한겨울의 정점과 오로라

6월 22일 목요일 - 한겨울의 정점

그리니치 표준 시간에 따르면, 태양은 22일 오후 2시 30분경에 최대 수평 부각에 도달했다(하강점에 도달했다). 경도 180도의 현지 시간에 따르면, 23일 오전 2시 30분이다. 그러므로 오늘 밤 식사는 태양의 결정적인 진로 변화와 제일 근접한 시점에 있기 때문에(동지점) 본국에서 크리스마스 때 볼 수 있는 흥겨움이 있었다.

다과 시간에 우리는 엄청나게 큰 케이크를 받았다. 우리는 준비해 준 체리-개라드에게 잊지 않고 고맙다고 말했다. 저녁 만찬을 위해 유니언 잭(영국 국기)과 썰매 깃발을 넓은 탁자 위에 걸었다. 탁자 위에는 일상적인 원통형 잔과 라임 주스 병 대신 유리 잔과 샴페인 병을 많이 놓았다.

7시 정각 식탁에는 보통 때의 간단한 식사와 비교할 수 없는 만큼 화려한 성찬이 차려졌다. 요리사가 대부분의 동의를 얻어 만든 물개즙 수프를 시작으로 요크셔푸딩(영국 요리 중 하나로 고기에서 떨어지는 기름으로 구운 짭짤한 맛의 푸딩), 감자튀김, 미니 양배추를 곁들인 구운 쇠고기로 이어졌다. 그리고 나서 타오르는 붉은빛의 자두 푸딩과 기가 막히는 민스

파이(영국인들이 크리스마스 때 먹는 과자, 고기를 잘게 다져서 말린 과일, 브랜디, 계피, 생강, 정향, 견과류와 이국 향신료 등이 들어간다), 풍미 있는 멸치와 대구 어란이 이어졌다. 우리의 소박한 관점에 비추어보면 굉장히 멋있는 식사였고 향연이나 다름없었다. 동시에 설탕에 절인 아몬드 과자와 과일, 초콜릿, 맛있는 요리로 식탁을 뒤덮었기 때문이었다. 게다가 식사시간 내내 샴페인이 끝없이 나왔다.

나는 탐험대의 계획의 중간 점검 및 축하의 성격에 맞는 몇 마디 연설을 해야 했다(나는 시간이 얼마나 빨리 가는지 깨닫지 못하고 지금 순조롭게 진행되고 있어야 하는 작업을 시작하지 않고 있는 사람들이 있어서 조금 걱정스럽다).

우리는 지금 여기서 온전한 여름 한철을 보내고 겨울의 반을 보내고 있다. 우리 앞에는 절반의 겨울과 두 번째 여름이 남아있다. 우리는 모든 점에서 현재 상태를 알아야 한다. 특히 저장과 수송의 현재 상태를 말이다.

나는 수송과 동물 관리를 맡고 있는 지휘관들에게 특히 고마움을 표시했다. 겪어 보니 이들은 내가 남극 임무를 완수할 수 있도록 지원해주는 사람들로 더없이 적합하다. 모두가 분발해 준 데 대해, 또 나를 이처럼 신뢰해준 데 대해 감사를 표시했다. 우리는 탐험의 성공을 위해 건배했다. 내 왼쪽으로부터 탁자를 돌아가며 한 사람씩 자신의 소감을 말했다. 개개인의 생각이 저마다 매우 특색 있었다. 그럼에도 하나같이 자신들이 마지막 순간까지 어떤 일에 헌신해야 하는지 잘 아는 것처럼 보였다. 말할 필요도 없지만 모두 겸손했고 간결했다. 예기치 않게 모두 과분할 정도로 나를 칭찬했다. 나는 찬사를 듣기에는 아직 이르다고 극구 만류해야 했다.

세상 끝 최악의 탐험, 그리고 최고의 기록

그럼에도 불구하고 탐험대의 과학진을 향한 내 태도를 진심으로 인정해주는 것이 고마웠고 그것을 표현해준 모든 동료들에게 따뜻함을 느꼈다.

좋은 의지와 좋은 동료애가 성공의 관건이라면 우리는 당연히 성공할 만하다. 처음부터 지금까지 우리 팀의 두 구성원들 사이에 조그만 불화도 없었다는 것은 언급할 만한 일이고 박수를 받을 만한 일이다.

저녁 식사를 마칠 무렵에는 화기애애한 분위기가 절정에 달했다. 폰팅의 영사기 상영을 위해 실내를 치웠다. 그동안 축음기가 분위기를 한껏 고조시켰다.

탁자를 치우고 의자를 배열하자 방은 순식간에 넓은 강의실이 되었다. 폰팅이 자신이 찍은 사진을 슬라이드로 보여주었다. 아름다운 사진들을 보니 그가 하는 작업의 의미를 완전히 이해하게 되었다. 그것은 지금까지 이 지역에서 찍은 어떤 사진들보다 뛰어났다. 관중들이 열광했다.

슬라이드를 본 후에 탁자를 제자리에 돌려놓고 우유 펀치를 준비하였다. 우리는 같이 자리하지 못한 캠벨팀과 테라노바 호의 친구들을 위해 잔을 들었다. 다시 탁자를 치웠다. 이때쯤 너무 오랫동안 단순한 생활에 길들여진 사람들에게 알코올의 자극 효과가 나타나기 시작했다. 우리의 생물학자는 잠자리로 물러났고 조용한 군인(오츠)은 유머로 웃음을 터뜨리며 안톤과 춤추기를 고집했다. 에드가 에번스는 무거운 귓속말로 속내를 털어놓았다. '뚱뚱한' 키오한은 아일랜드인이 되어 정치적 논쟁을 하고 싶어 했다. 반면에 클리솔드는 끊임 없이 미소를 지으며 수다스러운 이야기나 갈피가 잡히지 않고 익살을 부리는 말에 가끔씩 즐거운 비명으로 끼어들었다.

잔치가 절정에 달했을 무렵 보워즈가 갑자기 나타났다. 뒤이어 초, 크래커 등이 걸려있는 크리스마스트리가 나왔고 모두를 위한 작은 선물이 준비되어 있었다. 그 선물은 후퍼 양(윌슨 부인의 여동생)이 친절한 마음씨로 준비했다고 나중에 알게 되었다. 그리고 트리는 보워즈가 막대기 조각에 색종이를 입혀서 만든 것이었는데 잘 짜서 맞추었다. 선물이 있어 모두가 즐거웠다.

통나무집 안에서 모두들 흥겹게 보냈다면 밖에서도 똑같이 힘차게 그리고 더 적절한 생김새로 우리가 생전 처음 보는 생생하고 아름다운 장면이 펼쳐졌다. 떨리는 빛의 주름진 커튼이 하늘로 올라가면서 퍼져나갔다. 그것은 천천히 옅어지는 듯하다가 다시 생명력을 얻어 되살아나는 것처럼 보였다. 더 밝은 빛이 몰려와 퍼져나가면서 사분의 일씩 장식 주름이 접힌다. 그리고 흘러드는 빛은 그 속에 새로운 생명을 불어 넣는 것처럼 희미해진 형체의 물결을 타고 달려간다.

그토록 아름다운 현상을 보노라니 경외감이 드는 것은 어쩔 수 없다. 그것은 찬란함으로 인한 것이라기보다 빛과 색채의 섬세함과 투명함 때문이었고 무엇보다도 벌벌 떨듯이 사라져 없어지는 생김새와 짜임새로 인한 것이다. 흔히 기술되는 것처럼 그 속에는 눈부시게 아름다운 빛이 없다. 그 호소는 날갯짓하는 영묘한 생명력으로 평온하면서도 자신만만하지만 불안정하게 움직였으며 영적이고 본능적인 어떤 것을 넌지시 암시해주는 상상력에서 나왔다.

역사가 왜 우리에게 오로라 숭배자들에 대한 이야기를 해주지 않는지, 또 그것이 그토록 단순하게 신 혹은 악마로 여기는지 의아스럽다. 그런

마법을 바로 눈앞에서 응시하며 서 있노라니 통나무집의 정신적이고 물질적인 분위기로 돌아가는 것이 불경스러워 보였다. 마침내 다시 안으로 발걸음을 옮겼을 때 침대로 향하는 일상의 움직임을 보니 흐뭇했다. 그리고 축제를 즐기던 사람들이 30분 동안 다 잠자리에 들었다.

남극 타임스 1호

겨울의 정점을 알아서 축하하던 날 밤에 내가 선물로 받은 체리-개라드의 〈남극 타임스〉 1호에 대한 언급을 하지 못한 것 같다. 그것은 데이가 제본한 조그만 책자였는데 표지가 시선을 끌었다. 글을 실은 사람을 드러내지 않았지만 나는 많은 저자를 알아맞혔다.

 편집자는 극점 탐험 계획에 대한 내 통계 자료와 이 지역의 지질학 역사에 관한 테일러의 진지한 기사를 실었다. 사설과 기상학적인 언급을 제외한 나머지는 비교적 가벼운 글이다. 시는 침낭 논쟁에 관한 즐거운 풍자의 흥미로운 말장난을 제외하면 평범하다. 그러나 '바할라'라는 제목의 글은 완전히 수준이 다르다. 성 베드로가 지키고 있는 성문에 우리 대원 몇몇의 도착을 기술해놓은 것이다. 익살과 재치가 넘치고 억지스러운 느낌이 전혀 없었다. 작은 공동체의 농담 속에는 모임 밖의 다른 사람들이 공감하기가 쉽지 않은 면이 있는데, 이 글에서 재치 있게 다룬 몇몇은 좀 더 널리 알려져도 괜찮을 듯하다. 무엇보다도 그 속에는 분명하게 문학적으로 아름다움이 있다.

나는 주저 않고 온 힘을 기울여 만든 작품의 지은이로 테일러를 꼽았지만 윌슨과 그래드는 메레스라고 주장했다. 만약 그들의 말이 사실이라면 내 판단이 틀렸음을 인정해야 한다. 밝혀내야 한다(스콧의 판단은 틀리지 않았다).

고요한 날이다. 보통 때처럼 예배를 보았다. 오후에는 윌슨이 출발하기 전에 조용한 이야기를 하려고 비탈로 걸어 올라갔다. 나는 그곳에서 이루어질 과학적 작업에 관한 그의 생각을 듣고 싶었다. 우리는 조직이 이례적으로 화합이 잘 된다는 데 동의했다.

날씨가 정말 알쏭달쏭하다. 23일과 24일에는 연이어 눈보라가 올 것처럼 위협했다. 그러나 지금 하늘은 좋은 날씨의 모든 조건을 다 갖추었다.

황제펭귄 탐사팀이 출발하다

6월 27일 화요일

크로지어팀(황제펭귄 탐사팀)이 오늘 아침에 의기충천하여 출발했다. 무거운 짐(총 삼백사십 킬로그램, 한 명 당 백십삼 킬로그램)을 구 피트 길이의 썰매 두 개에 실었다. 폰팅이 기념으로 플래시를 사용하여 사진을 찍었고 촛불을 이용하여 영상을 얻기 위한 시도를 했다. 초가 꺼지면서 빛이 충분치 않아 영화가 실패로 돌아갔을 때에도 다들 별로 놀라지 않았다.

세 모험가는 바다 얼음 위에서 짐을 끌 수 있다는 것을 확인했다. 그들이 연습 삼아 끌어볼 때 우리는 옆에서 지켜보았다. 빙붕이 훨씬 더 힘든 곳이라 걱정스럽지만 그들을 말릴 수 있는 사람이 없다. 그들은 그렇게 떠났다.

나는 지원 부대와 곶을 한 바퀴 돌았다. 테일러와 넬슨은 레이저 백 섬까지 따라갔다가 돌아와 이상 없음을 보고했다. 심프슨·메레스·그랜은 크로지어팀과 더 멀리까지 갔는데 아직 돌아오지 않고 있다.

그랜이 방금 스키로 돌아왔다. 크로지어팀이 오 마일 반 밖으로 벗어났고 메레스와 심프슨이 걸어서 돌아오고 있다고 보고했다. 텐트 섬과 빙하 지맥 사이의 지표가 나쁘다고 했다. 크로지어팀이 그곳을 지날 때 도움을 받아서 정말 다행이다.

이번 겨울 원정은 새롭고 대담한 모험이지만 용감한 사나이들이 도전장을 던졌다. 끝까지 행운이 함께 하기를 빈다.

눈보라 속에서 길을 잃다

눈보라와 모험의 날이다. 간밤에 바람이 점차 강해졌다. 그리고 기온이 몇도 올랐음에도 불구하고 바람의 강도를 고려하면 매우 낮은 편이다. 오늘 오전에는 바람이 시속 사십 내지 사십오 마일이었고 온도는 -31 ~ -33℃였다.

오후에 바람은 조금 진정되었다. 테일러와 앳킨슨이 온도계 스크린을 보기 위해 비탈길로 올라갔다. 그 후에 추측건대 앳킨슨과 그랜이 북쪽과 남쪽 만의 '아처볼드'와 '클래런스' 온도계를 보기 위해 부빙으로 가려고 했던 것 같다. 이때가 5시 30분이었다. 그랜은 6시 45분경 저녁 식사 때 돌아왔다. 이때 나는 그가 내륙에서 이백 내지 삼백 야드를 갔다가 돌아왔고 돌아오는 데 거의 1시간이 걸렸음을 알았다.

저녁 식사가 시작될 무렵 바람이 불기 시작하고 사방이 가볍게 휘날리는 눈으로 자욱하다는 말을 들었다. 내가 앳킨슨이 없다고 알아차린 것은 저녁 식사가 거의 끝날 무렵인 7시 15분경이었다. 나는 화가 조금 났음에도 불구하고 이때만 해도 크게 걱정하지는 않았다. 그래서 대원들 몇몇에게 통나무집 밖에 나가 사방으로 그를 소리쳐 불러보고 불빛을 흔들고 윈드 바인 힐의 횃불에 불을 붙이게 했다. 에드가 에번스·크린·키오한이 등을 가지고 북쪽으로 갔다. 파견대가 나갔을 때 바람이 다소 약해졌다. 그동안 하늘은 다시 개려는 조짐을 보였고 떠다니는 구름 사이로 희미한 달이 나타났다.

달빛의 안내를 받아 앳킨슨이 돌아오기를 한동안 기다렸다. 그러나 그는 돌아오지 않았다. 우리의 걱정이 점점 심해졌다. 9시 30분, 그를 찾으러 나간 에번스팀이 그냥 돌아왔다. 마침내 심각한 사고의 가능성을 고려하는 데 이르렀다. 9시 30분과 10시 사이에 본격적인 수색팀을 조직했다. 나는 사태의 중대함에 대처하기 위해 필요한 세부 지침을 전달했다. 앳킨슨이 비교적 가벼운 옷차림으로 나갔다는 것을 알게 된 것도, 또 설상가상으로 그가 스키 부츠를 신고 나갔다는 것을 알게 된 것도 이때였다. 다행인 것은 그가 방풍복은 가지고 갔다는 것이다.

에드가 에번스가 제일 먼저 크린·키오한·드미트리와 함께 가벼운 썰매와 침낭, 브랜디를 가지고 출발했다. 그들에게는 만의 만곡을 따라 반 빙하와 반 곳으로 내륙과 빙하의 가장자리를 수색하고 동쪽으로 방향을 돌려 벌어진 크랙을 따라 인액세스블 섬까지 수색하게 했다. 두 번째 팀인 에드워드 에번스·넬슨·후퍼에게는 역시 같은 장비를 갖추고 비슷하게 남쪽 만의 해안을 따라 레이저 백으로 가서 그곳을 수색하게 했다. 다음에 라이트·그랜·레슬리에게는 많은 빙산이 있는 곳으로 가서 그 주변을 철저히 수색하고 그곳을 돌아서 역시 인액세스블 섬을 살펴보게 했다. 이 팀들이 나간 후 메레스와 데벤햄은 등을 들고나가 우리 곳 부근의 지표를 다시 수색하기 시작했다. 심프슨과 오츠는 곧장 '아처볼드'가 있는 북쪽 부빙으로 갔고 폰팅과 테일러는 반 빙하 쪽의 타이드 크랙을 다시 조사하러 갔다. 그동안 데이는 석유에 적신 횃불을 들고 간헐적으로 비추기 위해 윈드 바인 힐로 올라갔다.

마침내 통나무 기지에는 나와 클리솔드뿐이었다. 시간이 흐름에 따라 점점 더 놀라움을 금할 수 없었다. 아무리 생각해도 그토록 총명한 사람이 기지로 돌아오는 길을 잃어버렸다는 것도 그렇고, 그런 날씨에 그런 옷차림으로 나갔다는 것도 그렇고 이해가 되지 않았다. 일 마일 조금 넘는 지점에 가서 현재 10시 30분까지 5시간 동안 돌아오지 않고 있다? 그렇다면 결론은? 크랙이나 가파른 눈 경사보다 위험도가 낮은 부빙에서 사고가 일어났다는 것은 상상하기 어려웠다. 적어도 사고가 일어날 수 있을 법한 지점은 모두 수색할 것이다. 별다른 진전이 없이 11시가 되고 11시 30분이 되었다. 6시간 동안 그는 보이지 않았다.

11시 45분이 되었을 때 곳으로부터 웅성거리는 소리가 들리면서 모험이 끝났다는 생각에 마음을 확 놓았다. 메레스와 데벤햄이 실종자를 데리고 왔다. 앳킨슨의 손은 심한 동상에 걸려 있었고 그보다 덜하다고 해도 얼굴도 마찬가지였다. 그리고 그런 상황에 처한 사람이 흔히 그렇듯이 정신적인 혼란 상태에 빠져 있었다. 그 외에는 괜찮았다.

앳킨슨은 횡설수설했다. 그러나 그의 이야기를 대충 요약하면 이렇다. 앳킨슨은 온도계 스크린이 있는 곳으로 오백 야드도 채 가지 않아 곧 돌아가기로 결심했다. 그는 처음에 관측한 방향으로 옆바람을 받으며 걸었다. 곧 곳에서 이백 야드 지점인 곳으로 알고 있는 오래된 낚시 구멍을 발견했다. 그 지점에서 자신이 옳다고 판단한 방향으로 이백 야드 갔지만 아무것도 보이지 않았다. 그곳에서 동쪽으로 갔으면 틀림없이 통나무 기지 부근의 한 지점에 이르게 되어 있어 길을 찾았을 것이다. 그런데 앳킨슨이 계속해서 배회했다는 사실은 그런 상황에서 유발되는 정신적 혼란이 있었다는 증거이다. 눈보라 속에서 그런 상황에 처하면 손발의 혈액순환도 잘 안될 뿐만 아니라 두뇌 작용도 둔해지고 추리력도 없어지는 상황과 싸워야 한다는 것은 두말할 필요가 없다.

사실 앳킨슨은 곳을 잃어버린 뒤에도 자신에게 무슨 일이 일어났는지 분명히 인지하지 못한 것처럼 보였다. 그는 다시 정처 없이 이리저리 돌아다녔고 우연찮게 섬(인액세스블 섬)에 이르렀다. 그 주위로 계속 걸었다. 이때는 일 야드 앞도 보이지 않았다고 한다. 크랙에도 자주 빠졌다. 마침내 섬의 암석 지대 아래에 바람이 미치지 않은 곳에서 걸음을 멈추었다. 그는 여기서 얼어붙은 장갑 때문에 손에 동상에 걸렸다고 했다. 피신해서 기다릴 구멍을 파기 시작했다. 그러다 달이 나오자 다시 인액세스블 섬을 떠났다. 도로 달빛이 사라졌다. 그는 돌아갔지만 아무것도 발견하지 못했다. 다른 섬이 나타났는데 어쩌면 같은 것인지도 모른다. 또 기다렸고 다시 달빛이 나왔는데 주위가 선명했다. 그때 그는 곳 위의 횃불을 보고 빠른 속도로 그곳으로 갔다. 곳에서 매우 가까이 있는 누군가를 발견하고 소리쳤지만 아무 대답이 없어 매우 놀랐다.

이것이 오늘 밤에 사고능력이 저하되어 어슬렁거리다가 온 이의 이야기이다. 그의 이야기를 듣고 있노라면 가까스로 그를 발견한 것과 만약 눈보라가 계속되었더라면 그곳을 벗어나지 못했을지도 모른다는 사실을 깨닫고 오직 감사할 뿐이다.

밤 2시. 모든 수색팀이 돌아왔다. 그리고 모든 것이 다시 정상으로 돌아왔다. 그러나 이런 불필요한 모험이 더 이상 있어서는 안 된다. 이번에 겪은 일이 내가 눈보라의 위험이 어떤 것인지 경고하기 위해 대원들에게 해준 그 어떤 이야기보다 훨씬 더 큰 경각심을 주었다.

7월 7일 금요일

간밤에 기온이 -45℃로 떨어졌다. 신기록이다. 계속 그렇게 유지될 것으로 보는 사람이 있다. 오늘 아침은 날씨가 맑고 고요한데 기온은 -43℃이다. 오후 들어 남동풍이 불기 시작하면서 기온이 -34℃로 올라갔지만 더 이상은 올라가지 않는다. 동상에 걸리지 않게 혈액 순환을 시키려면 격렬하게 몸을 움직여야 하는 노력이 필요한 날씨라서 산책을 그만 둘 수밖에 없었다.

나는 오늘 한 착각이 신기했다. 실내에 놓인 작은 난로 위에 암실과 과학 실험에 필요한 물을 공급해주는 원통형의 물통이 있다. 이 철 용기는 얼음으로 채워 있지 않으면 당연히 뜨거워진다. 그리고 대개 그 위에는 말려야 하는 양말과 장갑 등이 널려있다.

내가 오늘 오후에 이 원통형 용기에 무심코 손을 대었다가 너무 뜨거워 놀라서 손을 뗐다. 나는 그 느낌을 확인하기 위해 두세 번 반복해 보았

세상 끝 최악의 탐험, 그리고 최고의 기록

는데 너무 뜨거운 것 같아서 양말 등의 주인들에게 탈 위험이 있음을 경고했다. 그러자 메레스가 말했다.

"방금 전에 얼음으로 가득 채웠는데요."

그리고 다가가서 손을 대보고 있다가 덧붙여 말했다.

"차가운데요. 대장님."

다시 보니 정말 그랬다. 철 표면의 차가운 냉기가 내게는 극도의 열감으로 전달되었던 것이다. 어떻게 보면 이 관찰은 특별히 새로울 것이 없다. 낮은 온도에서 금속 표면에 맨살을 대면 불에 데는 느낌이 든다는 것은 흔히 알려진 사실이다. 그렇더라도 그런 보편적 사실을 이렇게 흥미롭게 발견했다.

덧붙임 : 앳킨슨이 손 때문에 많이 고통스러워한다. 동상이 내가 생각했던 것보다 훨씬 더 심각하다. 불행 중 다행인 것은 그나마 손 전체에 감각이 돌아오고 있다는 것이다. 비록 손가락 하나에 감각이 돌아오는 데 24시간이 걸렸음에도 불구하고 말이다.

매서운 강추위

이 지역에서 지금까지 들어본 적 없는 최악의 강풍이 분다. 그치질 않는다. 금요일 정오부터 불기 시작하더니 점차 강해져 토요일에는 평균 시속 육십 마일에 도달했다. 지금은 칠십 마일을 훨씬 넘는다. 예외가 있다고 할지라도 이런 풍속의 바람은 연초가 아니면 잘 없는 것으로 알려졌다. 이 강풍의 특징은 매우 낮은 기온에서 오랫동안 지속된다는 것이다. 금요일 밤에 온도는 -39℃이었다. 토요일과 일요일에도 -37℃ 이상 오르지 않았다. 어제는 -28℃이었고 오늘 마침내 -17℃까지 올랐다.

말할 필요도 없겠지만 아무도 기지 밖으로 멀리 나가지 못했다. 토요일 밤에는 내가 불침번이었다. 문밖으로 몇 발자국 나가야 했을 때 한순간을 버티기 어려웠다. 바람이 얼굴에 닿자 숨쉬기가 불가능했다. 얼굴에 동상이 걸리려면 바람 속으로 열 발자국을 걷지 않아도 될 정도였다. 나는 풍력계 바람개비를 손질하기 위해 기지 맞은편 끝으로 가서 사다리를 타고 올라가야 했다. 이 일을 두 번 정도 하는 동안 말 그대로 얼굴을 바람 반대편으로 돌린 채 고개를 푹 숙이고 몸을 완전히 굽힌 다음 게처럼 옆걸음질 해야 했다. 정말 이토록 지독한 날씨에서 이틀을 보내자 우리는 자주 크로지어팀을 생각하게 되었다. 제발 그들이 무사히 피신해 있기를 간절히 바랄 뿐이다.

그들에게도 이 무시무시한 강풍이 불어닥쳤을 것이 틀림없다. 그러나 그들은 그전에 피신처를 세웠을 것이다. 때로는 그곳에 이곳보다 훨씬 더 지독한 바람이 몰아치는 광경이 떠오르고 때로 황제펭귄들이 바람을 막을 수 없는 곳을 번식지로 선택한 이유가 의아스럽기까지 하다.

오늘 마침내 기온이 -17℃가 되자 시속 오십 마일의 강풍에도 큰 어려움 없이 주위를 산책할 수 있었다. 어느 정도는 환경에 순응해가고 있다. 우리가 처음 이곳 맥머도 사운드에 도착했을 때라면 오늘 이 바람이 훨씬 더 가혹하게 느껴졌을 것이 분명하기 때문이다.

저장품 관리자의 정책

이렇게 끝없이 거친 날씨는 처음이다. 오늘 기온은 −15℃에서 -14℃까지 올랐고 바람이 시속 사십 마일이고 사방이 눈으로 자욱하다. 달빛은 옅은 푸른빛을 띠고 있다. 오늘이 강풍 나흘째이다. 만약 이동한 공기 양을 생각해보면 그런 강풍이 가져오는 대기의 이동이 무엇을 말하는지 감이 잡힌다. 그리고 잠재적으로 따뜻한 상층 기류가 온대 지역에서 이곳 극지로 흘러들고 있다는 결론을 내릴 수밖에 없다.

개들이 비교적 따뜻한 기온에 즐거워하고 행복해한다. 나는 기지가 있는 해안과 주위의 암석 언덕 부근을 계속 산책하고 있다. 바람이 불었음에도 그런대로 따뜻했다. 넓은 표석(빙하의 작용으로 실려 왔다가 빙하가 녹은 뒤에 그대로 남은 바위)의 은신처에 바람에 휘몰아친 눈 더미가 쌓인 곳에 구멍을 파고 그 속에 누워 눈으로 다리를 덮어보았다. 편안하게 잠을 잘 수 있을 정도로 온기가 느껴졌다.

나는 뒤늦게 물품 관리자의 태도와 습관을 관찰하고 슬며시 웃었다. 많은 비밀 물품이 있는데 귀한 품목은 진짜 필요한 일이 생길 때 사용할 수 있도록 숨겼다. 모든 물품 책임자의 한결같은 방침이 궂은 날에 대비해 최대한 절약하고 아끼는 것이다. 예를 들어, 에드가 에번스는 몇몇 대원들이 캔버스 천 조각을 요청하면 목적을 철저히 알아본 뒤에 어딘가에 그런 조각이 있을지도 모른다는 사실을 넌지시 암시한다. 사실 그는 그 재료를 두루마리로 여러 묶음 가지고 있다.

도구 · 금속 재료 · 가죽 · 끈 등 수십 가지의 품목을 데이 · 레슬리 · 오츠 · 메레스가 똑같은 정신으로 철저히 관리하고 있다. 주 책임자인 보워즈 역시 물자가 부족할지 모른다고 미리 앓는 시늉을 한다. 그런 절약정신이라면 우리가 어떤 심각한 상황에서 요청을 해도 준비되어 있다는 것을 제일 잘 말해준다.

7월 15일 수요일

오늘 아침에 앳킨슨을 보니 손의 동상이 매우 악화되어 있었다. 손가락마다 큰 물집이 부풀어 올라 있었다. 오늘 밤에 폰팅이 앳킨슨의 손 사진을 찍었다.

내 예상대로 앳킨슨의 어젯밤 이야기는 수정이 다소 필요하다. 그가 처음에 한 이야기는 논리에 맞지 않는 부분이 있었다. 정신이 들자 그는 다시 상황을 곰곰이 되짚어 보았을 것이다. 그가 길을 잃고 제일 먼저 간 곳은 인액세스블 섬이었던 것 같다. 손의 동상은 그곳에 도달하기 전에 이미 걸렸다. 그곳의 바람이 불지 않는 곳에서 동상이 걸린 걸 알았다. 한동안 그곳에 있다가 그곳이 비탈길 부근이라고 생각하고 서쪽으로 방향을 돌렸다. 그런데 눈보라 속에서 채 몇 야드도 가지 않아 어디가 어딘지 알 수가 없었다.

미로에 갇힌 그는 바람 따라간다는 옛날 생각을 떠올렸던 것 같다. 그렇게 해서 텐트 섬까지 가게 되었다. 그는 텐트 섬을 잃어버린 인액세스블 섬을 다시 발견한 것으로 생각했기 때문에 이것을 행운으로 여겼다. 그는 주위를 돌다가 마침내 바람이 닿지 않는 암석 지대 밑에 위험을 피하는 자리를 팠다. 달빛이 나왔을 때 자신이 방향을 제대로 잡았다고 생각했다. 그리고 곶의 기지 쪽으로 한참을 걸어갔는데 왼쪽에서 다시 인액세스블 섬이 나타나는 것을 보고 매우 놀랐다. 그가 두 번째로 마주친 텐트 섬은 사 내지 오 마일 정도 떨어져 있었기에 돌아올 때 걸린 시간을 보면 부분적이나마 설명이 가능하다. 이야기를 종합하면 그가 길을 완전히 잃을 뻔했다는 말을 뒷받침해준다.

세상 끝 최악의 탐험, 그리고 최고의 기록

빛 결핍

날씨가 여전히 매우 불안정하다. 바람이 순식간에 일어났다가 1~2시간 만에 다시 가라앉는다. 하늘의 구름도 꼭 그런 식이다. 달이 낮 동안에도 보이지 않는다. 그래서 문 밖을 나가면 시선을 둘 데가 없다. 그러나 '흐 릿한 빛'조차도 없는 완전한 암흑의 날은 아흐레밖에 되지 않는다. 다시 빛이 돌아와 모두 축구를 시작할 수 있었으면 좋겠다.

여러 가지 면에서 빛이 조금씩 돌아오는 조짐이 보여 다행스럽다. 강 풍이 불고 빛이 부족하여 활동성이 부족해지는 상황이 말에게만 영향을 미치는 것이 아니다. 폰팅도 건강이 좋지 않다. 그는 예민하여 극지의 겨 울을 받아들이는데 매우 힘겨워한다. 앳킨슨이 그에게 운동을 하도록 설 득시키지만 여간 어렵지 않다. 테일러도 운동이라면 뒷걸음질을 친다. 그 리고 그 역시 건강해 보이지 않는다. 만약 우리가 축구를 하며 뛰어다닐 수만 있다면 모든 것이 달라질 것이다. 아무튼 빛이 돌아와야만 육체적이 고 정신적인 이런저런 모든 병들이 치유될 텐데 늘 아쉽기만 하다.

개 한 마리가 행방불명되다

7월 29일 토요일

기온이 -34℃ 아래로 떨어진 고요한 날이다. 때때로 바람이 갑작스럽게 들고일어나지만 잠시 불다가 잦아들 뿐이다.

훌륭한 썰매개들 중 하나인 '줄릭'이 사라졌다. 어쩌면 먼 곳에서 다른 개들에게 공격을 당한 것이 아닐까 하는 생각이 들지만 잘 모르겠다. 빛이 돌아오면 어딘가에서 시체로 발견될지도 모른다. 메레스는 줄릭이 다른 개들의 공격을 받았을 가능성보다는 물개 구멍이나 크랙 어딘가에 빠졌을 것이라고 생각한다. 어느 쪽이건 간에 또 손실로 받아들이는 수밖에 없다. 정말 골치 아픈 문제다.

그랜이 오늘 로이드 곶에 갔다. 나는 그에게 해수로에 대한 보고를 해달라고 부탁했다. 그랜은 로이드 곶을 지나서 갈 수 있는 데까지 갔다. 추측하건데 버드 곶 중간 정도에서 얼음이 얇아진 것을 발견하고 돌아온 것 같다. 그는 로이드 곶에서 오륙 마일 너머까지 단단한 얼음이 붙어있고 지표가 휘날린 눈으로 덮여있다고 했다. 정말 뜻밖이다. 디스커버리호 첫해에는 빙하 지맥 뒤쪽까지 얼음이 계속 떨어져 나갔다.

두 번째 해에는 이른 봄 로이드 곶의 얼음이 떨어져 나갔다. 지금까지 기록으로 보면 올해가 가장 바람이 많은 해가 분명한데 아직까지 얼음이 붙어있는 것이 신기하다. 심프슨은 측정기 설치 이후 풍속이 평균 시속 이십 마일을 넘는다고 한다. 이 수치는 디스커버리 호 때의 시속 구 내지 십이 마일과 비교하면 제법 차이가 난다. 아니면 우리가 특히 바람이 많은 지역에 기지를 세운 것일 수도 있다. 그러나 일반적으로 헛 포인트보다 이곳이 바람이 더 많다는 사실은 믿기 힘들다. 오늘 아침 2시간 동안 밖에 있었다. 울퉁불퉁한 길의 지표가 보이는 것이 매우 좋았다. 그리고 친숙한 경계표들이 보랏빛에 잠겨 있었다. 정오가 지난 후 1시간 동안 북쪽 하늘이 매우 강렬한 붉은색을 띠었다.

전화를 가설하다

새로운 달이 시작되었다. 매우 아름다운 날로 시작되어서 좋았다. 오늘 아침에 나는 미끄러운 얼음덩어리 혹은 푸석푸석한 모래 토양이 가득한 협곡(하천 하부가 심하게 침식되어 생기는 좁고 깊은 골짜기)을 돌며 산책했다. 어쩌면 줄릭의 시체를 찾게 될지도 모른다고 생각했다. 그러나 줄릭은 없었다.

그 외에도 새 크램폰을 시험해 보았는데 매우 만족스러웠다. 가벼움 · 따뜻함 · 편안함 · 신고 벗기 쉬움 등 매끄러운 얼음 위를 걷기 위한 신발의 모든 장점을 가지고 있었다.

오늘은 특히 빛이 좋았다. 일그러진 북쪽의 무지갯빛 구름을 통해 햇빛이 직접 반사되었다. 대기는 잔잔했다. 여기저기서 작업하는 대원들의 소리를 듣고 마음이 경쾌해졌다. 사람 목소리, 스키를 탈 때의 스치는 소리, 얼음을 쪼개는 소리 등 이런 날에 이런 소리는 이 내지 삼 마일까지도 들린다. 오늘은 흥겹게 노래 부르는 사람들의 음조까지도 들린다. 봄과 태양이 돌아오고 있다는 신호라서 반갑다.

오늘 오후에 내가 통나무집에 앉아있을 때 두 대의 전화기를 사용하고 있었는데 기록해둘 만하다. 하나는 자오선 측량 망원경을 보고 있는 라이트와의 통화에, 다른 하나는 통나무집에서 약 사분의 삼 마일 정도 떨어진 얼음 구멍에 있는 넬슨과의 통화에 사용하고 있다. 회로는 알루미늄 전선으로 만들어졌으니 헛 포인트까지 회선을 놓는 것이 쉬울 것이다.

황제펭귄 탐사팀이 귀환하다

크로지어팀이 가히 기록적인 혹독한 조건에서 다섯 주를 버티고 간밤에 돌아왔다. 그들은 생전 처음 보는 초주검이 된 모습을 하고 있었다. 얼굴은 온통 흉터와 주름투성이였고 시선은 생기가 없었으며 손은 시퍼렇고 습기와 강추위 속에 지속적으로 있어서 쭈글쭈글했다. 그러나 동상의 흉터는 그렇게 많지 않았고 정신도 비교적 온전했다. 순전히 잠을 자지 못해서 고난을 겪은 것이 분명했다. 한숨 푹 자고 일어난 후에 그들의 모습과 정신을 많이 회복하고 있었다.

크로지어팀의 훌륭한 탐험 이야기는 기록으로 남겨야 한다. 지금 여기서는 그들이 한 탐험이 어떤 것인지를 간략하게 소개하고 특히 그들이 스스로 나서서 노력했던 부분의 결과와 경험이 앞으로 있을 우리 탐험에 주는 교훈에 대해 언급할까 한다.

윌슨은 매우 야위어 있었지만 오늘 아침에는 매우 예리하고 강단 있는 원래 모습으로 많이 돌아와 있었다. 보워즈는 완전히 원래 모습을 회복했다. 체리-개라드는 얼굴이 조금 부어 있었고 여전히 지쳐있었다. 그가 추위에 가장 혹독하게 시달렸던 것 같다. 그러나 윌슨은 그가 한순간도 동요하지 않았다고 말해준다. 모든 것을 고려해보면 보워즈가 가장 잘 견디었을 것이다. 보워즈에겐 극지 탐험에 더없이 적합한 대담함과 강인함이 있다. 지치지 않는 기운과 놀라운 체력이 있어 다른 사람 같으면 완전히 지쳐버릴법한 상황에서도 작업한다. 그렇게 강인하고 활동적이며 불굴의 의지를 가진 사람은 처음 본다.

✢ ✢ ✢

간략하게 언급하면 이들의 탐험 이야기는 다음과 같다. 그들은 이곳을 떠난 이틀 후에 한 명당 백십삼 킬로그램의 짐을 끌며 빙붕에 도달했다. 바다 얼음과는 전혀 딴판인 빙붕 지표는 눈이 쌓여 갈수록 점점 더 악화되었다. 종일 있는 힘을 다하여 노력했고 사 마일을 갔다. 그러나 그들은 교대를 해야 했고 썰매가 바다 얼음 위에서보다 훨씬 더 무거운 것을 발견했다. 그동안 기온은 계속 떨어졌고 일주일 동안 기온은 -51℃ 이하로 떨어졌다. 밤에는 최소 -57℃, 다음은 -60℃, -78℃였다(기온은 보워즈가 날마다 기록으로 작성했다). 정말 공포스럽게 몹시 추웠음에도 불구하고 대기는 비교적 고요했고 가끔씩 소용돌이 같은 바람이 눈벌판을 가로질러 지나갔다. 이런 악조건은 탐험사상 유례가 없는 것이었다. 피신처로 의지할 수 있는 것은 얇은 캔버스 천막뿐이었다.

오늘 다른 탐험의 기록을 찾아보았는데 아문센이 3월의 북극점 탐험에서 비슷한 기온을 기록해둔 것이 있다. -61℃이었다. 그는 밤에 이글루를 지어주는 에스키모들과 같이 있었다. 결국 그는 기지로 돌아갔고 닷새 동안의 여정 후에 배로 돌아갔다. 우리 팀은 다섯 주 동안을 그런 상태로 행군했고 그런 상태에 머물렀다.

그들이 혹한의 빙붕을 가로질러 가는 데 두 주가 걸렸다. 그들은 맥케이 곶을 돌아 바람 지대로 들어갔다. 눈보라가 이어졌고 하늘은 언제나 찌푸려있었다. 그들은 컴컴한 곳이나 다름없는 미약한 빛 속에서 길을 더듬어 나아갔다. 때로 경로 왼쪽의 테로 산의 경사 높은 곳에 가 있기도 하고 때로는 크레바스와 혼란스러운 얼음 교란 지대의 오른쪽에 있는 크레바스나 크랙 지대와 맞닥뜨리기도 했다. 그렇게 크로지어 곶 근처의 기슭에 도달해 팔백 피트를 올라간 후 빙퇴석 등성이 위에 모든 짐을 내리고 오두막을 세우기 시작했다. 돌 벽을 세우고 천막 천으로 지붕을 마무리하는 데 꼬박 사흘이 걸렸다. 그리고 나서야 마침내 탐험의 목표물에 접근할 수 있었다.

정오의 흐릿한 땅거미가 매우 짧아 어둠 속에서 출발해야 했고 돌아갈 때 길을 잃을 위험에 대비해야 했다. 이런 조건에서 첫날에는 압력 등성이로 가서 밧줄에 매달려 기어올랐다. 2시간가량 기어오르자 마침내 새들이 꽥꽥거리는 소리가 들리는 곳이 나타났다. 더 이상 길이 없었다.

흐릿한 땅거미마저 약해지자 그들은 어쩔 수 없이 다시 캠프로 돌아갔다. 그리고 다음 날 다시 출발했다. 이번에는 행로를 바꾸어 높은 현무암 절벽 아래의 끔찍한 빙하 교란 지대로 들어갔다. 그곳을 고산용 밧줄에 의지해 오른쪽 왼쪽으로 가면서 빠져나가자 위로 암석들이 위협적으로 불거져 나와 있는 곳이 나타났다. 그 주변의 한 곳에서 얼음 속에 움푹 파인 작은 통로 같은 것을 발견했고 그 속으로 기어갔다. 운이 좋아 그곳이 목표 지점과 통해 있었다. 마침내 그들은 목표 지점에 이르렀다. 그러나 흐릿한 빛마저도 약해질 기미가 보여 최대한 서둘러야 했다. 그곳에 있는 황제펭귄은 디스커버리 호 시절에 보았던 이천 내지 삼천 마리가 아닌 겨우 백여 마리 정도뿐이었다. 그들은 난로에 쓸 기름을 얻기 위해 서둘러 세 마리를 잡았고 알 여섯 개를 얻었다. 여섯 개 중 세 개만 무사했다. 서둘러 캠프로 돌아갔다.

황제펭귄들이 서식지를 버렸을 가능성도 있지만 이른 날짜라 소수만 있었을 뿐 나중에 다시 집결할 가능성도 있었다. 알은 아직 검사하지 않았지만 이것을 밝히는 실마리가 되어줄 것이다. 그러나 윌슨은 황제펭귄의 양육 본능에 관한 또 다른 증거를 이미 관찰했다. 그는 보워즈와 함께 우스꽝스러운 새들이 애정 어린 몸짓으로 품고 있어 알이라고 생각하고 집었는데 알고 보니 둥근 빙하 조각이었다.

그들이 서둘러 캠프로 돌아가던 중 압력 등성이를 빠져나오자 날이 완전히 캄캄해졌다. 캠프를 발견한 것은 순전히 행운이었다. 그런데 그날 밤에 눈보라가 몰아치기 시작했다. 눈보라는 미친 듯이 난동을 부리며 순식간에 사나워졌다. 오두막을 세운 곳은 피신처로 좋지 않은 정도가 아니라 최악이었다. 차라리 사방이 뚫린 곳에 세우는 것이 나았을 것이다. 그랬더라면 날카로운 강풍이 그들을 직접 내리치지는 않았을 것이다. 오두막 지붕을 고정시킨 무거운 눈얼음과 돌덩이가 거센 강풍에 격렬하게 흔들거렸고 지붕의 천막 천은 풍선처럼 팽팽하게 부풀었다. 날아가는 것은 시간문제였다. 오두막 가까운 곳에 물품이 들어있는 천막이 있었다. 그것도 얼음과 돌로 철저히 붙어 있게 했다. 그러나 끔찍한 돌풍이 한번 휘몰아치자 순식간에 벗겨져 날아가 버렸다.

그들은 오두막 지붕이 날아가면 어떻게 될까 조바심을 내며 모든 안간힘을 썼지만 소용없었다. 결국 14시간 후에 한쪽 모퉁이를 핀으로 고정시키려고 했을 때 날아가버렸다. 천막 천을 고정시킨 눈 더미가 그들 머리 위로 쏟아져 내렸고 그들은 침낭 속에 다급하게 뛰어들 수밖에 없었다.

그 와중에 보워즈가 한 번 고개를 내밀고 말했다. "괜찮아." 보통 때와 다름없는 어조였다. 다른 두 사람이 대답했다. "그래. 우리 괜찮아." 그리고 그들은 광풍이 몰아치는 하루 반나절 동안 그 속에 숨어있었다. 휘몰아쳐 들어온 눈이 침낭의 틈에 쌓여갔다. 그들은 혹한에 몸을 떨면서 어떻게 될지 숨죽이며 지켜보았다. 이 강풍은 이곳 케이프 에번스에도 불어닥친 최고 풍속을 기록한 바로 그 강풍이었다(7월 23일). 크로지어 곶에서 이곳(케이프 에번스)보다 훨씬 더 사납게 몰아쳤던 것 같다.

바람은 다음 날 정오가 되어서야 약해졌다. 세 사람은 얼어붙은 둥지에서 비참한 모습으로 기어 나왔고 임시변통으로 바닥 깔개를 지붕 위에 덮고 프리머스(상호, 휴대용 석유난로)에 불을 붙였다. 그들은 48시간 만에 처음 식사했고 귀환길에 피신처를 세울 수단을 강구하기 시작했다. 밤에 눈 속에 구덩이를 파고 그 위에 깔개를 지붕처럼 덮기로 결정했다. 그러나 그때 행운의 여신이 미소를 지었다. 혹시 천막을 찾을 길이 없을까 북쪽을 수색하던 중 보워즈가 천막이 사분의 일 마일 지점의 둥근 돌에 걸려있는 것을 발견했다. 그런데 신기하게도 천막은 재질을 보증하기라도 하듯이 전혀 손상이 없었다. 그래서 다음 날 그들은 귀환길에 올랐다. 곧

세상 끝 최악의 탐험, 그리고 최고의 기록

또 다른 눈보라가 몰아쳤고 이틀 동안 발이 묶였다. 이때의 처절함은 가히 기술할 수 없을 정도였다.

침낭은 너무 뻣뻣해서 말리지도 않았다. 너무 꽁꽁 얼어붙어 굽히려고 하면 외피에 금이 갔다. 윌슨과 체리-개라드는 순록 침낭 덮개 안에 물오리 털 자루를 넣어 썼는데 그것은 갈라진 틈에 구멍이 생기는 것을 막는데 일조하는 정도였다. 모든 양말 · 털 장화 · 장갑이 얼어붙어 얼음막이 형성되었다. 가슴 주머니에 넣거나 밤에 윗옷 안에 넣어두었지만 마르는 것은 고사하고 녹을 조짐조차도 보이지 않았다. 체리-개라드가 침낭 속으로 들어가는 데 40분 넘게 걸릴 때도 있었다. 너무 단단히 얼어붙어 입구를 벌리는 것조차도 힘들었다. 기온이 $-60°C$ 이하로 떨어지는 속에서 빙붕을 가로질러 돌아올 때 그들의 상태가 얼마나 처절했을지 감히 그들 아니고는 알지 못할 것이다. 이런 상태로 두 주 만에 헛 포인트에 도달했고 다음 날 밤 기지로 돌아왔다.

윌슨은 황제펭귄들을 많이 보지 못해 실망스러워했다. 그렇지만 나와 여기 남아있던 모든 대원들에게 그들의 모험은 극지 역사상 가장 용감한 모험 중 하나로 우리 상상력을 사로잡았다. 그들은 어둡고 캄캄한 극지에서 가장 혹독한 추위와 맞서 싸우며 나아갔다. 어둠 속의 돌풍은 또 다른 새로운 변수였다. 그들이 다섯 주 동안 온갖 역경에도 불구하고 이런 노력을 고집했던 것은 가히 영웅적이다. 그들의 이야기는 웬만한 이야기에 빠져들지 않는 우리 세대에게 놀라움 그 자체이다.

게다가 물질적인 결과도 중요하게 다루어야 한다. 이제 황제펭귄이라는 특이한 새가 언제 알을 낳는지, 어떤 조건에서 낳는지 자세히 밝힐 것이다. 그러나 발생학 면에서는 우리가 얻은 정보가 빈약하다 할지라도 우리 팀은 겨울의 빙붕이 어떤 상태에 있는지를 생생하게 보여주었다. 지금까지 우리는 그 혹독함을 상상하기만 했을 뿐이다. 겨울에 빙붕이 얼마나 혹독한 상태에 있는지 기온을 측정하여 증거가 생겼으니 우리가 있는 이 해협의 기후학이 앞으로 잘 연구될 것이다.

그들이 얻은 알 세 개는 그 후에 자연사 박물관을 거쳐 이 분야를 연구하는 대학교수의 손에 넘겨졌다.

세상 끝 최악의 탐험, 그리고 최고의 기록

썰매 식이와 장비 실험 결과

앞으로 있을 썰매 원정의 몇 가지 점이 매우 만족스럽게 해결되었다. 세 사람은 각기 다른 종류의 식단을 극단적인 비율로 계속 먹었다. 그들이 가져간 것은 페미컨(단백질)·비스킷(탄수화물)·버터(지방)·차였는데 초기에 짧게 시도한 결과, 지방을 많이 먹기로 한 윌슨은 예상보다 더 많은 양을 먹었고 비스킷을 먹은 체리-개라드도 훨씬 더 많이 먹었다. 중간 과정은 가져간 다양한 품목의 전체 양을 기준으로 모두 선호하는 일반적인 비율로 먹는 것이었다. 이런 과정을 거처 내륙에서 섭취할 간단하면서도 적절한 하루 배급량(열량과 영양소 비율)을 결정할 수 있게 되었다. 제안된 변화가 있다면 저녁 식사 때마다 코코아를 곁들이는 것이다.

침낭에 대한 것도 나왔다. 물오리 털 자루는 단기간에는 유용할지 모르지만 곧 얼어붙는 단점이 있다. 보워즈는 가고 오는 내내 순록 외피에 물오리 털 자루를 넣지 않았다. 그는 기적처럼 순록 자루를 두세 번 뒤집어 사용했다. 다음은 침낭의 무게를 출발하기 전과 도착한 후에 비교한 것이다.

		출발 시 무게	도착 시 무게
윌슨	순록과 물오리	7.6 킬로그램	18 킬로그램
보워즈	순록만	7.6 킬로그램	14.8 킬로그램
체리-개라드	순록과 물오리	8.1 킬로그램	20.3 킬로그램

이것은 침낭이 얼어붙었을 때의 결과를 보여준다.

이중 천막은 성공이라고 보고했다. 출발 시에 십오 킬로그램하고 칠백 그램이었는데 도착 후에는 이십칠 킬로그램이었다. 주로 안쪽 천막이 얼어붙은 결과이다.

크램폰도 구형에 기이한 부착물이 달린 보워즈의 것 다음으로 많은 찬사를 받았다. 옷과 장갑, 신발, 양말 등 백여 가지의 용품도 통과되었다. 단지 극단적인 혹한에서 생기는 얼음이 달라붙는 문제에 대한 완벽한 해결책은 없는 것 같다. 윌슨은 광범위하게 "아주 좋아요. 아주 좋아요."라는 말뿐이다. 대원들은 계속 에스키모인들이 만드는 털옷의 가능성에 대해 궁금해한다. 은근히 그 털옷이 어떤 문명화된 복장보다 우수할지 모른다는 생각이 든다. 우리에게 이것은 구하는 것이 불가능한 품목이므로 추측하는 수밖에 없다. 근본적으로 다른 이 대용품을 제외하면 경험을 통해 거의 완벽한 수준에 이르렀다고 할 수 있다. 아무튼 우리 의복 체계는 다른 어떤 품목보다 더 철저한 검증을 거쳤다.

탐험에서 돌아온 후 윌슨은 천육백 그램, 보워즈는 천백 그램, 체리-개라드는 사백오십 그램 빠졌다.

눈보라 이론

하늘이 계속 불안하다. 지금까지 별 변화가 없었는데 오늘 눈이 많이 내린다. 갑자기 북풍이 불며 드리프트를 일으키고 북쪽으로 매우 낯설지만 아름다운 색채를 보여준다. 그곳은 짙은 붉은색의 땅거미가 자욱한 눈을 통해 은은하게 비친다.

크로지어팀이 보워즈에 대한 일화 하나를 들려준다. 보워즈는 돌아오는 길에 천막을 되찾은 다음 이른바 '천막 내림 밧줄'로 고정시켰다. 그리고 침낭과 자신의 몸 둘레에 그것을 감았다. 만약 천막이 다시 날아간다면 같이 따라가기로 했다는 것이다.

강의 프로그램을 다시 열었다. 간밤에는 심프슨이 일반 기상학 관련 강의를 했다. 그는 일사율에 대한 일반적인 질문을 던진 다음 강의를 시작했다. 극지와 적도에서 받는 태양 열의 비율을 다양한 표를 통해 보여주었다. 대체로 위도 80도 지점은 적도의 한 지점에서 받는 열의 약 이십 이 퍼센트를 예상할 수 있다. 이어서 같은 위도의 북극과 남극의 온도 차이에 관한 표를 보여주어서 흥미로웠다. 그 표에 따르면, 남극의 여름은 북극의 여름보다 -9℃ 정도 더 춥지만 남극의 겨울은 북극의 겨울보다 -1℃ 더 따뜻하다고 되어 있다. 이 마지막 수치는 측정자가 겨울의 빙붕에서 측정했으면 완전히 달라졌을 것이다. 아문센도 이 -1℃를 인정하지 않을 것이다!

내용이 점차 기온에서 남극 고위도의 기압과 상승 기류로 넘어갔다. 물론 이것은 남극에 역선풍을 일으키는 이론에 관한 것이다. 로키어의 이론이 토론의 쟁점이 되었다. 많은 사실들이 이것들을 뒷받침하는 것 같다. 해양 폭풍대(풍랑이 심한 위도 40도)의 서풍은 일반적으로 열대성 저기압의 연속이라고 설명한다. 로키어의 가설은 하루에 경도 10도의 비율로 지속적으로 순환하는 여덟 개 혹은 열 개의 열대성 저기압이 있다고 가정한다. 심프슨은 그 열대성 저기압이 위도 40도 선상에서 60도 선상 너머까지 세력을 확대한다는데 40도 선상에서는 강한 서풍을, 60도에서 70도에서는 동풍과 남풍을 만든다고 가정한다. 70도 너머에는 일반적으로 극지에서 흘러나오는 불규칙한 차가운 냉기류가 있는 것 같다.

심프슨은 바로 이것을 바탕으로 새로운 눈보라 이론을 발전시켰다. 심프슨은 남극 대륙과 빙붕의 대기가 심하게 차갑다고 가정한다. 그런데 남극 대륙의 가장자리는 로키어가 말한 열대성 저기압의 한계 선상이라는 점에서 조금 더 온난한 기류와 일정 부분 겹친다. 여기서 대기가 불안정하게 된다(바로 이 속에 대기를 움직일 수 있는 힘이 숨어 있다). 우리가 아는 것처럼 다른 온도 대의 냉기류는 서로 섞이지 않으려는 성질이 있어 점진적인 과정으로는 긴장이 약해지지 않는다. 이 긴장이 어느 정도까지 유지되다가 어떤 사소한 이유로 흐름이 풀려날 때 어딘가에서 작은 폭풍의

세상 끝 최악의 탐험, 그리고 최고의 기록

눈이라도 생기면 엄청난 혼란과 함께 일어난다. 대개 적도의 온기류가 상층부에서 극지로 지속적으로 흘러들어 극지 내부의 냉기류와 뒤섞여 상당한 혼란 상태를 유발한다는 것이 그의 주장이다. 눈보라가 불면 기온이 상승하는 이유가 바로 이것 때문이다.

이 이론은 우리의 관측용 열기구 실험과 여러 가지 다른 관측에 의해 뒤집힐 수도, 수정될 수도 있다. 그동안에는 이 문제를 살려두는 것이 좋을듯하다. 그것이 학문이 진보하는 길이다.

혈액 검사 결과

평소 때와 다름없는 일요일이다. 찬송가 소리에 저마다의 자부심이 녹아 들었다. 같이 합창을 하니 노랫소리가 매우 우렁찼다.

날이 흐릿하다. '선명치 않은'이라는 말이 지금 우리 주위의 전망을 묘사하는 가장 탁월한 형용사이다. 완전한 암흑이 아니다. 빛이 다소 퍼져 있고 덜 어두워져 있다. 그 속에 비친 경관은 단조롭고 무미건조하기 짝이 없다.

오후에는 날이 맑아졌다. 에레버스 산 위로 올라온 달이 흩어지는 구름에 담황색 빛을 드리웠다. 저녁에는 다시 빙정 층운으로 대기가 자욱해졌다. 한동안 맑은 하늘과 흐린 하늘이 번갈아 나왔다. 다른 점이 있다면 지금은 바람이 불지 않는다는 것이다.

앳킨슨이 크로지어팀의 혈액을 검사한 결과가 나왔는데 산도의 증가가 별로 없었다. 괴혈병의 징후가 없는 것이 매우 다행이다. 만약 보존 식품을 먹어서 괴혈병에 걸리기 쉽다면, 장기간 먹어야 하고 달리 얻을 식량이 없다는 조건에서 지내야 하는 가혹한 처지에서 걸리고도 남았을 것이다. 우리 긴 원정에도 안전하리라고 생각한다.

나는 윌슨과 탐험에서 있었던 이런저런 이야기를 했다. 그는 체리-개라드가 추위를 가장 가혹하게 받아들였음에도 불평 한마디 하지 않았을 뿐만 아니라 계속 다른 사람들을 도와주고 싶어 했다는 이야기를 했다.

여담. 우리 두 사람은 추위를 많이 타는 것은 비교적 젊은 사람들이라는 데 동의했다. 가장 어린 대원인 그랜(스물두 살)이 가장 분명한 예이고 체리-개라드(스물여섯 살)가 그다음이다. 윌슨(서른아홉 살)은 여느 때보다 지금 추위를 덜 느낀다고 말한다. 서른 살과 마흔 살 사이가 가장 좋다는 것이 내 생각이다. 물론 보워즈는 탁월하다. 그는 스물아홉 살이다. 마흔 살이 넘었다면 피어리가 쉰두 살이었다는 것을 기억하면 용기가 날 것이다.

관측용 열기구 실험을 재개하다

어제 보워즈와 심프슨이 봄의 첫 관측용 열기구를 시도했다. 그것은 남풍을 타고 올라갔지만 백 피트 정도 방향을 유지하다가 삼백 내지 사백 피트 지점에서 직선으로 올라갔다. 그리고 곧 레이저 백 섬이 있는 남쪽으로 방향을 바꾸었다. 팽팽하게 유지되던 실이 끊어질 때까지만 해도 모든 것이 순조로웠다. 그것은 레이저 백 섬에서 직선으로 올라가 곧 끊어졌다.

수색자들이 실을 찾아 섬을 한 바퀴 돌았지만 결국 찾지 못했다. 가을의 마지막 관측용 열기구 때와 똑같은 상황이 되었다. 원인을 찾기가 매우 힘들다.

크로지어팀이 아직 완전히 회복되지 않았다. 발이 문제다. 그리고 과로의 여러 징후들이 나타났다. 보워즈만큼은 예외였다. 그는 몸 상태가 어떠하든지 간에 보통 때처럼 관측용 열기구 실험의 수색 작업을 하기 위해 평소 때처럼 흥겹게 나갔다.

어제 오후의 산책에서 매우 아름다운 광경을 목격했다. 옅어지는 땅거미 바로 맞은편에 보름달이 밝게 비치고 있었다. 빙산이 달빛을 받아 한쪽이 노르스름하게 빛났다. 그러나 맞은편 쪽은 원래 색인 창백한 흰빛이었다. 한쪽이 노란 달빛을 받아 황금색을 띠고 옅은 빛에 비친 다른 반쪽은 여전히 차가운 초록색이 감도는 푸른빛을 띠고 있었다. 색채의 대조가 놀라울 정도로 아름다웠다.

말에 대한 강의

쉽게 그칠 것 같지 않은 눈보라가 밤부터 시작되었다. 바람이 아직 강하게 불고 있고 눈이 심하게 날리며 쌓이고 있다.

어제저녁 오츠가 '말 다루기'에 대한 두 번째 강의를 했다. 간결하면서도 정곡을 찌르는 강의였다. '타고나는 것이 아니라 만들어지는 것'이 동물을 다루는 기술에 대한 그의 판단이다. "말은 생각하는 능력이 없지만 기억력이 우수하다."라고 역설했다. 말의 시각과 청각이 이전에 보고 들었던 상황을 일깨운다. 그래서 말에게 소리 질러봐야 소용없다. 십중팔구 말은 소음을 자신을 성가시게 구는 것으로 여겨 흥분해서 달아날 것이다. 날뛰는 말을 탄 사람이 "이랴"하고 소리치는 것은 웃기는 일이다. "내가 그래봤기 때문에 알아요."라고 오츠가 말했다. 또한 말에게 시끄러운 고함을 지르는 것은 오히려 다른 말들을 동요시킬 수 있다는 점을 명심해야 한다. 말을 다룰 때 단호함과 조용함이 가장 중요하다고 했다.

말의 기억에는 행사나 사건에 관한 기록이 입력되어 있다. 그는 사냥용 말과 경주용 말을 예로 들었다. 이 말들은 행사를 앞두면 먹이를 먹지 않고 다른 방식으로 흥분을 표출한다. 이러한 이유로 동물들을 캠프에 조용히 있게 하기 위해서 모든 노력을 다해야 한다. 덮개는 행군을 마친 직후에 즉시 덮어주어야 하고 다시 행군에 나서기 일보 직전에 벗겨야 한다고 말했다.

이어서 그는 말의 겨울 관리에 대해 개선할 점을 이야기했다. 한 마리씩 넓은 박스에 거처를 마련하는 것도 좋고 누울 수 있도록 짚단을 깔아주는 것도 좋다. 지금 상태에서는 말들 중 몇몇이 눕긴 눕지만 10분 이상 누워있지 않는다. 오츠는 바닥이 너무 차기 때문이라고 생각한다. 그리고 겨울이 시작되기 전에 말의 털을 깎아주는 것이 현명하다고 한다. 그는 말의 털을 자르지 않고 손질을 해주는 것이 권장할만한가에 대해서는 회의적인 입장이었다. 그는 다가오는 원정을 위해 사료 망태, 말뚝 울타리 치기, 말 덮개 등을 더욱 철저히 준비하고 있었다.

오츠는 모든 말의 다리에 붕대를 감는 것을 제안했다. 마침내 그는 '말의 설맹'과 '갓 내린 눈이 덮인 지대의 극복'이라는 어려운 주제로 넘어갔다. 오츠는 설맹에 대한 해결책으로 지금 많이 자란 말의 앞머리를 염색하는 것을 제안했다. 그리고 유쾌한 자부심에 빠져 강의를 마치면서 마지막으로 재미있는 일화를 덧붙였다. 그러자 모두가 폭소와 탄성을 질렀다. 그러나 어쩌랴! 쓰기에는 적절치 않은 것을!

이어서 강의의 마지막 주제인 설맹과 관련된 토론이 있었다. 말의 앞머리 염색은 적절해 보이지 않는다. 가장 좋은 제안은 옆 눈가리개보다 차양 모자를 씌우는 것 같다. 아니 차라리 그보다는 말의 굴레 장식 띠의 눈 쪽에 챙을 덧붙이는 것이 나을지도 모른다. 말의 눈 신 문제는 훨씬 더 진지했다. 이것은 우리 모두 염두에 두고 있는 것으로 지금 에드가 에번스가 잔디 깎기 할 때 신는 신발의 형태를 희미하게 떠올려 시험 삼아 스네처에게 신겨볼 시험용 눈 신을 만들고 있다.

신발 모양 외에도 붙이는 수단에 관한 질문이 나왔다. 이 두 가지를 두고 모든 종류의 제안이 나왔고 이야기를 나누고 많은 것이 명쾌해졌다. 나는 현재 말의 눈 신을 조금 개조했으면 좋겠다. 원래 눈이 쌓인 길을 가기 위한 용도이기 때문에 빙붕을 가기에는 지나치게 크다는 것이 단점이다. 다시 말해 단단한 지표에서는 발목에 무리가 갈(발목을 삘) 가능성이 있다. 대안은 잔디 깎을 때 신는 신발의 원리를 완벽하게 응용하는 것이다.

어쩌면 두 가지 모두 시도해 볼 것이다. 처음의 것은 차분한 동물들에게, 두 번째 것은 좀 더 흥분하는 동물들에게 신겨볼 것이다. 확실히 이 문제가 제일 중요하다.

에스키모 개

지난 금요일에는 비교적 짧은 폭풍이 있었다. 기온은 -34℃였고 시속 오십 마일로 바람이 불었다. 그리고 이틀 연속 매우 아름답고 고요한 날이었다. 오늘이 사흘째이다. 그런 날에는 정오 3~4시간 정도는 빛이 제법 있다. 빛은 사람에게나 동물에게나 활기를 불어넣는다.

말도 매우 기분이 좋은지 조그만 기회만 포착하면 몰고 나간 주인으로부터 도망쳐 꼬리를 치며 날뛴다. 개도 마찬가지로 흥에 겨워 어두울 때보다 훨씬 더 많은 운동을 한다. 클리솔드가 에스키모 개 두 마리를 데리고 다녔다. 오늘은 두 마리를 데리고 가면서 메레스에게 빌린 '누기'를 우두머리로 투입했다.

토요일에 썰매가 크랙에서 뒤집혀 엎어졌다. 클리솔드는 눈 위에 넘어졌고 팀은 멀리 사라졌다. 누기는 자신의 마구를 잡아 뜯고 돌아왔다. 반면에 다른 개들은 이 마일 너머에서 발견되었다. 어제 일요일에 클리솔드는 바로 같은 팀을 몰고 로이드 곳에 갔다. 약 2시간 후에 개 한 마리마다 사십오 킬로그램의 짐을 싣고 돌아왔다. 매우 우수한 개들이 해낼 수 있는 훌륭한 결과였다. 메레스가 그 개 두 마리는 쓸모없다고 말한 것을 고려하면 클리솔드의 안목에 믿음이 간다.

어제 관측용 열기구는 성공적이었다. 열기구는 사 마일까지 올라가 끊어졌다. 그리고 기구(자동 기록 장치)가 낙하산 없이 떨어졌다. 수색자들이 자취를 따라 이 마일 반 북쪽으로 갔을 때 기구는 다시 평행을 유지하며 방향을 돌렸고 겨우 백 피트 거리에 떨어졌다. 기구는 기록에 영향을 미치지 않고 멀쩡한 상태로 발견되었다.

생물학자인 넬슨이 늦게까지 밖에서 작업한다. 물을 견본으로 일련의 해수 온도를 기록하고 있다. 결과가 아무리 보잘 것 없다 하더라도 자료가 놀라울 정도로 정확하게 산출된다. 그 속에는 철두철미한 과학적 관리가 있기 때문이며 이는 과학적 연구에 필수적이다. 그는 그것을 제대로 훈련받은 몇 안 되는 사람들 중 하나이다. 어제 그는 앳킨슨과 체리-개라드의 도움을 받아 해저에서 첫 그물망을 끌어올렸다.

앳킨슨도 기생물 연구에 개인적인 관심을 쏟고 있다. 그는 대단한 결과를 얻고 있는데 물개 속에서 새로운 기생충 숙주를 발견했다. 그는 1차 숙주와 2차 숙주에서 생명체의 역사를 풀기 위해 물개 속에서 발견한 것과 물고기 속에서 발견한 것을 서로 연관시키는 작업을 하고 있다. 그러나 물고기의 연결 숙주는 그것들의 먹이인 연체동물 아니면 또 다른 동물이다. 그러므로 넬슨(생물학자)이 잡는 것에는 앳킨슨에게 새로운 분야가 있다. 이 지역에서 생명체가 살아가는 방식은 하등동물에서 고등동물로 올라갈수록 상대적으로 단순하다. 이것이 기생충학자에게 특히 희망적인 것 같다.

오후 산책은 매우 즐거웠다. 어스름 빛 속에서 모든 것은 아름다웠고 북쪽 하늘은 빛이 물러날 때 점점 더 붉어진다.

날씨가 뒤늦게 매우 호의적이다. 이제 날씨를 불평하는 소리가 나오지 않는다. 기온은 지속적으로 약 -37℃를 유지한다. 바람이 거의 없고 하늘이 맑고 화창하다. 이런 날씨에는 정오를 전후해 3~4시간 잘 보인다. 풍경이 펼쳐져 있는 것이 보이고 하늘빛이 언제나 미묘하고 아름답다. 오늘 정오에는 웨스턴 픽의 정상과 에레버스 산의 정상이 제법 밝았다. 늦게 에레버스 산의 증기 구름은 예외적으로 자욱하고 환상적인 모양이었다.

관측용 열기구 실험은 규칙적인 작업이다. 어제는 기구를 어렵지 않게 발견했지만 오늘은 수색자들이 실을 찾아 빙산 꼭대기까지 올라갔다. 결국 빙산 너머에서 발견했다. 실은 처음에 텐트 섬으로, 다음에는 인액세스블 섬으로, 빙산으로, 그러고는 레이저 백으로 위치를 이동하며 숨바꼭질했다. 실이 그렇게 교묘하게 이동하는 것은 처음이다. 수색자들이 레이저 백에 있을 것이라고 강하게 추정했을 때는 이미 날이 어두워져 있었다. 보워즈가 희망찬 모습으로 돌아왔다.

어제 새끼를 낳은 어미 레시가 새끼들을 비정하게 다 죽이고 말았다. 처음 새끼를 낳았기 때문이라고 하면 해명이 될 수 있을까? 불쌍한 새끼들이 살아있었을 때도 어미는 계속 방치했다. 그리고 대수롭지 않게 새끼들을 짓밟고 다니거나 깔고 눕더니 결국 새끼가 모두 죽어 있었다. 정말 이해하기 어렵다.

빛이 조금씩 돌아오면서 사람들이 전보다 바쁘게 몸을 놀린다. 많은 작업이 이루어지고 있는 것을 지켜보니 마음이 흐뭇하다.

/ 4 /

봄 – 극점 정복을 위해
마지막으로 준비하다

기록적인 돌풍과 눈보라

빙하 문제를 다시 연구하고 있다. 삼백 야드 동쪽 얼음 절벽의 앞면이 수수께끼로 가득 차 있다. 어제저녁에는 폰팅이 인도 여행에 대해 강의했다. 그는 정보를 얻기 위해 여행안내서의 도움을 받았다고 솔직히 인정했다. 그럼에도 불구하고 그의 이야기는 좋았고 슬라이드는 훌륭했다. 그의 강의는 한 편의 드라마였다. 그는 성스러운 도시, 베나레스의 일출을 생생하게 묘사해서 우리는 짜릿함을 느꼈다. 첫 번째 희미한 빛이 비치면 많은 사람들이 목욕하고 기도하며 기다리며 멋진 의식을 하고 끊임 없는 수행을 한다. 해가 다가오면 침묵이 이어진다. 수천 명의 숭배자들이 침묵 속에서 빛을 기다린다.

마침내 첫 태양 광선이 비칠 때 수십만 명의 사람들 입에서 일제히 감탄사가 터져 나온다. 인상파적인 강의 방식이 매우 끌린다. 반드시 많은 분야를 담아야 한다. 우리는 그렇게 많은 곳을 섭렵했다. 신전, 기념물, 무덤, 특히 타지마할의 사진이 탁월했다. 말, 코끼리, 악어, 멧돼지, 힌두교도, 전사, 행자, 인도 춤을 추는 여자 등 매우 인상적인 광경이었다. 이런 강의 짜임새가 정말 괜찮다는 것 역시 기억해둘 만하다. 서로 연결 고리를 만들어 관심을 집중시키며 한 회분의 중요한 경험을 이어가는 방식 말이다.

간밤에는 내가 불침번이었다. 눈보라를 시작부터 지켜보는 것은 드문 경우인데 어젯밤에는 가능했다. 새벽 1시와 4시 사이에 하늘이 점차 흐려졌다. 2시 30분경 온도가 -28℃에서 -19℃로 가파르게 상승했다. 기압도 이 지역에 비해 빠르게 떨어졌다. 4시 직후에 바람이 위력적으로 급습하듯이 몰아쳤지만 눈이나 드리프트를 동반하지는 않았다. 한 번의 돌풍은 지금 이 지역에서 기록으로 남아있던 것보다 훨씬 더 강했다. 처음에는 풍속이 시속 사 마일에서 시작하여 육십팔 마일까지 올라갔고 순식간에 시속 이십 마일로 떨어졌다. 그리고 또다시 일어나면서 시속 팔십 마일까지 도달했다.

통나무 기지의 결과가 신기했다. 공간 전체가 순간적인 적막감에 휩싸이는 것 같더니 산산이 부서지는 광풍이 우렁찬 굉음을 내며 몰아치자 통풍기와 굴뚝까지 위협적으로 흔들렸다. 기지가 견고하게 세워졌다는 것을 떠올려 보는 수밖에 없었다. 본체 건물에서 바람 불지 않는 벽 쪽에 안전하게 위치한 말 우리의 눈 덮인 지붕까지도 심하게 요동쳤다. 돌풍에 오두막 지붕이 날아갔다는 크로지어팀의 상황이 정말 실감 났다. 6시경, 눈이 내리기 시작하자 강풍은 풍속이 다소 떨어지며 일반적인 눈보라로 변해갔다. 오늘 처음으로 태양을 조금 볼 수 있었을지도 모른다. 어제 서쪽에 더 낮은 언덕 위로 빛이 있었다. 그러나 오늘은 구름밖에 보이지 않는다. 순식간에 몰려오는 빛이 있다면 장관일텐데.

태양의 귀환을 위한 축배

8월 23일 수요일

어젯밤에 우리는 샴페인으로 태양을 위한 축배를 들었다. 우연하게도 캠벨의 생일과 겹쳐 같이 축하했다. 날씨가 나빠 태양의 작은 부분조차 올라오지 않았기 때문에 태양이 돌아왔다고 인정할 수 없었다.

샴페인 맛도 별로였다. 매우 소박한 자축연이었다. 그동안 강풍은 끝없이 몰아쳤다. 몇 시간 동안 평균 시속 칠십 마일의 위력으로 강타했다. 또 기온이 -12℃까지 오르고 폭설을 동반했다. 오늘 아침 7시에는 밖이 휘몰아치는 눈으로 어느 때보다도 자욱했다. 우리가 좋은 날씨를 주문하면 할수록 강풍도 그에 비례하여 더 난폭해지는 것 같다.

이론적으로 태양이 돌아오는 날짜가 8월 23일이지만 태양이 완전히 나오는 것이 아니고 그 시점을 고비로 빛이 급속하게 늘어난다.

세상 끝 최악의 탐험, 그리고 최고의 기록

실종견 줄릭이 돌아오다

폰팅과 그랜이 지난밤 늦게 빙산을 한 바퀴 돌았다. 돌아오는 길에 그들은 부빙으로 달려오는 개 한 마리를 발견했다. 그 개는 그들을 보고 쏜살같이 달려와 반가워서 어쩔 줄 모르며 그들 주위로 펄쩍펄쩍 뛰어올랐다. 그제야 그들은 그 개가 오래전에 행방불명된 줄릭임을 깨달았다.

개의 갈기에는 피가 엉겨 붙어 있었고 물개 기름 냄새가 지독했다. 그의 배는 불룩했지만 등뼈가 돌출한 것으로 보아 일시적인 증상이다. 낮에 보니 그 개는 매우 건강하고 튼튼해 보였다. 그리고 다시 집으로 돌아온 것을 매우 행복해했다.

줄릭의 행방에 대한 설명이 여전히 안갯속에 있다. 그 개는 정확히 한 달 전에 실종되었다. 그동안 무슨 일이 있었던 걸까? 스스로 고집을 부려서 나갔다고 하기에는 어떤 단서와도 맞지 않는다. 이전 습관을 생각해도 그렇고 이렇게 돌아와서 좋아하는 것도 그렇고. 달리 그가 이 부근 어딘가에서 길을 잃었다면 돌아오지 못했을 리가 없다. 메레스의 말처럼 우리 기지의 개 짖는 소리는 고요한 날씨에서 육 마일 밖까지 들리기 때문이다. 게다가 도처에 경로가 있고 사람이나 동물에게 분명한 경계표가 될 만한 것들이 있다. 결론적으로 말해 이 개는 어딘가에서 고립되었다가 돌아온 것이 분명했다. 이것은 개가 바다 얼음을 타고 둥둥 떠다녔을 것이라는 가정하에서만 설명이 가능하다. 그런데 우리가 알고 있는 한 해수로(개가 얼음에 올라서고 얼음이 떨어져 나갔을 가능성이 있는 곳)는 적어도 십 내지 십이 마일 너머에 있다. 정말 알 수 없는 수수께끼 같다.

토요일 날 다시 관측용 열기구를 시도했다. 실이 일 마일 올라가 끊어졌다. 보워즈와 심프슨이 자동 기록 장치를 찾아 수 마일을 걸어 다녔지만 흔적조차 찾지 못했다. 이론적으로 기류에 강하게 여러 가지 움직임이 있으면 관측용 열기구가 한 기류에서 다른 기류로 지나갈 때 실이 긴장을 견디지 못하고 끊어지는 것이다. 아무튼 이것은 정말 실험자들을 맥 빠지게 하는 일인데 새로운 대안이 있어야 할 것 같다. 떨어질 때 눈 속에 꽂히도록 실을 버리고 깃발과 막대를 묶자는 안이 나왔다.

이전에 기지 주변의 비탈 경관 중 이채롭고 신기한 화산추에 대한 언급을 한 적이 있다. 화산추는 높이가 육 피트에서 이십 피트로 다소 불규칙하지만 하나같이 완벽한 원뿔형을 하고 있다. 오늘 테일러와 그랜이 곡괭이와 쇠지레를 가지고 가서 작은 것 하나를 파 보았다. 잡석들을 어느 정도 제거하자 노출된 표면에 불규칙한 금이 가 있는 단단한 암석이 나왔다. 매우 힘들게 작업하고 나서야 갈라진 금의 틈에 있는 매우 작은 조각들을 제거할 수 있었다. 얼음의 흔적은 없었다. 이것은 암설 원추형 이론을 뒷받침해준다.

드미트리와 클리솔드가 오늘 개 썰매를 몰고 로이드 곶에 갔다 왔다.

그들은 섀클턴의 오두막 주위에서 약간의 개 발자국을 발견했다. 그러나 행방불명되었다가 돌아온 줄릭의 발자국으로 보이지 않는다고 했다. 드미트리는 개가 다녔을 만한 모험지로 서부 먼 곳을 가리켰다. 두 명이 로이드 곳에 갔다 오면 언제나 님로드 호가 이전에 남겨놓고 간 화보집을 많이 가져온다. 표면적인 이유는 러시아인 동료에게 즐거움을 주기 위한 것이라고 하지만 실제로는 모든 대원들이 즐겨 본다.

빙퇴석 경사로

윌슨과 함께 기지와 진입로 주변을 한 바퀴 돌았다. 처음에 풀리지 않던 문제가 이제 만족스럽게 해결되었다. 비탈길은 빙하의 퇴적물이 쌓여 형성된 빙퇴석이 틀림없다. 퇴적층이 드러나 있었지만 이것이 겨울에 바람에 날려와 쌓인 것인지 아니면 빙하가 퇴적물을 운반하는 과정에서 여름에 녹아 쌓인 것인지 몰랐지만 이제 보니 후자가 분명하다. 그렇지만 빙퇴석 물질이 빙하 표면에서 아래로 내려간 것인지 바닥 층에서 올라온 것인지는 윌슨과 의견이 조금 다르다. 분명한 것은 빙하가 비교적 빠른 속도로 유동했다는 것이다. 그렇다면 우리 기지 주변의 다양한 석판 조각들이 빙하의 잔류물(침식 작용이 끝난 뒤에 남아 있는 암석 부스러기)일 수 있다.

우리는 이 지역 부근의 모든 언덕을 가로지르는 넓은 단층에 대한 만족스러운 설명을 아직 얻지 못했다. 용암이 분출하고 들쭉날쭉하게 풍화가 일어났기 때문이라고 하지만 그 과정을 상상하는 것이 쉽지 않다. 우리가 있는 곳의 용암이 꺼져 내려앉은 현상은 인액세스블 섬이 땅의 생김새와 일치한다. 그리고 그것은 남쪽의 용암 분출의 중심지로 향해있지만 신기하게도 그 방향이 화산 활동이 있었던 에레버스 산 쪽이 아니다. 지질학자들이 캐고 싶어 하는 먹이가 바로 이것이다.

어젯밤에 바람이 북북서쪽으로부터 매우 심하게 불었고 낮에는 고요했다. 남동쪽으로부터 눈이 오기 시작했을 때 우리는 기지로 돌아가기 시작했다. 우리가 기지에 도착했을 때 눈보라가 거세졌다.

극점 탐험을 준비하다

밤에 불던 거센 바람이 아침에 돌풍으로 바뀌었다가 점차 고요하고 화창한 날로 이어졌다. 9월의 날씨가 8월만큼만 되어도 불평할 이유가 없다. 메레스와 드미트리가 정오 직전에 헛 포인트로 출발했다. 개는 힘이 넘쳤다. 드미트리가 모는 개 썰매가 언덕을 이루는 타이드 크랙 위로 전 속력으로 질주하던 중 주인을 눈 속에 팽개쳤다. 다행히 나를 비롯한 몇몇이 그 주위에 있었다. 내가 썰매의 기수로 돌진했지만 개는 쏜살같이 내 손을 스치듯 지나가며 흥겹게 꼭대기로 올라갔다. 두 번째로 앳킨슨이 개를 덮쳐서 움켜잡았지만 신나게 언덕 아래로 끌려 내려갔다. 그의 무게가 속도를 감소시켰고 곧 다른 대원들이 달려와 개들을 멈춰 세웠다. 드미트리는 기가 죽었다. 그는 매우 민첩한 편인데 개 썰매에서 떨어지기는 처음이었기 때문이다.

나는 보워즈가 유능하게 도와주어서 썰매와 관련된 수치 문제와 씨름하고 있다. 남극 설계는 식량이나 연료량을 비롯하여 정확한 수치로 이루어진 것인데 이곳에 와서도 계속해서 좋아지고 있다. 우리 조직이 부족하다는 생각은 하지 않지만 고려해야 할 세부 사항이 너무 많다. 모든 설계가 썰매 차의 '극단적인 성공'에서 '완전한 실패'에 이르기까지 모든 경우에 신축적으로 대응할 수 있어야 한다.

최악의 경우 썰매 차 없이도 우리 계획은 실현 가능하게 되어있다(그러려면 다른 부분의 실패가 없어야 한다). 썰매 차에 관한 것은 이점이 되어 주면 그것을 최대로 활용하기만 하면 된다.

봄 계획도 세웠다. 에드워드 에번스 · 그랜 · 포드는 '코너 캠프'로 올라가 표식을 확인한다. 메레스는 개 썰매를 몰고 가능한 많은 마초 자루를 운반한다. 심프슨 · 보워즈 · 에드가 에번스는 나와 서부 산으로 간다. 나머지는 기지에서 말을 운동시킨다. 먹이양을 늘려서 힘이 좋아진 동물들을 관리하는 일이 결코 쉽지 않다. 오늘 말의 주인을 바꾸었다. 윌슨은 노비를, 체리-개라드가 마이클을, 라이트는 차이나맨을, 앳킨슨이 제후를 맡는다. 말을 직접 고른 것이 아닌데도 자신들에게 책임이 주어진 말에 만족하고 있다.

썰매 차 프로그램

9월 10일 일요일

일기를 마지막으로 쓴 지 일주일이 지났다. 나는 거의 모든 시간을 극점 세부 계획을 보완하는 데 썼다. 마침내 끝났다고 말할 수 있어서 흐뭇하다. 보워즈가 모든 수치를 다시 한번 점검했다. 그는 지금 나에게 훌륭한 조수 역할을 해주고 있다. 만약 썰매 차가 성공하면 비어드모어 빙하까지 진입하는 데 큰 어려움이 없을 것이다(극점으로 통하는 길은, 빙붕 - 비어드모어 빙하 - 정상 지대, 세 단계로 이루어져 있다). 만약 실패하더라도 어느 정도 운만 따라주면 그 곳에 도달할 것이다. 나는 다방면으로 운이 따라주지 않는 최악의 조건까지 고려했다. 그리고 팀도 최악에 대비하여 조직했다. 모든 가능성 앞에서 필요 이상의 지나친 생기와 낙관도 두렵지만 다소는 운이 따라야 함을 느낀다.

동물은 지금 최고로 상태가 좋다. 매일 운동량이 증가함에 따라 말은 건강해졌고 강해지면서 근육이 더 강화되었다. 이놈들은 우리가 지난해 저장소 작업에 데려갔던 동물과는 완전히 딴판이다. 몇 달을 거듭한 훈련을 하여 하나같이 기대 이상의 충분한 짐을 끌 수 있다. 그러나 열 마리

중에 한 마리도 여분으로 둘 수가 없다. 그래서 그들의 작업이 완전히 끝나기 전에는 한 마리 혹은 그 이상에 사고가 생길까 봐 염려스럽다.

에드워드 에번스·포드·그랜이 토요일 일찍 코너 캠프로 떠났다. 큰어려움 없이 찾아야 할 텐데…. 메레스와 드미트리가 같은 날 오후에 헛포인트에서 돌아왔다. 개들도 건강하고 튼튼하기는 마찬가지다. 메레스는 그곳에 물개가 올라오지 않는다고 보고한다. 물개 페미컨을 만들려고나갔다가 그냥 왔다고 한다. 나는 그가 열세 개의 마초 자루를 10월이 끝나기 전까지 코너 캠프로 운반해놓고 말이 출발한 후에 지원 활동을 할수 있도록 준비해두기를 바란다. 건강만 문제없으면 힘든 일이 아니다.

미래의 가장 큰 희망이라 여겨지는 신호는 무엇보다도 우리 대원들의건강과 정신력이다. 이보다 더 역동적인 공동체는 상상하기 어려울 것이다. 극점 임무를 위해 뽑힌 열두 명의 훌륭한 대원들에게 작은 흠도 찾기어렵다. 이제 모두 썰매 탐험자로서 경험을 갖추었고 어떤 상황에서도 힘이 되어줄 강한 우정의 결속력도 있다. 정말 고마울 따름이다. 보워즈와에드가 에번스에게 특히 더 그렇다. 수치와 사실을 반복하고 또 반복해서훑어보면서 결함을 발견하지 못하는 어떤 수준에 이른 것이 만족스럽다.

썰매 차에 완전히 의존하지 않지만 그것이 제대로 역할을 해준다면 비어드모어 빙하에 진입하는 초기 단계는 생각보다 쉽게 이루어질 것이다.아니 그런 도움과는 별개로 나는 썰매 차가 성공에 이르는 수단으로 인정받고, 만드는 데 들어간 시간·돈·생각이 타당하고 옳은 것으로 여겨지길 간절히 바란다.

나는 썰매 차로 짐을 실어 나를 수 있다고 확신하지만 현재로서는 검증되지 않았고 나아지고 있으므로 이 상태가 썰매 차를 믿고 탐험하기에 부족하다는 것도 안다. 팀에서 내가 가장 조심스러운 입장을 견지하고 있음이 다행이라고나 해야 할까…. 데이는 제법 먼 곳까지 갈 수 있다고 자신하고 내 예상을 훨씬 능가하는 무게를 실을 준비가 되어 있다고 한다. 레슬리는 그보다 다소 미심쩍더라도 비교적 긍정적이다. 클리솔드가 썰매 차 팀의 네 번째로 끌 예정이다. 나는 이미 그의 기술을 언급한 적 있다. 클리솔드는 썰매 차 경험이 많다. 데이도 그를 보조로 두는 것에 만족한다.

지난 주에 두 번의 강의가 있었다. 첫 번째는 일반 지질학에 관한 데벤햄의 강의로 이 지역 구조에 대한 특별한 언급이 있었다. 편마암, 베이컨사암, 마그마 관입 조립현무암 등에 관련하여 여러 가지 궁금한 점을 풀었다. 남극 내륙을 행군할 때 이것에 대해 관찰을 잘 할 수 있는 장소를 지나게 될 것이다.

두 번째는 폰팅의 강의였다. 그의 사진 저장고는 무궁무진해서 겨울 동안 우리에게 거대한 오락거리의 원천이었다. 폰팅의 강의는 사람들을 끌어당기는 힘이 있어서 빠지는 사람이 없다. 이번에는 중국의 만리장성과 북 중국의 거대한 기념물에 대한 것을 보여주었다. 그는 언제나 자신이 여행한 나라의 풍습 혹은 관습과 관련된 세세한 것까지도 이야기해준다.

모든 것이 정말 만족스럽다. 만약 극점 정복이 실현되면, 심지어 최초 정복이 아니라 할지라도 극지로 들어갔던 가장 중요한 탐험대 중의 하나로 기록되는 것은 막을 수 없을 것이다.

금요일에는 체리-개라드의 〈남극 타임스〉 2호가 나왔다. 대체로 1호보

세상 끝 최악의 탐험, 그리고 최고의 기록

다 많이 개선되었다. 체리-개라드가 사설 쓰기에 진땀을 빼서 딱했다. 역시 테일러가 공헌을 가장 많이 했지만 이번 글은 너무 길다. 넬슨은 매우 재미있는 작품을 실었는데 윌슨의 수작인 유쾌한 삽화가 곁들여 있었다. 물론 넬슨의 익살이 다소 지엽적이기는 해도 다른 형태가 있을 수 없다는 결론이다.

극점 계획을 공표하다

최근에 나는 극점 계획을 마무리하고 서부 탐사 준비와 촬영 지도를 받느라고 눈코 뜰 새 없이 바빴다. 마침내 어제 모든 대원이 모인 자리에서 '극점 계획'을 알렸다. 모두 숨죽이고 들었다. 대체로 있는 자원을 최대한 이용하여 설계했다는 평가이다. 비록 대원들이 부차적인 부분에서 자신들의 생각을 밝혔음에도 더 이상의 개선책이 나오지 않았다. 그만큼 설계가 많은 신뢰를 얻은 것처럼 보였다. 이제 경기를 하는 일만 남았다.

계절의 마지막 강의도 있었다. 월요일에는 넬슨(생물학자)이 가장 단순한 단세포 동물로부터 진화 발달 과정을 거슬러 올라갔고 생물학적인 질문에 흥미로운 답을 해주었다.

오늘 밤에는 라이트(물리학자)가 '물질의 구성'에 관한 칸벤디쉬 실험실에서의 최근의 흐름에 대해 강의했다. 라이트는 물질을 속도로 설명하려고 했다. 심프슨은 그것이 불가능하다는 사실을 강조하면서 제이. 제이. 톰슨도 자신과 같은 생각을 갖고 있음을 주장했다. 이 강의들은 정말 재미있었고 강의 프로그램을 지속할 수 없는 상태라면 끝내는 것을 받아들이겠는데 이유 없이 끝낸다면 아쉬울 것이다.

내일 나는 보워즈 · 심프슨 · 에드가 에번스와 서부로 간다. 페랄 빙하를 한 번 더 보고 지난해 라이트가 빙하 위에 박아놓은 경계 말뚝의 이동 변화를 측정할 것이다. 그리고 썰매 감각을 잃지 않았는지 점검해보고 (누구나 기술적인 세부 사항은 쉽게 잊어버린다.) 사진기를 제대로 사용할 수 있는지 확인할 것이다. 어디서 얼마나 있게 될지, 정확히 어디를 가게 될지 아직 정하지 않았다. 확정 짓지 않은 불분명한 여정이 이번 여행의 매력이다.

최근 일주일은 날이 매우 맑았지만 기온은 여전히 -29℃ 대에 머물러 있다. 오늘은 -37℃이다. 갑작스러운 기온 저하이다.

서부산 탐사와 탐사 보고서

빙하의 유동과 이동

우리는 지난 목요일에 유쾌하고 교훈적인 봄 탐사에서 돌아왔다. 9월 15일부터 열사흘간의 여정이었다. 우리가 썰매를 끌며 행군한 기간과 이동거리는 열흘 동안 총 일백오십이 마일이었다.

우리가 한 명 당 팔십이 킬로그램의 짐을 끌며 이틀 반나절 걸려 버터 포인트에 갔다. 이것은 크게 힘들지 않았다. 이중 천막은 우리의 값진 자산이었다. 16일은 날씨가 오후 4시까지 매우 화창했지만 후에는 차가운 남풍이 불었다. 우리는 동상에 걸렸다. 얼지 않은 눈이 산더미처럼 쌓여 썰매가 끌리지 않는 곳이 매우 많았다. 해협의 그쪽에 눈이 더 많이 내린 것 같다. 보워즈는 모든 캠프 일을 자신이 하겠다고 우겼다. 그리고 매사에 긍정적이었다.

여분의 짐을 적절한 곳에 저장한 후 우리는 페랄 빙하로 향했다. 신기하게도 낮은 얼음 발판에 균열이 없었고 바다 얼음은 매우 얇은 눈으로 덮여 있었다. 우리는 큰 어려움 없이 적응해갔다. 보워즈는 팔방미인이었고 에번스도 그에 못지않았다. 심프슨은 빠르게 배워나갔다. 밤에 밖을 나가는 것만 제외하면 캠프 생활이 크게 어렵지 않았다. 하루 종일 역풍 속에서 행군하면서 코와 얼굴을 보호하려고 애썼다.

19일, 커시드럴 락에 도달했다. 이곳은 라이트가 지난가을에 빙하를 가로질러 말뚝을 박아놓은 곳이었다. 우리는 도착한 날과 그다음 날 하루 종일 그것의 위치를 정확히 도면에 옮기면서 보냈다(빙하 위로 매서운 바람이 불었음에도 보워즈는 경위의와 씨름했다. 그는 정말 대단했다. 나는 이 지역에서 맨손으로 그렇게 오랫동안 일을 할 수 있는 사람을 본 적이 없다. 내 손가락은 순식간에 감각이 없어졌다).

빙하의 유동이 있었는데 평균 약 삼십 피트였다(오래된 페랄 빙하는 생각보다 훨씬 더 활발하게 살아 움직이고 있었다). 수치를 기입한 결과, 빙하의 유동이 대개 이십삼 피트에서 삼십삼 피트로 말뚝마다 조금씩 차이가 나는 것을 보여주었다. 이것은 지난 칠 개월 반 동안의 결과이며 매우 중요한 관찰이다. 지금까지 해안 빙하의 유동에 대해 이런 실험을 행한 적이 없기 때문이다. 그것은 내 예상보다는 큰 편이었지만 전문가들에게는 '비교적 침체'라는 생각이 들 정도로 작은 것이었다.

21일, 우리는 빙하를 따라 내려갔고 북쪽 막다른 곳에 천막을 쳤다. 다음 날 해안을 거슬러 올라가 뉴 하버를 살펴보고 암석 표본을 수집하면서 빙퇴석으로 올라갔다. 베르나치 곶에서 투명한 석영을 많이 발견했다. 그 속에는 구리 광석도 있었다. 나는 구리가 함유된 큰 표본 두세 개를 얻었다. 처음으로 광물의 작용 가능성을 암시하는 발견을 했다.

떨어져 나간 빙하 지맥 발견

다음 날 우리는 길고 낮은 빙벽을 발견하고 처음에는 그것이 대륙에서 바다 쪽으로 뻗어나간 긴 빙하 줄기라고 생각했다. 다가갈수록 빙하 위에 검은색의 잔류물이 보였고, 대륙과 연결되어 있지도 않았다. 점차 우리 눈에 친숙하게 다가왔다. 마침내 매우 가까이 다가가 보니 그것은 케이프 에번스 기지 부근의 빙하 지맥과 매우 비슷했다. 결정적으로 그 위에 꽂힌 깃발을 발견하고 갑자기 그것이 몇 달 전에 빙하 지맥에서 떨어져 나간 빙하일 수도 있다는 것을 깨달았다. 아니 그것이 분명했다.

우리는 빙하 외곽 끝자락에 천막을 쳤다. 그리고 그 위로 올라가 보았는데 지난해 가을에 캠벨이 남겨둔 마초 저장소와 우리가 저장소 원정을 떠날 때 말들을 인도하기 위해 늘어 세운 말뚝이 그대로 남아있었다. 지난 3월에 빙하 지맥에서 떨어져 나간 이 마일의 거대한 빙하가 여기까지 흘러들어 고정되어 있는 것이다. 그런데 전에 서쪽의 끝부분이 반쯤 회전하여 이제 동쪽을 바라보고 있었다. 얼음 속에 수많은 균열이 있음을 고려하면 바다를 떠다니면서 갈라지지 않고 여전히 원형 그대로를 유지한 채 남아 있음이 정말 신기하고 놀라울 따름이다. 한때 기지를 이 지맥 위에 세우자는 제안이 있었다. 그렇다면 우리는 바다 모험의 주인공이 될 뻔했다! 케이프 에번스에서 겨우 오 마일 남쪽에 있던 이 지맥이 사십 마일 북북서쪽에 와서 이렇게 붙어있다니!

우리는 빙하 지맥에서 계속 북쪽으로 밀고 올라갔다. 24일 던롭 섬에 도달했고 북쪽 해안을 따라 전망을 살폈다. 던롭 섬은 바다 밑의 지면이 해수면 위로 솟아오른 섬이 분명했다. 그곳에는 물에 마모된 둥근 돌들이 있는 단구 해변(육지가 바다에 대해 상대적으로 융기한 해변. 일종의 해안 단구)이 있었다. 해안 절벽은 높이가 약 육십오 피트 정도였다. 그 섬을 가본 후에는 해안 단구 형성 과정을 추적하는 것이 그리 어렵지 않았다. 한곳에는 해수면 구십팔 피트 지점에 물에 닳은 돌이 발견되었다. 일정한 모양을 하고 있지 않았을 뿐만 아니라 평범한 해변의 돌과도 달랐다. 밑에 파묻힌 것에는 여전히 날카로운 각이 남아있었다.

페랄 빙하와 뉴 하버와는 달리 베르나치 곶의 북쪽 해안은 낮은 빙벽이었다. 술이 달린 둥근 만이 연속으로 펼쳐졌다. 지질학 표본을 탐색하기에 흥미로운 곳이 계속 이어졌다. 술 너머에는 해안을 돌아내려오며 물결 모양으로 길게 굽이치는 눈 고원이, 그 너머에는 깊숙한 계곡이 사이에 자리를 잡은 산맥이 이어져 있었다. 우리가 멀어져 감에 따라 이 계곡들은 산꼭대기에서 비치는 빛을 페랄 빙하 머리 부분으로 방사하는 것처럼 보였다.

해안으로 접근함에 따라 만년설 때문에 대륙 봉우리에 접근하기 어려워서 어느 정도 멀리서 보더라도 계곡의 수려한 경관을 볼 수 없었다. 이 만년설을 탐사하는 것이 곧 있을 서부 탐사팀의 목표 중 하나이다. 나는 봄의 여행이 이렇게 유쾌할 수 있으리라고는 미처 생각하지 못했다.

24일 오후에 우리는 귀환 길에 올랐다. 십일 마일을 행군한 후에 빙하 지맥 안쪽에 천막을 쳤다. 25일 정오가 지난 후 케이프 에번스로 통하는 지름길로 들어섰고 저녁에 사운드에서 천막을 쳤다. 26일에는 이 마일 반을 가기도 전에 세찬 눈보라가 몰아쳤다. 눈보라 속에서도 계속 갔는데 눈보라 속에서 행군을 시도해 보기는 처음이었다. 불가능하지는 않았지만 바람의 저항 때문에 속도가 나지 않았다. 이 마일을 간 후 천막을 치기로 결정했다. 천막 치는 일이 매우 힘들었지만 무난히 해냈다.

우리는 연료를 좀 더 사용하여 눈의 흔적을 물리치며 눈보라를 헤치고 나아갔다. 다양한 곳에서 겪었던 온갖 경험이 많은 도움이 되었다. 27일은 하루 종일 눈보라가 세차게 몰아쳤고 28일은 이 여행 중에 가장 몸서리쳐지도록 끔찍한 날이었다. 금방이라도 동상에 걸릴 것 같은 매서운 바람을 받으며 출발했다. 바람의 위력이 점차 세어졌지만 계속 밀고 갔다. 가끔씩은 얼어붙은 얼굴을 돌리기 위해 걸음을 멈추어야 했다. 2시 직후에 압력 능선에서 점심 캠프를 세울만한 자리를 찾았다. 심프슨이 긴 행군을 해서 피곤한 기색이 보였다. 그의 얼굴 전체가 순식간에 동상에 걸렸고 많은 물집이 생겼다. 천막 속에서도 눈은 계속 휘몰아쳤다.

3시경에 드리프트가 그쳤다. 우리는 계속 전진했고 바람은 여전했다. 에레버스 산 남쪽 능선을 보니 노르스름하여 불길했다. 그것은 또 다른 눈보라의 징조였다. 어리석게도 나는 그런 예측이 맞지 않기를 바라며 걸음을 멈추지 않았지만 인액세스블 섬이 갑자기 우리 시야에서 사라졌다. 우리는 서둘러 캠프 자리를 찾았지만 이미 눈보라가 몰아치고 있었다. 눈이 사정없이 휘몰아치자 이중 천막을 세우는 것은 꿈도 꿀 수 없었다. 외장 천막 하나를 세우는 것만으로도 많은 시간이 걸렸다.

그러나 에번스와 보워즈가 뛰어나게 잘했다. 우리는 손에 동상이 걸리는 위험을 무릅쓰고 사력을 다해 천막을 세웠다. 더디게 이루어졌지만 그 상황을 고려하면 결코 나쁜 속도가 아니었다. 코코아를 마시면서 기다렸다. 밤 9시에 드리프트가 다시 진정되었지만 눈에 완전히 싸였다. 결국

세상 끝 최악의 탐험, 그리고 최고의 기록

거센 바람에도 불구하고 계속 밀고 가기로 결정했다.

우리는 완전히 녹초가 되어 새벽 1시 15분 기지에 도착했다. 바람이 한 순간도 그치지 않았다. 온도는 -26℃를 유지했다. 그날 행군한 이십이 마일은 내 기억 속에 가장 힘들었던 길로 기록하였다.

마지막 며칠을 제외하면 어느 정도는 봄의 여행에서 예상할 수 있는 유쾌함이 있었다. 페랄 빙하 입구에서 -40℃였고 -26℃에서 -40℃ 사이를 다양하게 오르내린 것처럼 기온은 별로 높지 않았다. 물론 빙붕 위의 온도보다는 훨씬 높았지만 그렇다고 그만큼 더 편안한 것도 아니었다. 조건을 개선하는 데 영향을 미친 것은 기온보다는 경험이었다. 연료를 여름 허용치보다 삼분의 일 정도 더 사용했다.

게다가 이중 천막 속에서 아침을 먹고 나면 좀 더 편안해졌고 저녁에는 의복과 양말 등을 말릴 수 있어 좀 더 쾌적한 상태를 유지할 수 있었다. 천막을 치면 즉시 신발과 양말을 갈아 신고 밤새도록 발을 보호하려고 노력했다. 그리고 침낭을 거의 언제나 썰매 위에 펼쳐 놓았다. 비록 많은 효과가 있지는 않다고 해도 혹독한 날씨에서는 그것도 도움이 된다. 안에 친 천막에 얼음이 달라붙는 문제를 예방할 수 있는 방법을 아직까지 찾지 못했다.

이 탐사 여행으로 우리는 지질학팀에게 그레니트 항구로 가는 가장 좋은 행로를 조언해 줄 수 있게 되었다. 우리 여행의 소박한 목적을 달성하여 만족스러웠지만 무엇보다도 보워즈나 에드가 에번스 같은 대원들이 있다는 것을 깨닫고 가장 기뻤다. 그들보다 더 강인하고 더 우수한 썰매꾼은 없을 것이다. 보워즈는 체구가 작지만 놀라웠다. 이보다 훨씬 더 혹독했던 크로지어 탐험에서 그가 어떤 역할을 했었는지 이제 알 것 같다.

우리가 기지로 돌아갔을 때 제법 늦은 시간이었음에도 불구하고 모두들 나와 주었다. 나는 곧 그 동안 있었던 일에 대한 보고를 받았다. 에드워드 에번스와 그랜, 포드는 우리가 떠난 다음 날 코너 캠프까지 올라갔다가 돌아왔다고 했다. 그들은 엿새 밤을 나가 있었는데 나흘을 빙붕 위의 혹독한 조건에서 보냈다. 그중 하루는 기온이 최저 -58℃ 였다.

나는 코너 캠프가 눈에 잘 띄었다는 말을 듣고 안도했다. 이것은 원톤 캠프에 대한 모든 걱정을 몰고 갔다. 문제는 포드의 손이 동상에 심하게 걸린 것이었다. 나는 그가 손을 잘못 간수한 것에 화가 났다. 자칫하면 손가락 끝부분을 잃게 될 수도 있었다. 이런 일이 일어나서 손의 회복이 더디다면 포드는 팀에 참가할 수가 없다. 그를 대신할 사람은 없다. 에드워드 에번스와 그랜은 별문제 없었고 건강해 보였다.

헛 포인트에 전화를 개통하다

어제 나는 제후를 꼼꼼히 살펴보았는데 결국 제후가 쓸모가 없음을 확인했다. 그 말은 짐을 끌기에는 너무 약했다. 석 주가 지나도 크게 달라지지 않을 것이다. 현실을 직시할 필요가 있어 제후를 남겨두고 떠나기로 결정했다. 아홉 마리의 말들과 가야 한다. 차이나맨의 움직임은 별로였다. 제임스 피그는 최고 상태라고 할 수 없지만 그 외 일곱 마리는 모두 건강하다.

말을 더 잃으면 썰매 차에 의존할 수밖에 없다. 그런데 그렇게 되면… 썰매 차가 좋은 점도 있지만 불확실하기 때문에 믿을 수 없어 나쁜 면도 대비해야 한다. 적어도 여섯 마리는 매우 건강하다니 다소 안심했다.

오늘 윌슨·오츠·체리-개라드·크린이 각자 자신의 말을 데리고 헛 포인트로 갔다. 오츠는 조금 애를 먹은 후 크리스토퍼를 데리고 갔다. 5시에 전화벨이 갑자기 울렸다(전화선은 얼마 전에 메레스가 놓았지만 헛 포인트와의 통화는 처음이었다). 잠시 후 전화선을 타고 목소리가 들려왔다. 세상에! 통화가 되었다! 나는 메레스와 통화하고 이어서 오츠와 했다. 이 불모의 땅에서 십오 마일 떨어진 곳에 있는 누군가와 이렇게 통화하는 것이 뜻밖으로 감격스러웠다. 오츠는 말이 별 탈 없이 무사히 도착했다고 알려주었다. 계속 통화가 되면 계절 후반기에, 특히 메레스에게 큰 선물이 될 것이다. 날씨가 이상할 정도로 불안정하다. 지난 이틀은 매우 좋았지만 때때로 드리프트가 생기며 매섭게 바람이 불었다. 오늘 밤은 날이 잔뜩 흐리고 매우 어둡다.

클리솔드가 빙산에서 추락하다

10월 8일 일요일

아름다운 날이었다. 예배 후 모두들 밖에 나갔다. 말도 상태가 좋다. 폰팅과 함께 등성이로 가서 많은 사진을 찍었다. 여기까지는 좋았다. 그러나 오후에 걱정거리가 한꺼번에 몰려왔다.

5시경 넬슨에게서 전화가 왔다. 클리솔드가 빙산에서 떨어져 등을 다쳤다는 것이다. 보워즈가 재빨리 구급팀을 조직했다. 다행히 앳킨슨이 그 자리에 있었기 때문에 합류할 수 있었다. 내가 먼저 내륙으로 달려갔고 폰팅이 안절부절하고 클리솔드가 의식을 잃은 채 누워있는 것을 발견했다. 그 순간 헛 포인트로 갔던 말들이 오고 있었다. 나는 필요한 경우를 대비해 한 마리를 데려오려고 달려갔다. 그러나 그 사이에 구급팀이 현장에 먼저 도착해 그를 재빨리 기지로 옮겼다. 클리솔드는 폰팅의 사진 모델을 서주기 위해 빙산으로 올라갔던 것 같다. 폰팅은 그에게 자신의 크램폰과 피켈(나무 자루에 쇠로 만든 꼬챙이가 달려있어 얼음과 눈 덮인 곳을 오를 때 사용함.)을 빌려주는 등 클리솔드의 안전에 온 힘을 다했지만 클리솔드가 포즈를 취한 후에 발을 헛짚으면서 추락했다. 그는 둥근 얼음 표면 위로 십 내지 십삼 피트 미끄러진 후 약 육 피트 아래 빙산 벽의 날카로운 모서리에 떨어졌다.

클리솔드는 등과 머리를 부딪친 것이 분명하다. 머리는 가벼운 뇌진탕이었다. 그는 의식을 잃기 전에 등이 아프다고 했다고 한다. 클리솔드는 기지로 옮겨진 지 1시간 후에 의식이 돌아왔고 많이 고통스러워했다. 앳킨슨이나 윌슨은 크게 심각한 상태로 판단하지 않는다. 그가 정밀 검사를 받은 것도 아니었지만 끔찍한 충격을 받은 것은 분명하여 매우 걱정스럽다. 오늘 밤 앳킨슨이 진통제 주사를 놓고 지켜보고 있다.

불행은 혼자 오지 않는다고 했던가. 클리솔드를 안으로 옮긴 후 터크헤드로 자전거를 타고 나갔던 테일러가 정해진 시간에 오지 않았다. 망원경에 두 사람이 남쪽 만에 접근하고 있는 것이 보인다는 말을 듣고 마음을 놓았다. 그런데 식사할 무렵 라이트가 다급하게 달려와 테일러가 남쪽 만에서 완전히 탈진했음을 알렸다.

라이트는 브랜디와 뜨거운 마실 것을 원했다. 나는 다시 구급팀을 파견하는 것이 최선이라고 생각했다. 그러나 그들이 포인트를 돌기 전에 테일러가 오는 것이 보였다. 테일러는 완전히 초주검이 되어 있었다. 그는 방향을 돌리라는 이성의 경고에도 무작정 밀고 갔음이 분명하다. 이 일과 클리솔드를 걱정하느라 마음이 불편하다.

클리솔드 때문에 여전히 걱정스럽다. 그는 이틀 밤을 큰 탈 없이 보냈지만 거의 움직이지 못한다. 그리고 그 답지 않게 짜증을 낸다. 의사는 뇌진탕 증상이라고 한다. 클리솔드는 오늘 아침에 식사를 하고 싶어 했는데 좋은 신호이다. 그런 뒤에 자신의 썰매 장비들을 준비하고 있는지 알고 싶어 했다. 나는 클리솔드가 실망하지 않도록 모든 것이 준비되고 있다고 말해줘야 했다. 클리솔드가 다시 탐험에 나설 가능성은 거의 없다.

메레스가 어제 눈보라를 헤치고 헛 포인트에서 돌아왔다. 도착하고 30분 후에 눈보라가 자욱해졌다. 그는 개 한 마리가 또 죽었다고 보고했다. 최고의 썰매 견 중 하나인 '디크'인데 이전 개들처럼 특별한 원인을 알 수 없는 증상으로 전날 밤 앓다가 아침에 죽었다는 것이다. 윌슨은 혈액으로 침투하여 뇌로 옮겨가는 기생충 때문이라고 생각한다. 쉽지 않은 문제지만 낙심할 때는 지났다. 현실을 있는 그대로 받아들이고 대책을 세워야 한다.

포드의 손가락이 많이 좋아졌다. 그러나 빠른 회복세는 아니다. 치료를 받아야 되는 환자가 두 명이나 있어 염려스럽다.

두 환자 모두 빠른 차도를 보였다. 클리솔드는 약 없이 이틀 밤을 무사히 보냈고 기력을 회복했다. 등의 통증도 많이 사라졌다고 한다.

날씨가 결정적으로 따뜻했을 뿐 아니라 지난 사흘 동안 화창했다. 기온은 겨우 -24℃이고 대기는 온난하다. 출발을 위한 모든 준비가 되었고 말도 회복세이다. 요리는 후퍼와 레슬리가 대신하고 있다. 다양한 요리와 빵이 여전히 뛰어난 맛을 유지하다니 신기하다.

썰매 차를 시운전하다

10월 17일 화요일

오늘 밤 부빙에서 썰매 차의 운행이 있었다. 지표는 휘몰아친 눈으로 고르지 못했다. 썰매 차는 출발하고 얼마 가지 않아 체인에 문제가 생겼고 교체를 위해 중단해야 했다. 그것은 다시 출발해 무난히 가는 듯했지만 능선의 가파른 곳에서 다시 멈추었다. 뒤쪽의 차축 밑에서 기름이 뚝뚝 떨어졌다. 검사 결과 알루미늄 축판 용기에 금이 갔다. 데이가 용기를 빼서 기지로 들어왔다.

비밀스럽게 고백하면 나는 썰매 차에서 많은 도움을 얻을 수 있을 것이라는 기대는 처음부터 하지 않았다. 그렇다고 아직 부정적인 어떤 결과가 나온 것도 아니다. 조금만 더 취급을 주의하고 관심을 쏟으면 멋진 동업자가 될 수 있을 것 같기도 하다. 문제는 실패한다면 앞으로 아무도 썰매 차의 기능을 믿지 않을 것이라는 사실에 있다.

나는 오늘 클리솔드에게 같이 갈 수 없음을 알려주어야 했다. 그는 많이 실망하는 눈치다. 조금씩 나아지고 있어 우리가 떠나기 전에 많이 호전될 것이다. 그의 썰매 차 자리에는 후퍼가 대신 들어간다. 나는 세부적인 출발 준비와 글을 쓰느라 눈코 뜰 새가 없다.

썰매 차의 새 차축 용기를 목요일 오전에 데이의 뛰어난 솜씨로 완성했다. 그 후에 썰매 차팀은 계속 출발 준비를 했다. 마침내 오늘 모든 준비가 완료되었다. 짐이 바다 얼음 위에 놓여있고 데이가 시운전을 하고 있다. 날씨와 모든 여건이 허락하면 썰매 차팀은 내일 출발한다.

기온이 -17℃까지 올랐다. 이것은 빙붕 기온이 −29℃ 임을 의미한다. 썰매 차가 빙붕에서 기온 저하에 직면하면 어떤 상태에 처하게 될지 여전히 의문이다. 데이와 레슬리는 매우 희망에 차 있다.

대원들을 개인적으로 그리다

아문센의 기회에 대해서는 어떻게 생각해야 될지 모르겠다. 그가 극점에 도달한다면 우리보다 훨씬 앞설 것이다. 개로는 빨리 갈 수 있고 매우 일찍 출발할 수 있기 때문이다. 이점에 대해서 나는 이미 초기에 아문센을 염두에 두지 않고 계획을 실행에 옮기기로 결심했다. 그와 어떤 식으로라도 경쟁하려 한다면 내 계획을 완전히 무너뜨릴 것이다. 게다가 경쟁은 바람직해 보이지 않는다. 결국 계산해야 하는 것은 뒤따르는 갈채가 아니라 임무 그 자체다.

빌 윌슨을 생각하면 언제나 말로 표현하는 데에 한계를 느낀다. 나는 그만큼 괜찮은 사람을 본 적이 없다. 빌을 알면 알수록 더 경탄스럽다. 그는 거의 모든 면에서 견실하고 믿음직하다. 어떤 문제가 생겨도 빌은 흔들림이 없고 실제적인 도움을 주며 매우 충직하고 이타적이다. 인간과 사물에 대한 광범위한 지식, 즐거움을 느끼고 익살스럽게 표현할 수 있는 감각, 재치가 있다고 첫눈에 알 수 있다. 아마 우리 탐험대에서 그만큼 인기 있는 사람도 없을 것이다.

보워즈는 내 기대를 훨씬 능가한다. 그는 절대적으로 믿음이 가는 우리 팀의 보배이다. 힘이 매우 센데 어쩌면 우리 중 가장 강인하다고 할 만하다. 그 누구도 그 무엇도 그의 작고 단단한 몸에 상처를 낼 수가 없다. 물론 그의 정신을 굴복시킬 수도 없다. 그의 열정과 남을 먼저 배려하는 마음과 좋은 기질에 대한 말은 이미 한 적이 있다. 그 외에도 보워즈는 머리가 좋고 세세한 것에 대한 기억력이 탁월하다. 보워즈는 물품 관리, 썰매 작업의 조직, 행군 중에 활기를 주는 동료 등 어떤 면에서도 내게 없어서는 안 되는 조수이다.

다른 훌륭한 대원들 중 한 명은 라이트이다. 라이트는 매우 철저하고 매사에 빈틈없이 준비한다. 보워즈처럼 그도 썰매를 끄는 것을 보면 물 만난 오리 같다. 그는 걱정할 것이 없어 보이고 삶의 어떤 것도 불평하는 것은 상상조차 되지 않는다.

군인(오츠)은 유쾌한 염세주의자로 역시 인기 만점이다. 오츠는 밤낮으로 말과 싸우며 말들에게 작은 질환이라도 우려할만한 문제가 생기면 지체 없이 기지로 달려와 알려준다. 에드가 에번스도 우리 팀에 매우 필요한 대원임을 증명했다. 오츠는 우리 썰매와 썰매 장비를 맡고 있다.

크린은 언제나 밝은 표정을 하고 있고 어떤 일을 맡겨도 할 준비가 되어있으며 어느 곳이라도 갈 준비가 되어있다. 일이 힘들면 힘들수록 더 잘 해낸다. 에번스와 크린은 좋은 친구이다. 레슬리는 무슨 일이든 한계에 이를 때까지 열정적으로 매달리고 묵묵하며 절제력이 있으며 단호하다.

개인의 성격 연구는 좋은 사람들이 섞여있는 공동체에서 즐거운 오락거리다. 그리고 관계와 상호작용에 대한 연구도 재미있다. 매우 다양한 교육과 경험을 가진 사람들이 서로 친구가 된다. 미묘한 논쟁이 될 수 있는 주제들도 이들 사이에서는 농담처럼 자유롭게 오고 갈 뿐이다. 예를 들어, 군인(오츠)은 오스트레일리아와 그 나라의 국민과 기관을 조소하는 데 결코 지치지 않는다. 그러면 오스트레일리아인들은 영국 군인들의 편견을 공격함으로써 복수한다. 나는 그런 토론으로 자제력을 잃는 것을 본 적이 없다. 그래서 같이 있으면 매우 만족스럽다. 이보다 더 나은 조직을 만들기가 쉽지 않을 것이다. 모두 자신의 일이 있고 그 부분을 서로 인정한다. 서먹한 거리도 없고 역할이 겹치지도 않는다. 내가 바라던 것이다.

오늘은 매우 맑은 날로 예상되었지만 바람이 이미 불고 구름이 다시 만들어지고 있다. 오늘 아침 에레버스 산 남쪽으로 아름다운 '깃발'구름이 있었다. 어쩌면 그것은 다가올 것에 대한 어떤 경고일지도 모른다.

또 말 사고

또 다른 사고다! 1시경에 저장소 작업을 떠났던 세 마리 말 중 하나인 스네처가 썰매를 매단 채 땀을 흘리며 도착했다. 40분이 흐르고 스네처의 주인 에드가 에번스가 다급하게 뛰어왔다. 동시에 윌슨이 노비를 데리고 도착했는데 사고 이야기가 끝이 아니었다.

그의 말에 따르면, 썰매 짐을 내린 후 보워즈가 말 세 마리를 붙잡고 있었는데 한동안 매우 조용히 있었다. 그런데 갑자기 한 마리가 머리를 치켜드는 순간 세 마리 모두 몸부림을 치며 발광했다. 스네처는 기지로, 노비는 서부 산으로, 빅터는 보워즈의 손에 붙들린 채로 무조건 달아났다. 윌슨은 이 마일을 달려가 텐트 섬 서쪽까지 가서 노비를 붙잡아 왔다. 윌슨이 돌아온 후 30분쯤 지나서 보워즈가 왔다. 보워즈가 데리고 온 빅터는 여전히 비정상적으로 흥분하고 코에 피를 흘리고 있었다. 빅터의 코에 제법 큰 살점이 매달려 있었고 보워즈도 여기저기 피가 묻어있었다.

그는 사고의 원인을 말했다. 말들이 매우 조용히 있었는데 빅터가 한순간 머리를 치켜들다가 스네처의 마구 봇줄에 달린 갈고리에 콧구멍이 걸렸다. 빅터는 콧구멍 살점이 떨어지자 보워즈의 손아귀에서 벗어나려고 발버둥을 쳤다. 보워즈가 필사적으로 그에게 매달리다가 그 과정에서 다른 두 줄을 놓친 것이었다. 빅터는 많은 피를 흘렸다. 떨어져 나간 피부에 말라붙은 피로 상처가 무섭게 보였고 말을 안달하게 만들었다. 그토록 화를 터뜨리는 동물에 어떻게 매달릴 생각을 했는지 모르겠다.

돌아오는 길에 말이 더 난폭해져서 보워즈는 몇 차례나 멈추어야 했다. 그가 돌아온 후 피부 조각을 제거했다. 검사 결과 보이는 것만큼 그렇게 심각하지는 않았다. 그 동물은 여전히 떨고 있지만 먹이 앞에서는 조용하다. 좋은 신호다. 일요일마다 왜 이런 사고들이 생기는지 모르겠다.

또 다른 사고도 있었다. 우리는 사고를 예방하기 위해 이 계절에 축구를 피했다. 금요일 오후에 동영상 촬영을 위한 축구 시합이 있었다. 그런데 데벤햄이 무릎 관절을 다쳤다(알고 보니 오래전에 한번 다친 곳이라고 했다. 그는 축구를 하지 말았어야 했다). 윌슨의 생각은 이제 원정길에 오를 날이 일주일밖에 남지 않았으니 그동안만이라도 서부팀과 소중한 시간을 보내자는 것이다. 유일한 보상은 포드의 손이 좀 더 나아졌다는 것이다. 계속 기다리기만 하다 보면 달릴 수 없는 말이 되어버릴지 모른다. 클리솔드가 오늘 처음 기지 밖으로 나왔다. 클리솔드는 많이 나아졌지만 등이 아직 문제다.

썰매 차가 출발하다

이틀 동안 이상할 정도로 날씨가 좋다. 어제 썰매 차가 출발했다. 모두 그들을 '배웅'하기 위해 부빙으로 나갔다. 그러나 썰매 차는 작은 결함으로 얼마 가지 못했다. 데이가 바꾼 배기 장치가 카뷰레터(기화기)의 가열 씌우개(물 씌우개)를 고려하지 않았기 때문이다. 밸브 하나가 굽었고 클러치에 문제가 생겼다. 데이와 레슬리는 어제 오후 내내 이것을 수리했다.

오늘 오전에 다시 시동이 걸렸고 10시 직후 출발했다. 처음에는 몇 차례 멈추었지만 엔진이 점차 나아지는 것처럼 보였다. 문제는 엔진이 온전히 가동이 되지 않아 속도가 매우 늦고 무거워 보인다는 것이다. 데이는 시동을 걸고 썰매 차에서 내려 걸어가면서 가끔씩 계기판 위에 손을 올려 레버를 조절했다. 지켜보던 중 한 가지 마음에 걸린 것은 데이가 눈이 가볍게 쌓인 얼음 위로 썰매 차를 몰고 갈 때 체인이 미끄러지는 것이었다. 무거운 짐을 실은 썰매를 출발시키려는 노력이 힘겨워 보였지만 제어력만큼은 어떤 지표에서도 좋을 것이라고 생각했다. 나중에 그 자리에 가보니 얼음에 깊은 홈이 파여 있었다.

내가 이 글을 쓰고 있는 12시 30분, 지금 썰매 차는 남쪽 만 일 마일 지점에 가 있다. 두 대 모두 짐의 무게 때문에 느리지만 꾸준히 가고 있다.

썰매 차가 성공하기를 누구보다도 간절히 바란다. 비록 우리 탐험에 큰 도움이 되지 않더라도…극지 수송의 혁신화 가능성을 보여주는 것만으로도 작은 성공의 척도로 평가받을 것이다. 특히 오늘 이 기계가 작동하는 것을 바라보며 지금까지의 모든 결함이 순전히 기능 결함에 있다는 것을 알게 되어서 썰매 차의 가치를 확신하게 되었다. 그러나 사소한 기능적 결함과 경험 부족이 우리 시도를 중단시킬지도 모르는 위험을 내포하고 있는 것 또한 사실이다.

아무튼 최악의 일이 일어났는지, 작은 성공의 척도로 여길 수 있는 일이 일어났는지 우리가 출발하기 전에 판가름이 날 것이다. 오후 1시에 썰매 차가 빙산 너머 섬을 벗어났다는 보고가 왔다. 가라! 제발 가다오!

10월 26일 목요일

어제 남쪽 만으로 한참 걸어가 망원경으로 전망을 살피니 썰매 차가 빙하 지맥 너머에 있었다. 오전에 강한 바람이 불었지만 지금 이 시간이면 제법 멀리 가 있어야 했다. 그런데 헛 포인트에서 기다리는 전화는 오지 않았다. 뭔가 잘못된 것이 분명했다. 식사 후에 심프슨과 그랜을 헛 포인트로 보냈다.

오늘 아침에 심프슨이 헛 포인트에서 전화를 했다. 썰매 차가 지표 때문에 어려운 처지에 놓였다는 것이다. 월요일 날 지켜보면서 마음에 걸린 것이 바로 문제의 원인이었다. 체인이 가벼운 눈이 덮인 단단한 얼음 위에서 나가지 못하고 미끄러지는 것이다. 여덟 명의 팀을 조직해 우리 도움으로 해결할 수 있는 문제인지 확인하기 위해 지금 출발한다.

세상 끝 최악의 탐험, 그리고 최고의 기록

썰매 차 고장을 지원하다

10월 27일 금요일

우리는 어제 10시 30분에 출발했다. 우리는 불길한 예감으로 빙하 지맥으로 갔다. 돌풍이 한번 불고 지나간 것을 제외하면 아름답고 화창한 날이었다. 우리는 여기저기서 올라온 물개들을 자주 썰매 차로 착각했다. 이런 착각 속에서 빙하 지맥에 다가갔을 때 썰매 차가 보이지 않았다. 처음에 나는 그것들이 다른 쪽의 더 나은 지표로 가고 있는 것이 틀림없다고 생각했지만 곧 사실이 아님을 알았다. 정말 알다가도 모를 노릇이었다.

마침내 저 멀리 헛 포인트 쪽의 부빙에서 뭔가가 어렴풋하게 보였다. 이어서 눈 덮인 지표에 선명하게 찍힌 썰매 차 자국이 나타났다. 갑자기 우리는 힘이 솟았다. 그것이 썰매 차가 정상적으로 가고 있을 뿐만 아니라 매우 거친 지표를 문제없이 통과했다는 증거가 분명했기 때문이었다. 우리는 자국을 따라갔고 헛 포인트에서 이 마일 반 정도 되는 지점에서 썰매 차를 발견하고 따라잡았다. 처음에는 별다른 이상이 느껴지지 않았다. 그러나 엔진을 일단 조정하면 실린더(기통)가 엔진을 너무 가열시키고 캬뷰레터에 작동하는 팬이나 바람이 엔진을 지나치게 냉각시켜 이 둘 사이의 균형을 잡는 것이 문제였다.

그들이 점심 천막을 쳤을 때 우리 역시 썰매 차 앞에 천막을 쳤다. 점심 후 레슬리가 낮은 기어를 넣어 아미타지 곳으로 순조롭게 달렸다. 반면에 데이는 지표에 애를 먹었다. 우리가 도와주려고 했지만 그는 극구 만류했다. 두 사람만으로 문제가 해결되지 않았다. 그동안 바람이 일어났고 눈이 휘날리기 시작했다.

우리는 잠시 헛 포인트에 피신했다가 다시 데이를 지원하기 위에 나갔다. 1시간 동안 지체와 출발을 반복하느라 절망스러웠다. 한순간 차는 잘 가기 시작했고 빠른 속도로 별문제 없이 아미타지 곳에 도달했다. 이때 눈이 많이 내리고 있었다. 눈이 휘날리고 있는 안개 속으로 멀어져 가는 썰매 차의 모습은 멋진 광경이었다.

우리는 다시 헛 포인트로 돌아갔다. 오두막에는 메레스와 드미트리가 바쁘게 움직이고 있었다. 호사스러운 벽돌 난로 설치 공사를 막 끝내고 새 연통을 지붕으로 연결하였다. 이것은 정말 높은 평가를 받을만한 작업이다. 지난 계절에 썼던 일시적인 것 대신에 이제 해를 거듭해도 쓸 수 있는 영구적인 난로가 탄생한 것이다. 우리는 그곳에서 편안하게 하루를 묵었다.

다음 날 아침, 우리는 9시경에 썰매 차가 있는 부빙 먼 곳까지 가보았다. 나는 썰매 차가 제대로 출발하는지 보고 싶었다. 살을 에는 차가운 바람 속에서 블로램프(용접·납땜 등에 쓰는 도구)를 작동시키는 것이 어려웠음에도 불구하고 두 운전자 모두 20~30분 만에 시동을 걸고 출발하는 모습을 보고 안심했다.

레슬리의 차가 곧 멀어져 갔고 약 반 마일을 갔다. 그러고 나서 냉각을 위해 잠시 멈추었다가 계속 삼 마일을 갔다. 빙붕까지는 얼마 남지 않았다. 그러나 레슬리가 조금 무리를 하는 바람에 윤활유가 부족해지면서 곧 엔진이 가열되었다. 그는 빙붕으로 연결되는 눈 경사를 삼백오십 피트 가량 앞두고 열 균형을 잡고 윤활유를 공급하기 위해 차를 멈추었다.

한편 데이가 다루는 썰매 차의 열 균형에 이상이 생겨 제자리를 맴돌다가 두 번째 운행의 끝 무렵에 이것을 극복하고 좋은 속도로 나아갔다. 곧 썰매 옆을 따라 달려가는 모습이 보였다. 데이는 레슬리의 차에 윤활유를 공급해 주기 위해 잠시 멈추었다가 다시 꽤 빠른 속도로 출발했다. 그리고 최고의 속력으로 경사면 위로 올라갔다. 첫 번째 썰매 차가 드디어 빙붕으로 올라섰다! 주위에서 환호성이 터져 나왔지만 썰매 차팀은 시간을 버리지 않았다. 달리는 사람들이 썰매 차를 따라 점차 멀어져 갔다.

다음으로 우리는 두 번째 썰매 차를 돕기 위해 다시 돌아갔다. 레슬리가 시동을 다시 걸고 있었다. 빠르지는 않았지만 역시 문제없이 경사를 넘어갔다. 그는 우리에게 마지막으로 손을 흔들었다. 그의 엔진은 데이의 것보다 상태가 좋지 않았는데 엔진 과열과 조절이 부족했기 때문인 듯하다.

두 썰매 차는 지금 어느 곳보다 좋은 지표 위를 달리고 있었다. 메레스의 말은 적어도 코너 캠프까지는 지표가 좋다는 것이다. 특별히 심각한 사고만 아니라면 엔진 문제는 점차 나아질 것이다. 그것은 매일 조금씩 향상될 것이고 그들은 더 많은 경험을 통해 자신감을 얻을 것이다. 그러나 여전히 결과를 예측하기가 어렵다.

썰매 차 프로그램이 실패로 돌아간다고 해서 우리 계획에 치명적인 타격이 될 정도로 중요한 것은 아니다. 우리에게 별로 도움이 되지 않을 가능성도 있지만 어느 정도는 도움이 된다는 것을 입증했다. 썰매 차를 미심쩍어했던 뱃사람조차도 성공적으로 도움이 될 수 있다고 매우 관심을 두는 눈치다. 썰매 차를 보내고 우리는 서둘러 헛 포인트로 돌아왔고 그곳에서 차를 마셨다. 익숙하지 않은 부드러운 신을 신고 고르지 못한 지면을 걸어 발이 매우 쓰리고 아팠다. 우리는 기지로 돌아오기로 결정했고 돌아왔다. 이날 우리는 총 이십육 마일 반을 걸었다. 상태를 고려하면 그렇게 나쁜 날이 아니었지만 발이 편치 않아 염려스럽다.

10월 30일 월요일

어제는 또 다른 화창한 날이었다. 이제 여름이 온 것이 실감 난다. 그러나 오늘 화창했던 오전이 지나자 다시 눈보라가 몰아쳤다. 글을 쓰고 있는 지금 바람이 심하게 분다. 어제 윌슨 · 크린 · 에드가 에번스 · 내가 폰팅과 영화 작업을 위해 썰매 복장으로 빙산에서 야영했다.

기지에 돌아오니 메레스가 헛 포인트에서 돌아와 있었다. 그는 우리가 돌아간 다음 날 썰매 차팀의 에드워드 에번스가 개인 가방을 가져가려고 헛 포인트에 잠깐 들렀다고 했다. 그때 에번스가 레슬리의 썰매 차가 안전 캠프 부근에서 고장 났음을 알렸다고 했다. 그들은 대단(기계명)이 실린더 안에서 부서진 것을 발견하고 결함의 원인을 찾아냈다. 다행히 여분의 부품이 있었다. 데이와 레슬리는 -31℃의 혹독한 추위 속에서 밤새 수리했다. 아침에 수리를 완료하였고 다시 시동을 걸었다. 그때 에번스는 헛 포인트에 자기 가방을 두고 온 것을 깨닫고 썰매 차가 가고 있는 동안 스키로 달려온 것이다. 이 일 뿐만 아니라 제일 건강한 대원들 몇몇이 썰 매 차를 지원하느라 이틀간 자리를 비워 매우 지쳐있었기 때문에 나는 출발 날짜를 수요일(11월 1일)로 결정했다. 만약 눈보라가 그치면 앳킨슨 과 키오한이 내일 헛 포인트로 출발한다.

케이프 에번스에서의 마지막 날

10월 31일 화요일

눈보라가 오전에 약해졌고 오후에는 날이 개었다. 햇빛이 비치고 바람이 잠잠해졌다. 메레스와 폰팅이 방금 헛 포인트로 떠났다. 앳킨슨과 키오한이 약 1시간 후에 출발한다. 그리고 날씨만 허락하면 우리는 내일 출발한다. 이제 우리 역사의 첫 장이 마무리되었다. 이제 미래는 신에게 달려 있다.

5

11월 – 남극점을 향해
광활한 빙붕으로 가다

헛 포인트에 총집결

11월 1일 – 헛 포인트

지난밤 제후가 약 5시간 반 만에 헛 포인트에 도달했다는 소식을 들었다. 오늘 아침에 우리는 그룹을 지어 출발했다. 오전 11시경에 마이클 · 노비 · 차이나맨이 제일 먼저 출발했다. 어린 악마 같은 크리스토퍼를 언제나 그렇듯이 가까스로 마구에 채웠고 오츠가 제압했다. 크린이 본즈를 이끌고 출발했고 그것을 따라 내가 스니펫과 나섰다. 10분 후에 에드가 에번스가 스네처를 몰고 보통 때처럼 전속력으로 갔다.

레이저 백에서 매우 강한 바람이 불었다. 하늘은 위협적이었다. 말은 바람을 싫어한다. 이 섬의 일 마일 남쪽에서 보워즈가 빅터와 나를 앞질렀고 바라던 대로 결국 내가 제일 후방에 자리 잡아 행렬의 꼬리에 위치했다.

이곳 주변에서 앞서가던 말 한 마리가 걸음을 멈추고 가기를 완고하게 저항하는 모습이 보였다. 차이나맨이 잘 해낼지 아직 판단이 안 서서 우려했는데 다행히도 그 말은 내가 이전에 몰고 다니던 노비였다. 그것은 매우 힘이 세고 튼튼한데 안톤이 잘 구슬려 문제가 해결되었다. 그런데

딱한 안톤은 짧은 다리로 노비와 보조를 맞추는 것을 힘들어했다.

에번스의 스네처가 곧 팀을 이끌었고 4시간 만에 도달했다. 에번스는 스네처가 처음부터 끝까지 한결같았다고 했다. 본즈와 크리스토퍼도 거의 같이 도착했다. 크리스토퍼는 행군 내내 날뛰고 발길질을 했는데 지금도 그 사나움을 잠재울 수가 없다. 크리스토퍼로부터 오츠를 안전하게 보호하는 방법을 찾아야 한다. 얌전한 말들 몇 마리가 언제나 그 주변에 있을 수밖에 없기 때문에 걷는 속도를 조절해야 하는데 쉽지 않다.

잠시 후 내가 보워즈·윌슨·체리-개라드·라이트가 있는 곳에 도달했고 차이나맨이 매우 튼튼한 것을 보고 흡족했다. 차이나맨은 빠르지 않지만 매우 꾸준히 가고 있다. 그는 아직 가야 할 길이 멀다.

빅터와 마이클이 다시 앞서나갔고 나머지 우리 세 사람이 뒤따라 5시간 조금 못 걸려 목적지에 도달했다. 날씨가 점점 나빠지고 있는데 제때에 도착한 것이다. 우리가 헛 포인트에 도착한 직후에 강풍이 불기 시작했다.

야간 행군을 결정하다

행군을 해보면 말의 속도에 대해 많은 것을 알게 된다. 탐험대의 행렬은 보트 경주에서 배의 속도가 같지 않은 것처럼 다소 무질서한 함대를 떠올리게 한다. 진행 계획이 이제 효과적이 되었다. 세 팀으로 나누어 제일 느린 팀부터 출발하는 것이다. 느린 팀 · 중간 팀 · 빠른 팀 순이었다. 추측건대 그렇게 해도 마지막에 출발하는 빠른 스네처가 앞선 두 팀을 따라잡을 것이다. 이 모든 것이 상당한 조정을 필요로 한다. 우리는 야간 행군을 하기로 결정했고 저녁을 먹은 후에 출발할 것이다. 날씨가 매시간 좋아지고 있지만 이 계절에서는 별로 도움이 되지 않는다.

현재 말들은 편안하게 우리에 들어가 있다. 마이클 · 차이나맨 · 제임스 피그는 실제로 오두막 안에 있다. 간밤에 차이나맨이 계속 발을 굴러 우리가 잠을 제대로 자지 못했다. 개팀의 메레스와 드미트리도 함께 있다. 폰팅은 사진 장비를 가지고 있는데 그가 원하는 결과를 얻을 기회가 주어질지 모르겠다.

바다 얼음을 거쳐 빙붕으로 올라서다

헛 포인트에 약간의 드리프트를 동반한 날카로운 바람이 불었다. 하지만 우리는 계획한 대로 세 팀으로 나누어 출발했다. 앳킨슨이 이끄는 제일 느리고 병약한 말팀인 제후·차이나맨·지미 피그가 밤 8시에 제일 먼저 출발했다. 10시가 되기 직전에 윌슨·체리-개라드·내가 출발했다. 우리 팀 말은 꾸준한 편이었고 바다 얼음 위를 잘 갔다(헛 포인트에서 빙붕으로 연결된 바다 얼음 길이며 빙붕에 올라선 후의 첫 캠프는 안전 캠프이다). 바람이 많이 잦아들었지만 기온이 낮아 작은 바람조차도 살을 에는 듯했다.

앳킨슨팀이 안전 캠프에 무사히 도착해 있었다. 그들은 점심을 먹고 다시 행군에 나설 준비를 하고 있었다. 그는 차이나맨과 제후가 지쳐 있다고 보고했다. 우리가 천막을 친 직후에 폰팅이 드미트리의 개 썰매를 타고 도착했다. 동영상 촬영이 때맞추어 스네처를 따라 대열을 이루어 줄지어 가는 장면을 잡았다. 스네처는 뛰어나다. 크리스토퍼는 마구에 묶일 때 언제나 그렇듯이 난리를 부렸지만 빙붕 위에서는 진정되었다.

점심을 먹은 후 우리는 대열을 이루어 출발했고 꾸준히 앞으로 나아갔다. 자정에 먹는 점심이 썩 내키지 않지만 오늘처럼 바람이 잦고 햇빛이 계속 따뜻하게 내리쬘 때는 오히려 쾌적하기까지 하다. 우리 앞 팀이 안전 캠프에서 오 마일 지점에 천막을 쳤다. 30~40분 후 그 천막에 도달했다. 모든 말이 순서대로 매여 있지만 대부분 지쳐있다. 특히 차이나맨과 제후가 많이 지쳐있다. 거의 모두 식욕이 없어 보이는데 일시적일 것이라고 생각한다. 우리는 벽을 쌓았다. 바람이 별로 불지 않고 점점 태양의 온기가 느껴진다.

오후 1시. 먹이 시간이다. 오츠가 말들에게 먹이 배급을 하자 다들 잘 먹는다. 바람 한점 없는 매우 따스한 날이다. 빛도 강하다. 기온이 낮은 (-30℃) 것도 잊게 만든다. 태양이 작열하는 거리와 타는 듯한 도보와 비교하고 싶은 마음이지만 실상은 6시간 전 내 엄지손가락이 동상에 걸렸다.

석유 주석 통이 캠프 부근에 놓여 있었는데 동력 썰매가 28일 오후 9시에 이곳을 탈 없이 지나갔다는 것을 말해주는 쪽지가 붙어있었다. 그들은 나흘에서 닷새 앞서고 있는데 이 속도를 꾸준히 유지해야 한다.

'본즈가 크리스토퍼의 고글을 먹어치웠어요.'

크린이 알려주었는데 본즈가 크리스토퍼의 굴레(고삐)에 붙어 있는 눈가리개를 삼켰다는 말이다. 가리개는 효과가 있다. 가리개가 없는 크리스토퍼는 반사광 아래서 눈을 깜박이고 있는 걸 보면 알 수 있다.

썰매 차팀의 쪽지

정해진 순서대로 질서 정연하게 출발했다. 앳킨슨팀이 8시, 우리가 10시, 보워즈 · 오츠가 11시 15분에 출발했다. 출발 직후에 썰매 차팀의 활기찬 글이 적혀있는 쪽지를 발견했다. 썰매 차에 별 탈이 없고 두 대 모두 잘 가고 있다는 내용이었다. 데이의 글은 '80도 30분(위도)에서 만나기를 바랍니다.'였다. 딱한 친구, 쪽지를 적고 난 후에 이 마일도 못가 상황이 달라진 것이 분명하다. 29일 오전에 지면이 좋지 않았던 것처럼 보인다. 지표의 악화로 모든 것이 점점 더 나빠진 것 같다. 많은 석유와 윤활유가 버려져 있었다. 최악의 상황이 이어졌다. 사 마일 남짓한 지점에 안타깝게도 '데이의 2번 썰매 차 실린더 고장'이라는 쪽지가 붙은 주석 통이 있었다. 내가 예상한 대로 반 마일 너머에서 우리는 모터와 그것이 끄는 썰매와 모든 것을 발견했다.

에번스와 데이가 상황을 쪽지에 적었다. 여분의 실린더 하나는 레슬리의 썰매 차에 사용되었다. 레슬리 썰매 차가 세 개의 실린더로 운행이 가능하도록 데이의 모터에서 엔진을 떼내는데 많은 시간이 걸렸을 것이다.

데이의 썰매 차는 버리기로 결정했고 한 대만 가고 있다. 그들은 석유와 윤활유 외에 잡다한 것들과 마초 자루 여섯 개를 싣고 간다. 기계에서 도움을 얻겠다는 꿈이 이렇게 허망하게 끝나버리다니! 남은 썰매 차 한 대의 자국은 꾸준히 이어지고 있다. 말할 것도 없이 계속 보게 되기를 기도한다.

말의 건강상태는 좋다. 대부분 잔인할 정도로 갓 내린 눈이 덮인 지표지만 비교적 무난히 썰매를 끈다. 제후는 내 예상보다 상태가 더 좋아 보이고 차이나맨은 그렇지 않다. 원래 둘 다 상태가 좋지 않은 늙은 말이다.

밤에 캠프를 설치했을 때 -22℃로 매우 춥고 서늘한 바람이 불었다. 말이 좋아하지 않는다. 하지만 내가 글을 쓰고 있는 지금 이 순간에 햇살이 하얀 안개 속으로 비치고 바람이 잦아들고 있다. 경계선 말뚝이 불쌍한 짐승들에게 그나마 안식처가 되어준다. 오후 1시는 먹이를 먹일 시간이다. 동물은 아직 먹이를 찾고 있지 않다. 탈이 난 것으로 보이지는 않는다. 지난봄에 이곳에 설치해 놓았던 풍향계를 보니 주로 남서풍이 주로 많이 불었음을 보여주고 있다.

11월 5일 일요일 - 캠프 3 코너 캠프

출발한 순서대로 도착했다. 말은 갓 내린 눈 지표에서도 잘 가고 있다. 아직은 짐이 많이 무겁지 않다. 오늘 밤은 조금 더 무거운 짐이 실릴 것이

다. 또다시 썰매 차에 문제가 생겼음을 알려주는 쪽지를 발견했는데 에번스가 2일 아침에 쓴 것이었다. 최대 속도가 하루에 약 칠 마일이라고 했다. 에번스팀은 마초 자루 아홉 개를 싣고 가고 있다. 여기서 남쪽으로 보면 멀리서 세 개의 검은 점이 보이는데 아마 상상컨대 그들이 버리고 간 모터와 썰매일 것이다. 그들은 지시한 대로 직접 썰매를 끌며 가고 있을 것이다. 실망이다. 썰매 차를 빙붕 지표에 올려놓았을 때 적어도 이보다는 기대를 했다.

말은 식욕이 매우 기이하다. 그들은 기름 찌꺼기를 좋아하지 않는데 한순간 잘 먹는 것처럼 보였다. 하지만 오늘 또다시 입에 대지 않는다. 나중에 굶주릴 텐데 잘 먹지 못하는 것이 안타깝다. 차이나맨과 제후가 멀리 가지 못할 것 같아 두렵다.

눈보라가 위협하다

11월 6일 - 캠프 4

오늘도 순서대로 출발했다. 남쪽의 검은 점이 버려진 모터일 경우에 그곳에 남겨진 모든 짐을 실을 수 있도록 썰매를 조정했다. 그 지점에 도착하자 우려는 현실이 되었다. 같은 문제가 다시 발생했다는 에번스의 쪽지가 있었다. 1번의 실린더의 빅엔드(엔진의 부품. 피스톤에 의한 선형 운동을 회전력으로 바꾸어 바깥으로 전달하는 축과 연결한다.) 부분이 쪼개졌는데 그것 빼고는 고장이 없었다고 한다. 엔진이 이 기후에 맞지 않는 것이 분명하다. 당연히 이것은 고치면 된다. 적어도 한 가지는 드러났다. 추진 시스템은 만족스럽다는 것이다. 썰매 차팀은 예정대로 썰매를 직접 끌고 가고 있다.

짐을 최대로 실은 썰매를 말이 끌었다. 제후와 차이나맨조차도 썰매를 포함하여 삼백 킬로그램 정도를 끌고 출발했는데 출발할 때만큼 건강한 상태로 행군을 마쳤다. 앳킨슨과 라이트는 동물들이 나아지고 있다고 생각했다. 지표가 많이 좋아진 이유도 있다. 이 지점은 작년에도 순항한 부분이다. 우리는 말이 해내는 것을 보고 힘을 얻었다. 그동안 훈련을 통해 조랑말들이 잘 단련되었다는 것을 보여주는 것이기도 하다. 오츠도 좋아했다.

우리가 캠프에 도착했을 때 눈보라가 위협했다. 우리는 눈 벽을 쌓았다. 도착한 지 1시간 되었을 때 바람이 매우 강해졌지만 눈이 많이 내리지는 않았다. 이런 상태는 이어졌다. 조랑말들은 편안해 보였다. 우리는 등에 새로운 덮개를 잘 덮어주었고 보호벽이 말의 키만큼 높아서 바람을 많이 맞지 않았다. 이렇게 보호하는 방법은 지난해 체험에서 얻은 결과이다. 재난을 겪고 약간의 보답을 받았다고 해야 하나. 지금 밤늦게 글을 쓰고 있는데 바람이 여전히 세게 불고 있다. 오늘 밤 제때 출발하지 못할 수도 있다. 크리스토퍼가 지난밤에 다시 말썽을 부렸다. 크리스토퍼에게 썰매를 끌게 하는 데 네 사람이 달라붙어 애를 먹었다. 한동안 이런 일이 다반사로 일어날 것이다.

눈보라인데 기온이 −20℃로 예상보다 낮다. 천막 안에 있어도 오싹한 한기가 느껴졌다. 그래도 말은 바람에 크게 개의치 않는 것 같다. 이 눈보라는 어떤 특징이 있어 발생을 기록해 둘 만하다. 코너 캠프에서 출발하기 직전에 크로지어 곶과 테로 산 부근에서 구름이 무겁게 모여들었고 에레버스 산 서부 등성이에 낮고 검은 층운이 깔렸다.

우리가 있는 곳은 햇살이 비치며 온기가 있고 쾌적했다. 하지만 우리가 출발한 직후에 안개 같은 것이 주위에 깔리기 시작하더니 점점 자욱해졌다. 약한 남풍이 불면서 층적운(두루마리구름, 물방울로 이루어져 있으며 낮에는 구름 꼭대기가 발달하여 적운이 되었다가 저녁 무렵이 되면 약해진다.)이 우리 머리 위에서 바람에 휘몰아치는 모양을 만들었다.

첫 번째 멈추었을 때 앳킨슨이 신기한 현상을 보라고 나를 불렀다. 낮은 태양을 가로질러 안개 층이 빠르게 올라가고 있는 것이 보였는데 빛을 배경으로 아지랑이 같은 아른거리는 그림자가 위로 올라가는 것이 나타났다. 태양이 데운 공기라고 추정했다. 이것은 점점 쌓여 올라가더니 별로 자욱해 보이지 않은 층운과 함께 하늘로 퍼져나갔다.

태양은 언제나 보이는 위치에 있었다. 2~3시간 후에 바람은 꾸준히 증가했는데 일반적인 돌풍의 특성을 가지고 있었다. 그럼에도 남쪽 지평선 위의 하늘이 여전히 맑고 푸르러서 눈길을 끌었다. 그리고 구름이 때로 이것을 진압하는 것처럼 보였다. 그런 뒤에 구름이 간간이 사라지고 맑고 광활한 하늘이 나타났다. 이런 요란(대기의 일반적인 흐름을 혼란시키는 것)이 우리 주변 상태에 의해 만들어진다기보다 일반적으로 북쪽에서 만들어져 남쪽으로 퍼져나간다. 이것이 전형적인데 심한 눈보라는 아니다. 바람이 불고 있어도 지난밤 어렴풋했던 땅이 매우 선명하게 보인다.

말이 동요하다

눈보라가 밤새 불었고 글을 쓰고 있는 늦은 오후까지 기승을 부리고 있다. 눈보라는 산발적인 구름과 많지 않은 눈으로 비교적 가볍게 시작했지만 오늘 정오가 되면서 점차 거세졌다. 이때 심한 폭설이 같이 내렸고 하늘에 온통 난층운(오랜 시간 비나 눈을 내리는 검회색의 두꺼운 구름)이 깔려 있었다. 이른 오후에 눈과 바람이 소강상태를 보이면서 지금은 바람이 잦아들고 있다. 하지만 하늘이 매우 낮고 불안정해 보인다.

간밤에 구름 사이로 하늘이 드문드문 보이는 것을 보고 이 타격의 충격이 끝난다고 확신했다. 아니나 다를까 아침이 다가올수록 머리 위의 하늘과 북쪽 하늘이 꽤 맑았다. 더 많은 구름이 남쪽으로 해를 가렸고 로스 섬 위로 낮고 무거운 구름이 걸렸다. 모든 신호가 희망적으로 보였다. 한 가지 예외는 블러프(특정 지점의 명칭)에 장막 모양이 생기기 시작했는데 이것은 불길한 조짐이다. 역시 2시간 후에 하늘이 온통 어두워지면서 완전한 눈보라로 발달했다. 기온은 하루 종일 -23℃였다.

눈보라 초기에 비교적 편안해 보였던 조랑말들이 눈이 내리기 시작하자 여느 때처럼 동요하기 시작했다. 우리는 말을 피신시키고 보호하기 위해 할 수 있는 모든 것을 다했지만 눈이 자욱해지며 빠르게 휘몰아치기 시작하자 달리 편안하게 해줄 방법이 없었다. 우리는 별로 불편하지 않다. 하지만 침낭 속에 있으면 날씨 때문에 의지하는 동물들이 힘을 서서히 잃지 않을까 하는 우려가 든다. 이런 상황에서도 활기를 유지하려면 생각이 감정에 치우치지 않고 침착하며 사리에 밝아야 한다.

정오에 드리프트가 한창일 무렵에 개 썰매팀이 도착했고 바람이 가려지는 쪽 사분의 일 마일 지점에 천막을 쳤다. 메레스팀이 우리를 힘들게 따라잡았지만 개가 바람을 정면으로 맞서 짐 실은 썰매를 끌고 달린 것은 만족스럽다. 개 썰매팀이 우리가 받은 그런 바람을 정면으로 맞고 달릴 수 있다니. 개가 우리에게 많은 도움이 될 수 있다. 천막과 썰매에 드리프트로 날린 눈이 수북이 쌓여있다. 조랑말 벽 뒤에 쌓인 눈을 몇 번이나 파내야 했다. 다시 행군에 나설 수만 있다면 더 이상 바릴 것이 없을 것이다. 오! 제발 해가 조금만 나와 준다면!

조랑말 덮개는 말의 체온을 보호한다. 그런데 미세한 눈이 덮개 아래에도 들어가고 복부의 넓은 띠 아래에도 들어간다. 그것이 녹으면 모피가 축축해진다. 눈보라가 불쌍한 짐승에게 가혹한 영향을 미치는 이유가 처음에는 잘 이해되지 않았다. 잘 생각해보면 눈 입자가 미세하기 때문이다. 마치 눈이 미세한 가루처럼 털가죽을 뚫고 들어가 내부의 온기에 머무른다. 그리고 털가죽에서 녹아 흐르면서 말의 체온을 빼앗고 말의 콧구멍이나 눈과 같은 예민한 곳에 들어가 괴롭힌다. 무엇보다도 말이 묶여있는 동안 동요하지 않게 하는 것이 가장 중요하다.

순조로운 행군

흐린 하늘과 바람이 위협적이었고 간밤 늦은 시간까지 이어졌다. 출발 문제를 오랫동안 확정짓지 못했다. 다소 부정적인 의견들이 있었다. 나는 전진하기로 마음먹었다. 자정 직후에 선발팀이 출발했다. 놀랍게도 병약한 말들이 덮개를 벗기고 보니 꽤 기운차고 건강해 보였다. 제후와 차이나맨이 조금 변덕스럽게 내달렸다. 차이나맨은 날뛰듯이 나아갔다. 세 마리 모두 비교적 경쾌한 걸음으로 썰매를 끌며 출발했다. 말이 눈보라를 맞아서 고통스럽지 않았다는 사실을 알게 된 것만으로도 위안이었다. 그들은 육 마일(지리학적)을 갔다.

　이어서 출발한 우리 팀이 좋은 속도로 보통 때처럼 그들이 천막을 친 곳으로 도착했다. 선발대가 먼저 출발한 후에 우리는 후발대를 기다렸다가 그들과 행동을 같이 했다. 다음 오 마일 동안 일곱 마리는 나란히 좋은 속도를 유지했다. 바람이 잦아들면서 햇살이 강해지고 말들이 순조롭게 앞으로 나아가자 행군이 즐거웠다. 우리는 동물로부터 순간순간 자신감을 얻었다. 동물은 지친 기색 하나 없이 무거운 썰매를 잘 끈다. 부드러운 눈이 군데군데 더미를 이룬 곳을 지날 때 모두 별 소동을 일으키지 않고 순조롭게 지나갔다. 저마다 가끔씩 걸음을 멈추고 부드러운 눈을 한 모금씩 먹었다.

하지만 어린 크리스토퍼는 아랑곳하지 않고 쉬지 않고 질주했다. 이것은 출발 때만큼이나 말썽을 부리면서 마구에서 벗어나려고 온갖 기발한 속임수를 다 보여주었다. 어제는 드러누웠지만 소용이 없었다. 오츠가 그의 사나운 기세가 꺾일 때까지 고삐를 쥐고 완강하게 버틴다. 이것은 때와 장소를 가리지 않는다. 십 마일을 행군한 후라도 소란을 피울 작은 기회만 포착하면 놓치지 않는다. 이 캠프 사 마일 지점에서 에번스가 순간적으로 스네처 줄을 놓쳤다. 스네처는 즉시 대열을 벗어나 미끄러운 눈 위로 질주했지만 에번스가 재빨리 고삐를 잡았고 놓치지 않았다.

이 캠프에서 삼분의 일 마일 지점에 마초 한 자루가 떨어져 있었다. 보워즈가 걸음을 멈추고 자루를 주워 자신의 썰매에 실었다. 그의 썰매 무게는 거의 사백 킬로그램을 육박한다. 보워즈의 말인 빅터는 몸놀림이 그것을 싣기 전이나 후나 별로 다르지 않다. 이것 때문에 우리가 힘이 많이 난다. 물론 지표가 좋은 것 역시 무시할 수 없다. 눈 속에 빠져봐야 구절(발굽 위의 돌기)까지 정도다. 그리고 대부분은 눈에 빠지지 않고 단단한 눈 위를 딛는다. 작년에 말이 뒷다리 무릎까지 눈에 빠진 경우가 있었는데 짐을 끄는 것이 불가능했다.

작년에 세운 눈 케른(주로 돌을 쌓아 만든 이정표)을 발견하는 것은 크게 힘들지 않다. 모두 하나같이 뚜렷한 모습을 드러낸다. 이것은 특히 귀환 행군 시에 만족스러울 것이다. 지금까지 말 벽·캠프·케른·경로를 찾

세상 끝 최악의 탐험, 그리고 최고의 기록

아 따라가는 것이 문제가 없다. 모두 더할 나위 없이 건강하다.

오전 11시경 천막을 쳤을 때 날이 비교적 따뜻했다. 바람이 완전히 잦아들었고 햇빛이 밝게 비친다. 사람이나 동물이나 좋은 날씨를 만끽한다. 바람이 부는 북쪽 지역에서 멀어질수록(남극점으로 올라갈수록) 날씨가 제발 좋은 마술을 부려주기를 바란다. 우리가 천막을 친 직후에 개 썰매팀이 순조롭게 들어섰다.

프로그램을 고수하다

프로그램을 고수하고 있다. 야간에 십 마일(지리학적)을 갔다. 선발대 앳킨슨팀이 11시에 출발했고 칠 마일을 가서 차가운 밤바람을 잠시 피했다. 바람은 재빨리 잦아들었다. 그는 점심 캠프에 잠시 머물렀다. 우리 중간 팀은 출발 후에 후발대가 뒤따라 붙어 마지막 이 마일을 함께 갔다. 지금까지 경험은 느린 선발대는 다른 팀이 들어오면 떠나야 하고 빠른 후발대는 속력을 줄여야 함을 보여주었다. 분명히 함께 있는 것은 이점이 없다.

지금까지 조랑말들은 잘 해내고 있다. 라이트가 그의 썰매 미터기를 살피려고 말을 잠시 남겨 두었을 때 놀라운 일이 일어났다. 차이나맨이 남겨지는 것이 싫은지 중간 팀과 같이 가려고 얼떨결에 출발했다. 라이트가 긴 다리로 내달리는 말을 세우려고 달렸고 간신히 따라잡았다. 하지만 우스꽝스런 광경은 이것이 아니라 늙은 제후가 차이나맨을 따라 하며 차이나맨 뒤로 종종걸음으로 달려간 것 때문이었다. 늙은 제후는 출발할 때 한 번이라도 제대로 행군할 수 있을까 확신이 서지 않았던 말이었기 때문에 그런 기운이 있는 것이 놀랍기만 했다. 크리스토퍼는 출발부터 지금까지 변함없는 말썽꾼이다. 이것이 온순해진다면 힘이 없어졌다는 뜻인 것 같아 오히려 염려스럽다. 개 썰매는 십 마일이 넘는 거리를 손쉽게 따라잡아 메레스가 한 번 더 달리는 것을 생각했지만 현재의 수월한 진척이 오히려 최선이라는 결론에 이르렀다.

희망적이다. -23℃이다. 밝은 태양이 비친다. 디스커버리와 화이트 섬 쪽에 약간의 층운이 있다. 이 부근에 자리 잡고 있는 사스트루기는 방향이 다양하다. 그리고 지표에 골이 많이 패어 있었는데 캠프에서 이토록 멀리 떨어진 곳까지 블러프가 바람 방향에 영향을 미치는 것을 보여준다. 지표는 단단하다. 이것은 좋은 신호이다.

11월 10일 금요일 - 캠프 7

매우 지독한 행군이었다. 초반 오 마일 가는 동안 강한 역풍이 불었다. 선두에서 이끌던 라이트가 삼 마일을 간 후에 방향을 가늠하는 것이 어려워지자 천막을 치기로 결정했다. 다행히 천막을 치기 직전에 에번스의 썰매 차팀 경로를 다시 발견했다. 날씨만 허락하면 이 경로를 따라가면 된다. 조랑말은 여느 때처럼 아주 잘했다. 지표가 눈에 띄게 좋아진 점도 있다. 우리가 천막을 치자 바람이 잦아들면서 날씨가 개기 시작했다. 일 마일 반을 못 간 것이 못내 아쉽다.

오늘도 계략을 써서 크리스토퍼를 출발시켰다. 벽 뒤에서 마구를 채우고 썰매에 매었다. 그러자 또다시 날뛰려고 하는 걸 오츠가 제압했다.

위험한 지표

행군에 나서기 직전에 날씨가 다소 개었다. 그래도 지표에는 낮에 내린 눈이 솜털 가루처럼 여전히 지표에 남아 있다. 이것에 더해 우리는 몇몇 흩어져 있는 단단한 사스트루기 사이에 있는 부드러운 크러스트 지역으로 들어섰다. 이것 사이의 구덩이 안에 눈이 모래 더미처럼 수북이 쌓여 있었다. 말에게 이 이상 더 나쁜 조건을 상상하기 힘들다. 그럼에도 불구하고 말이 무사히 통과했다. 강한 놈들은 월등하게 잘했고 병약한 놈들까지도 구 마일 반을 갔다.

비록 지표가 빠르게 변화하고 있음에도 여전히 걱정스럽다. 예상해보면 앞으로 행군이 조금 더 어려워진다고 해도 오늘만큼은 아닐 것이다. 우리가 천막을 쳤을 때 다시 가벼운 북동풍이 불면서 눈이 내리고 있다. 날씨가 어떻게 될지 예측하는 것이 참으로 어렵다. 지표에도 불구하고 개는 밤에 이십 마일 이상을 달렸다. 지금까지는 뛰어나게 잘하고 있다.

지독한 행군

현재 행군은 한결같이 무시무시하다. 지표 때문에 여전히 고생한다. 어제처럼 심하지는 않았다고 해도 어제 못지않은 곳도 곳곳에 있었다. 선발대가 오 마일을 직행했고 지난해의 블러프 저장소가 깃발로 잘 표시되어 있었다. 따라가면서 나는 썰매 차팀 에번스가 활기가 느껴지는 쪽지를 남기고 간 것을 발견했다. 7일, 오전 7시라고 했다. 따라서 그 팀이 우리를 닷새 정도 앞서가고 있는데 만족스럽다. 앳킨슨이 케른 일 마일 지점에 천막을 쳤다. 하지만 그는 차이나맨에 대해 어두운 전망을 내놓았다. 일 내지 이 마일 이상 갈 수 없는 상태라고 했다.

날씨가 공포스럽고 어둡고 흐리며 암울했다. 게다가 눈이 내렸다. 자연스럽게 우리는 사기가 몹시 저하되었다. 그러나 병약한 선발대는 다시 출발했고 빠른 후발대는 중간 팀인 우리와 거리를 좁히다가 마침내 우리를 앞질러 삼 마일 더 간 후 같은 때에 천막을 쳤다. 오츠는 차이나맨이 며칠 더 갈 수 있다고 보는데 그의 성격에 비추어 보면 희망적인 고백이나 다름없다.

나머지 동물들은 예상대로 건강하다. 늙은 제후도 비교적 상태가 좋다. 날씨가 순간순간 모습을 바꾼다. 우리가 천막을 쳤을 때 차가운 북풍이 불었고 하늘이 어두워지면서 가벼운 눈이 내렸다. 1시간 후에 하늘이 개면서 해가 나왔다. 기온은 낮에도 여전히 -23℃에 머물러 있다.

활기 없는 캠프

또다시 끔찍한 빛 속에서 힘겨운 행군을 해야 했다. 말이 모두 무사히 지나갔지만 지표에 고전했다. 우리는 경로를 계속 따라갔지만 천막 칠 무렵이 되어서야 다른 팀을 볼 수 있었다. 병약한 말들이 잘 견디고 있다. 제후가 매우 잘 해내고 있다. 천막을 쳤을 때 해가 나왔고 행군의 차가운 냉기가 사라지자 모든 것이 평온하고 차분하며 쾌적했다. 이제 십칠 내지 십팔 마일만 가면 원톤 캠프에 도달할 정도로 좋은 위치에 있다. 하지만 나는 동물들이 여전히 우려스럽다. 만약 끝까지 잘해준다면 모든 것은 오츠 덕택이라고 해도 지나치지 않다. 날씨와 지표는 앞으로 좋아질 것이라고 믿는다. 현재는 둘 다 좋지 않다.

새벽 3시. 몇 시간 동안 눈이 시종일관 내리고 있다. 지표에 수북이 쌓일 것이다. 이런 날씨가 의미하는 것이 뭘까? 논쟁의 여지가 있다 해도 눈 퇴적물의 과다한 양이 망망대해 같은 바깥에서 온 것이 아닐까 유추해볼 필요가 있다. 북동쪽에서 바람이 불어오고 구름이 퍼져 온다. 예외적으로 따뜻한 기온이라서 눈을 내리게 하는 모든 조건이 북쪽에서 온다고 추론할 수 있다. 캠프가 조용하고 활기가 없다. 모든 것이 우리 뜻대로 되고 있지 않을 때 나타나는 신호이다. 오늘 아침 해가 비칠 때 우리 천막 중심부 기온이 +10℃였고 밖은 -23℃였다.

눈벌판을 헤치고

지표가 나아진 것이 없지만 조금 더 낫고 더 활기찬 행군을 했다. 행군 도중에 해가 나왔다. 비록 한동안 흐릿했음에도 지금은 다시 꽤 밝아졌다. 지금 온기도 느껴진다. 대기는 미동하나 없이 고요하다. 조랑말이 편안하게 쉬고 있다. 만약 더 이상 눈이 내리지 않으면 지표에 쌓인 삼사 인치의 눈 퇴적물이 빠르게 감소할 것이다. 말이 용감하게 눈밭을 헤쳐 나아가지만 고전하고 있음이 분명하다.

크리스토퍼가 세 번이나 별 말썽 없이 마구를 매었다. 원톤 이후부터는 자정 행군 중간에 휴식하게 해주어야만 길고 느긋한 여정이 가능할 것이다. 아무리 건강한 후발대라도 중단 없이 거의 십이 마일(표준 마일)을 가는 것은 큰 부담이 틀림없다. 원톤 캠프까지는 이제 약 칠 마일이 남았다. 오늘 에번스가 세운 케른 두 개를 지나고 작년의 오래된 케른 하나를 지났는데 저장소를 찾는 것이 별로 어렵지 않았다.

우리가 블러프의 검은 땅을 지나가고 있음에도 불구하고 나는 나흘 동안 이 땅의 흔적을 보지 못했다. 이곳에서 안개 낀 상태가 이렇게 오래 지속될 수 있다고 생각해본 적이 없다. 이전에는 언제나 하늘 전체가 맑게 개어 있거나 머리 위의 하늘에 맴도는 구름이 사라지면 암석 지대 낮은 부분이 보이곤 했다. 우리가 지형지물 경계표에 기대어서 목적지로 가고 있는 것이라면 이렇게 순조롭지 못했을 것이다. 거대한 눈 평원을 가로질러 갈 때는 눈 케른을 쌓아 분명한 표식을 해두는 것이 좋은 방법이다. 우리가 천막을 친 직후에 여느 때와 다름없이 메레스와 드미트리가 개 썰매를 몰고 도착했다.

이 계절에 포근하고 습한 공기가 흘러 들어와 지표 위에 퇴적물이 많이 쌓이게 하는 현상은 기상학적으로 매우 흥미롭다. 봄에서 여름으로 가면서 빙붕에 갑작스러운 변화가 생기는 이유가 그것 때문이라는 설명도 가능하다.

윈톤 저장소에 도달하다

11월 15일 수요일 – 캠프 12

별 어려움 없이 윈톤 저장소를 발견했다. 행군 거리는 약 칠 내지 팔 마일 정도였다. 오 마일 반 지점에서 점심 천막을 쳤다. 차이나맨이 매우 지쳐 있었지만 휴식 후에는 다시 잘 갔다. 다른 말들도 별 탈 없이 무사히 갔는데 지표가 좋아진 이유도 있었다. 논의를 거친 후에 우리는 동물들을 이곳에서 하루 쉬게 하기로 했다. 그 후에 그것들은 하루에 십삼 마일씩(지리학적)행군할 것이다. 오츠는 말이 무사히 거쳐 갈 것이라고 생각하지만 언제나 상태가 자신이 예상한 것보다 빨리 나빠졌다고 생각한다. 오츠가 관점이 대체적으로 비관적인 것을 고려해보면 낙관적인 전망임이 분명하다. 개인적으로 나는 말에 대해서 기대하고 있다. 많은 동물들이 출발 때보다 훨씬 더 건강해 보인다. 언제나 의심의 눈으로 지켜보았던 병약한 것들을 제외하면 나머지는 불안해할 필요가 없어 보인다. 결국 지켜봐야 한다.

이곳에 9일 날짜의 에번스의 쪽지가 붙어있었다. 그의 팀이 비스킷 네 상자를 가지고 80도 30분 지점까지 간다고 되어 있다. 이틀 반 만에 삼십 마일 이상을 간 셈인데 상당한 빠르기다. 나는 그들이 케른을 가급적 많이 세워놓았기를 바랄 뿐이다.

어제는 햇살이 밝게 비친 매우 아름다운 날이었다. 하지만 우리가 행군했을 때 자정으로 가면서 하늘이 점차 어두워졌다. 태양 주위로 매우 아름다운 무리(할로 링스)가 형성되었다. 네 개로 분리된 고리가 매우 뚜렷했다. 윌슨이 다섯 번째 고리를 식별했다. 귤색이 푸른빛과 섬세한 대조를 이루었다. 눈 지표 위에서도 코로나(태양 대기의 가장 바깥 층에 있는 엷은 가스 층, 특히 일식이나 월식 때 해나 달 둘레에 생기는 빛) 고리가 분명히 보인다. 머리 위로 층운이 퍼져나가는 모습이 매우 특이했다. 지평선 주변의 하늘이 온통 푸른데 우리 머리 위에는 층적운이 형성되고 있었다. 그것은 남쪽으로, 이후에는 동쪽으로 흘러가는 것처럼 보였다. 흩어진 층적운이 서서히 층운으로 통일되어 갔는데 태양이 강해질수록 얇아지고 있는 것처럼 보인다.

지평선 위로 하늘이 맑아졌을 때 서쪽으로 대륙의 멋진 광경이 시야에 들어왔다. 서남서쪽으로 백이십 마일 밖에 있는 산들의 하얀 부분이 보인다. 며칠 만에 처음으로 밤에 디스커버리와 로열 소사이어티 산맥이 보였지만 에레버스 산은 일주일 동안 한 번도 보이지 않았다. 그 방향으로 구름이 엉겨서 모이는 것처럼 보인다. 빙붕의 기상 현상을 지켜보는 것은 매우 흥미롭다. 하지만 누구나 오늘같이 햇살이 비치는 날을 훨씬 더 좋아한다. 주변의 모든 것이 온통 새하얀 상태일 때는 부담감이 생기는 것은 어쩔 수가 없다(주변이 온통 얼음 빙하, 눈으로 뒤덮이고 흐린 날씨일 때 산이나 암석과 같은 대륙이 전혀 보이지 않는 상태로 탐험하기에 불안해진다).

기온이 간밤에 -26℃까지 떨어졌다. 다시 기온이 올라가 -17℃가 되었고 지금은 -8~-6℃까지 상승했다. 우리 대부분 옅은 푸른빛이 도는 고글을 끼고 있다. 이 색깔은 눈에 매우 편안하다. 맨눈보다는 그것을 끼고 보면 사물이 훨씬 더 선명하게 보이는 것 같다.

서남서 방향으로부터 온통 단단한 사스트루기가 형성되어 있다. 우리 케른이 그 방향에서 불어온 바람에 떠밀려 있었다. 코너 캠프에서 이 캠프까지 줄곧 관찰해온 결과를 놓고 보면 해안을 따라 부는 바람은 내륙에서 발생한 것이 분명하다. 내가 저장소 작업 때 여기에 뿌려놓은 귀리는 흔적을 찾을 수가 없다. 드리프트가 그것을 완전히 덮어버린 것이 아닐까 하는 생각이 들지만 눈 퇴적물이 별로 많지 않았다는 것을 보여주는 또 다른 증거도 있다.

11월 16일 목요일 - 캠프 12

쉼. 하루 종일 가벼운 남풍이 불다가 저녁이 되면서 잦아들었다. 기온 -26℃. 말은 단단한 벽 뒤에 깔개 위에서 매우 편안하게 있다. 우리는 짐을 다시 꾸렸다. 강한 말이 끄는 썰매에는 이백육십 킬로그램 정도를 올렸고 약한 말이 끄는 썰매에는 백팔십 킬로그램 정도를 실었다.

세상 끝 최악의 탐험, 그리고 최고의 기록

앳킨슨팀이 8시 30분에 출발했다. 우리는 11시경에 나섰다. 점심 천막은 칠 마일 반 지점에 세웠다. 우리가 도착했을 때 앳킨슨팀이 다시 먼저 출발했다. 앳킨슨팀은 우리보다 1시간 먼저 마지막 캠프에 도달했다. 십삼하고 사분의 일 마일(지리학적) 지점이다. 짐 무게를 고려하면 말은 매우 잘 끌었고 지표도 비교적 좋았다.

크리스토퍼가 출발 때 말썽을 피울 조짐을 보였지만 잘 구슬려 봇줄에 매었고 행군 대열에 들어서게 했다. 그의 썰매 활주 부에 얼음이 약간 붙어 있었는데, 크리스토퍼는 그것을 매우 힘겨워했고 도착할 때 많이 지쳐 있었다. 크리스토퍼 위에 실은 짐이 다른 것보다 더 무거워 보인다. 이 작은 동물들이 계속 갈 수 있을지 의구심을 가지기에는 아직 이르다. 병약한 것들까지도 순조롭게 가고 있다. 그래서 건강한 것들이 얼마나 더 오래가고 얼마나 더 버틸지 말하기는 더욱 어렵다.

행군 중에 오한이 들 정도로 차가운 바람이 불었다. 기온은 -27℃이고 바람의 세기는 풍력 3이다. 해가 나왔지만 별로 달라진 것이 없다. 해는 여전히 밝게 비치고 있다. -11℃. 말 벽 뒤쪽이 더없이 아늑해 보인다. 동물들이 편안하게 휴식을 취하는 것처럼 보인다.

악성 지표에 말이 사투하다

말이 힘겨워한다. 지표는 어제보다 조금 더 악화되었지만 지금부터는 앞으로 예상되는 문제에 대한 생각을 해야 한다. 식량을 너무 많이 가지고 간다는 생각이 들어 오늘 아침에 그 문제를 두고 생각을 나눈 뒤 한 자루를 남겨두고 가도 된다는 결론에 도달했다.

우리는 여느 때처럼 십삼 마일, 표준 마일로는 십오 마일을 행군했다. 간밤에 천막을 쳤을 때 기온은 -29℃였는데 지금은 -19℃이다. 약한 동물들이 잘 가고 있다. 오츠는 차이나맨이 사흘 정도 더 갈 것으로 보았고 라이트는 일주일 정도 더 가능할 것으로 보았다. 이것이 우리에게 힘이 된다. 아무튼 밝은 햇살이 모든 것을 희망적으로 보이게 한다.

쇠약해진 제후

진짜 악성 지표를 만났다. 썰매는 그런대로 나갔지만 말이 눈 깊숙이 빠졌다. 그 결과 제후에게 마지막이 온 것 같다. 제후는 오늘 밤에 심하게 지친 모습을 보였다. 한번 정도 더 갈 수 있을지 모르겠지만 더 이상은 힘들어 보인다. 지표를 고려하면 다른 것들이 무난히 갔다. 말이 때로 발과 무릎 중간 지점까지 빠졌는데 작은 마이클은 한두 번 거의 무릎까지 빠졌다.

다행히 지금 날씨가 동물들이 쉬기에는 더없이 안성맞춤이다. 밝은 태양 속에 대기가 매우 평온하고 고요하다. 사스트루기가 무질서했다. 그 아래의 단단한 부분은 남남서쪽으로부터 불어온 바람에 굳어 형성된 것으로 보인다. 최근의 남동풍에 형성된 물결 모양의 것도 조금 보였다. 보워즈가 사진 몇 장을 찍었다.

지표가 조금 나아졌다. 사스트루기의 원천이 남동쪽임이 점점 더 분명해지고 있다. 좀 단단한 지표가 나타나 잠시 많은 희망을 느꼈지만 그렇게 오래 지속되지 않았다. 약한 말들이 여전히 행군 중이다. 심지어 제후는 어제보다 더 잘 가는 것처럼 보인다. 다음 행군도 잘 할 것이다. 차이나맨은 첫 반나절 행군의 보고가 좋지 않았지만 두 번째 행군은 잘했다. 개들 또한 지표에 힘겨움을 느끼는 것 같다. 내일 마초 한 자루의 무게를 덜자고 제안할 생각이다. 하늘은 행군 중에 여전히 조금 어두웠다. 지금 날이 다시 개이면서 밝아졌다. 기온이 -25℃였는데 지금은 -20℃이다. 가벼운 남풍이 분다. 말 벽이 동물들을 바람으로부터 잘 보호해줄 것이다. 햇볕 아래서 지친 하루를 보내고 쉬는 것이 모두에게 매우 좋은 것 같다.

　지난밤에 조랑말은 꾸준히 행군했다. 조랑말은 부드럽게 얼어붙은 눈 표면 위에 발을 디디기 힘들어한다. 원톤 캠프를 기준으로 볼 때 건강 상태가 좋지 않다고 보기도 어렵다. 빅터만 예외로 매우 수척해있다. 노비만큼은 출발 때보다 훨씬 더 건강하고 튼튼해 보이며 어느 때라도 먹이만 주면 즉시 갈 준비가 되어있는 것처럼 보인다. 나머지도 건강하다. 노비는 매우 많은 양의 먹이를 먹고 있지만 가망성이 많다. 크리스토퍼는 행군이 끝날 무렵에 썰매 활주 부를 발로 들고찼다. 그럼에도 크리스토퍼에게 기대하는 것이 아직 많다.

썰매 차팀과 합류하다

남위 80도 35분. 지표는 확실히 좋아졌고 조랑말들은 꾸준히 행군하고 있다. 아직은 완전히 지친 말이 없다. 말이 끝까지 짐을 잘 끌어줄 것이라고 쉽게 희망을 품는다. 우려되는 상황은 지표 악화로 후퇴하는 것뿐이다. 이 행로에서는 없어야 한다. 보통 때처럼 점심 캠프까지 행군했고 앞에 큰 케른을 발견했다. 이 마일 너머 80도 32분 지점에서 썰매 차팀이 기다리고 있었다.

우리는 썰매 차팀과 만나서 같이 갔다. 썰매 차팀은 엿새를 기다리고 있었다. 그들은 모두 건강해 보이지만 매우 허기져 있다고 한다. 결론적으로 말해 말팀 대원에게 충분한 식량이 직접 썰매를 끄는 팀에게는 충분하지 않다고 하는 흥미로운 사실을 알게 되었다. 이것은 정상 지대의 식이를 달리한 것이 옳은 결정임을 보여준다. 이제부터 우리는 배가 고플 것이다. 데이는 많이 수척해 보이지만 그래도 건강하다. 날씨는 좋은 편이다. 제발 이렇게 계속 이어져가기를!

썰매 차팀이 사흘 더 가기로 결정되었다. 그후에 데이와 후퍼는 귀환

한다. 제후가 사흘만 더 버텨주었으면 한다. 그러고 나면 그는 죽어 개 먹이가 될 것이다. 메레스는 개를 잘 먹일 수 있는 기회가 가급적 빨리 오기를 바라고 있다. 하지만 앳킨슨과 오츠는 불쌍한 짐승들을 섀클턴이 첫 말을 죽인 지점 너머까지 데려가기를 원한다. 차이나맨에 대한 보고가 매우 희망적이다. 정말 이 말들이 우리의 기대를 저버리지 않을 것처럼 보인다.

세상 끝 최악의 탐험, 그리고 최고의 기록

꾸준한 행군

달라진 것이 없다. 동물들이 야위어가지만 그렇다고 많이 쇠약해진 것까지는 아니다. 병약한 것들도 여전히 잘 따라가고 있다. 병약한 제후의 예상 밖의 활약상에 '빙붕의 경이'라는 별명을, 차이나맨이 '천둥번개'라는 별명을 얻었다. 이틀만 더 가면 섀클턴이 첫 번째 말을 죽인 지점을 지난다. 노비는 건강 상태가 아주 좋아서 지금 가장 무거운 짐을 끌고 있다. 대부분 이백삼십 킬로그램 이하를 끈다. 조금만 더 수월해졌으면 좋겠다. 개들도 건강하고 오전에 무사히 잘 왔다. 비어드모어 빙하는 큰 어려움 없이 통과해야 한다. 날씨가 더없이 화창하다.

야간 행군을 하면 해가 나오는 낮에 쉴 수 있어서 좋은 점이 있지만 안 좋은 점은 야간 행군 시에 지표 마찰이 증가하여 말이 짐을 끌기 어렵다. 그래서 낮에 좋은 휴식을 취할 수 있는 것이 야간에 고된 노동을 덮을 만한 점인지는 확신이 서지 않는다. 행군은 빠르다고는 할 수 없지만 매우 꾸준하다.

동물들이 힘겹지만 꾸준한 이동에 익숙해가는 것처럼 보인다. 깊이 파인 곳을 지날 때도 큰 소란을 피우지 않는다. 얼어붙은 눈 지표는 동물들이 발을 딛기 전에는 단단해 보인다. 그러나 동물들의 무게가 가해지면 삼사 인치 정도 움푹 파인다. 이것이 불쌍한 동물들을 지치게 한다. 인간이 빠지는 곳은 더 많다. 그래서 걷는 것이 살얼음판을 딛는 것 같다. 하지만 그렇다 해도 얼어붙은 눈 지표가 갓 내린 눈이 쌓인 지표보다는 낫다. 해가 지속적으로 비치면 좀 더 나아질 것이다. 앞으로 이어지는 백 마일 구간에 얼어붙은 눈 지표가 달라질 이유는 없다.

11월 23일 목요일 - 캠프 19

말들이 잘 따라가는 중이다. 이제 빙하(비어드모어 빙하)로부터 백오십 마일(지리학적) 떨어져 있다. 만약 말이 언덕을 따라 빠르게 내려가면 생소한 곳에 들어서 있을지 모른다. 지표는 내가 생각하던 것과 같다. 점심 전에 눈에 띄게 좋아지더니 점심 후에 말의 행군이 훨씬 좋아졌다. 지표의 마찰이 가기에 나아진 덕분이 아닐까 한다. 남쪽으로 눈구름이 쌓이고 있다. 여기서 눈보라를 만나지 않을까 우려스럽다. 행군이 한 번이라도 중단되는 일이 없기를 바랄 뿐이다.

세상 끝 최악의 탐험, 그리고 최고의 기록

첫 번째로 말을 사살하다

남풍에서 남동풍으로 바뀐 차가운 바람이 불었고 어제 종일 하늘이 잔뜩 찌푸려있었다. 행군이 시작할 때는 음울했지만 구름이 재빨리 걷히면서 동쪽에서 서쪽으로 맑은 하늘이 나타나자 남은 구름이 흩어졌다. 이제 해가 밝게 비치면서 온기를 준다. 우리는 꽤 좋은 지표를 비교적 쉽게 따라갔다.

말이 꾸준하고 규칙적이다. 썰매 차팀과의 합류 이후로 '썰매팀'(썰매를 직접 끄는 에번스팀)이 '약한 동물팀'보다 먼저 출발하고 다른 팀이 2~3시간 후에 따라갔다. 오늘 우리 팀이 보통 때와 달리 선발팀과 거리를 좁히지 못했는데 약한 동물팀이 생각보다 잘 갔기 때문이다.

하지만 이미 지시가 내려진 후였다. 오늘 오전에 불쌍한 늙은 제후를 경로 뒤로 빼서 총을 쏘아 죽였다. 제후가 헛 포인트에 도착할 때 튼튼하지 않았던 것을 생각하면, 작년 저장소 원정 이후로 행군을 여덟 번 더했으니 성과가 매우 우수한 셈이다. 갈수록 제후가 힘겨워했고 그의 목숨을 거두는 것이 최선의 자비일 것이다. 차이나맨은 나아진 것처럼 보이고 아직 며칠 더 갈 수 있는 것처럼 보인다. 나머지도 기력이 떨어지는 조짐은 없고 허기를 느끼는 것처럼 보인다. 지표는 걷기에 피곤하다. 언제나 이 삼 인치 정도 빠진다. 데이와 후퍼가 오늘 밤 기지로 돌아간다.

낮 행군으로 변경하다

첫 행군은 얼음 결정체의 막이 덮인 지표 때문에 매우 힘겨웠다. 두 번째 행군 중에는 나아졌고 갈수록 더 좋아졌다. 이제 밤에도 꽤 온기가 느껴지기 때문에 점차 낮 행군으로 바꾸는 것이 더 바람직할 듯하다. 우리는 오늘 밤 2시간 후에 출발할 것이고 내일 밤도 그렇게 한다.

지난밤에 데이와 후퍼와 작별했다. 그러고 나서 조직을 일부 다시 짰다(기온 -22℃). 이제 모두 같이 움직인다. 직접 끄는 썰매팀인 에번스·레슬리·앳킨슨이 십 피트 썰매를 끌며 선두에 섰다. 차이나맨과 제임스 피그가 그 뒤를 이었고 나머지는 10여 분씩 있다가 출발했다. 점심 캠프에 다 함께 도달했고 그 후에도 같은 순서로 나섰다. 약한 두 마리가 다소 뒤처졌지만 십분의 일 마일도 안되는 근소한 차이로 비교적 만족스럽게 종착점에 들어섰다. 썰매팀 대원들은 첫 행군이 매우 힘겨웠다고 말한다.

해가 밤새도록 빛났다. 하지만 자정이 되면서 가벼운 안개가 피어 올라서 선발팀을 따라가기 어렵게 만들었다. 바로 앞의 땅도 간신히 식별할 수 있을 정도였다. 말이 서서히 지쳐간다. 내일 저장소를 하나 더 설치하고 그들의 짐을 한 번 더 덜어줄 생각이다.

　방금 메레스가 와서 죽은 제후로 개의 네 끼 식량을 만들었다고 보고한다. 메레스는 한 마리만 더 있으면 빙하까지 가능하다고 말한다. 이것은 좋은 뜻이다. 썰매 대원들은 스키 스틱으로 썰매를 끌고 있는데 그것이 많은 도움이 된다고 한다. 제후는 제 몫을 다했고 차이나맨은 좀 더 가능성이 남아있다. 두어 번만 더 행군하면 첫 번째 목표에 안전하게 도달했음을 느낄 것이다.

빙붕 중간 저장소

점심 캠프. 꽤 순조롭게 행군했고 지표도 비교적 좋았다. 오전 1시에 출발. 지속적으로 시속 이 마일의 속도를 유지하며 순조롭게 행군했다. 출발할 때 하늘이 조금 흐려졌고 2~3시 사이에 점점 짙은 안개가 자욱해졌다. 우리가 천막을 치기 전에 오분의 일 마일을 앞두고 먼저 출발한 썰매 팀을 놓쳤다. 해가 안개를 뚫고 비친다. 여기는 남위 81도 35분이고 우리는 후퍼 산에서처럼 '빙붕 중간 저장소'를 설치하고 귀환팀을 위한 일주일치 식량을 저장해놓고 떠난다.

캠프 22. 두 번째 행군 중에 눈이 내리기 시작했다. 서남서풍이 불고 있었고 천막 위로 눈이 후두둑거리며 떨어졌는데 고향의 4월의 소낙비를 상기시키는 여름 눈보라였다. 두 번째 행군에도 말은 잘 갔다. 2시간 후인 내일 다시 출발한다. 사스트루기는 남쪽으로 더 펼쳐져 있고 조금 더 혼란스러운 양상을 보인다. 가끔씩 그것은 서쪽 방향의 사스트루기와 교차하고 있다. 걷느라 지친다. 한발씩 내디딜 때마다 지면이 이삼 인치씩 파인다.

차이나맨과 지미 피그가 다른 말을 눈에 띄게 따라잡는다. 하늘과 지표가 하얗게 하나로 녹아들 때 광활한 설원 위를 걷는 것은 언제나 다소 암울한 작업이다. 우리가 천막을 쳤을 때 개가 도착했다. 메레스가 지표가 여태까지 중에 최고였다고 보고한다.

기온 상승과 갑작스런 폭설

지금까지의 행군 중에서 가장 힘들었다. 출발부터 지표가 매우 나빴다. 선발팀이 선두에서 출발했지만 매우 고생이 심했다. 우리는 여러 번 따라잡았다. 그래서 조랑말이 일정한 간격의 행군을 하지 못했고 행군 시간이 길어졌다. 어제 종일 여름 눈보라 후에 날씨가 좋아지는 조짐이 있었다가 다시 잔뜩 흐려졌다.

밤 3시에 출발하여 9시가 되어서야 점심 천막을 쳤다. 두 번째 행군은 더 나빴다. 선두팀이 스키로 출발했지만 경로가 완전히 사라졌다. 선두팀은 갈 길을 찾는 데 많은 어려움을 겪었다.

케른 작업을 위해 잠시 걸음을 멈추었을 때 갑작스럽게 기온이 상승하며 폭설이 내리기 시작했다. 스키는 완전히 무용지물이 되었다. 지표는 썰매를 끌기에 이루 말할 수 없을 만큼 힘겨웠다. 하지만 곧 남풍이 불었고 어느 정도 도움이 되었다. 선두팀은 발로 썰매를 끌었는데 앞으로 나가는데 엄청난 어려움을 겪었다. 우리 역시 힘든 상황에서 행군했다. 동물들도 매우 지쳐갔다. 다시 눈이 세차게 내린다. 언제 멈출지는 아무도 모른다.

지표와 나쁜 빛만 아니라면 그럭저럭 갈 만하다. 사스트루기도 거의
없고 깊이 쌓인 눈 지대도 없다. 대부분의 경우 사람과 동물 모두 부드러
운 눈 아래의 단단한 지표까지 삼사 인치 푹 빠진다. 이것은 동물보다는
오히려 사람을 더 지치게 한다. 메레스가 방금 와서 지표가 매우 나쁘다
고 보고한다.

우리는 1시간 후인 내일 새벽 4시에 출발한다. 사흘 전의 사태로 5시
간이 지체되었다. 우리의 식량 공급은 어떤 상황에서도 십삼 마일(지리학
적)을 반드시 가야 한다. 그래야만 더 나은 상황에 대한 희망을 가질 수
있다. 어렴풋하게나마 대륙을 본 지도 며칠이 지났다. 날씨가 좋지 않으
니 상태가 암울해졌다. 지친 동물은 사람마저 지치게 한다. 늦게까지 잠
을 푹 잤음에도 행군 후에 표정이 밝은 사람이 아무도 없다.

세상 끝 최악의 탐험, 그리고 최고의 기록

차이나맨을 사살하다

11월 28일 화요일 - 캠프 24

상상하기조차 어려웠을 만큼 가장 암울한 출발이다. 날카롭게 휘몰아치는 남풍의 드리프트와 폭설이 사납다. 3시 15분에 썰매팀, 차이나맨과 제임스 피그가 출발했다. 우리 팀이 뒤이어 4시 20분에 출발했지만 8시 30분, 점심 캠프에서 그들을 따라잡았다. 행군 중에 상황이 좀 나아졌다. 날이 개는 조짐이 보이며 방향을 가늠하는 것이 가능해졌다.

점심인 지금 대기가 다시 자욱해지고 있다. 이 눈보라가 언제 끝날까? 말에게는 더 나아졌고 인간에게는 더 나빠졌다. 거의 사방이 발아래 삼내지 육 인치 빠지는 크러스트 지표이다. 행군이 끝날 무렵 남동 방향의 단단한 사스트루기가 연이어 나타났다. 무엇이 이것을 형성하는지 모르겠다.

두 번째 행군도 첫 번째만큼이나 지독했다. 강풍이 남풍에서 남동풍으로 변했고 머리 위에서 눈 폭풍이 사정없이 휘몰아쳤다. 한치 앞이 보이지 않는 속에서 휘몰아치는 눈발이 우리 얼굴을 사정없이 때렸다. 일반적으로 이런 불길한 날씨의 근원지는 남동쪽이라는 추측을 하게 된다. 우리는 오전 4시에 출발했다. 현재 상태가 아무리 암울해도 계획을 굳게 지키는 수밖에 없다. 마지막 네 번의 행군은 투쟁이나 다름없었지만 중단 없이 마쳤다. 우리가 눈 폭풍 속에서 마침내 천막을 쳤을 때 하늘에 좀 더 긍정적인 신호가 나타났다. 이 고단한 행군의 암울한 결과를 쫓아버릴 수 있도록 바람이 잦아들고 햇살이 좀 밝게 비치기만 하면 좋으련만.

차이나맨, 일명 '천둥번개'를 오늘 밤에 총으로 쏘아 죽였다. 용맹했던 그는 이제 무대에서 퇴장했다. 며칠 후에 또 다른 말이 같은 길을 따를 것이다. 지금 남아있는 마초는 네 자루이고 이것은 남은 동물들이 일곱 번 행군할 수 있는 식량이다.

이제 비어드모어 빙하는 구십 마일도 안되는 지점에 있다. 보워즈가 이번 눈보라와 지난번 눈보라 이후 기압이 현저하게 떨어졌다고 말한다. 당연히 예기치 않은 상황이다. 이 지역에서 이렇게 험한 여름 눈보라는 아직 누구도 경험해보지 못했다. 나는 눈보라가 끝났다고 믿을 뿐이다. 남은 조랑말들 중에서 노비와 본즈가 가장 튼튼하고 빅터와 크리스토퍼가 가장 약하다. 하지만 모두 가야 한다. 땅이 아직 모습을 드러내지 않는다.

11월 29일 수요일 - 캠프 25

남위 82도 21분. 상황이 훨씬 나아졌다. 어제 늦게 대륙이 모습을 드러냈다. 웅장한 세 봉우리의 마크햄 산이 리텔톤 곶과 골디 곶 가까이 있는 것

이 보인다. 오늘 행군은 좋았다. 새벽 4시 20분에 출발했고 1시 15분에 이 천막에 다 모였다. 약 7시간 반을 행군했다. 지금 우리 속도는 평균 시속 이 마일(표준)이다.

땅은 행군 중 안개에 싸여 있었지만 가끔씩 놀라울 정도로 가까이 있는 것이 보인다. 하지만 이제 하늘이 개고 있고 햇살이 따뜻하고 화창하다. 땅이 바로 우리 눈앞에 있는 것 같다. 말을 데리고 가야 하는 거리가 이제 칠십 마일도 남지 않았다. 말은 지쳐있지만 닷새 동안 남은 작업을 잘 해줄 것이고 몇몇은 더 잘 해줄 것이라고 믿는다. 차이나맨은 개의 네 끼 식량이 되었다. 다른 조랑말도 비슷한 자원이 되어줄 것으로 본다. 이 것은 개가 돌아가는 길에 일하고 쉬고 잘 먹을 것이라는 말이다.

많이 지체되지만 않는다면 가능한 한 대원들이 오랜 시간 무거운 썰매를 끌지 않도록 하는 것이 바람직해 보인다. 그래서 칠십 마일이 지금처럼 질서 정연하게 이어지기를 간절히 바란다. 스니펫과 노비는 이제 알아서 경로를 잘 따라간다. 둘 다 주인이 걸음을 멈추는 순간, 같이 멈출 태세를 하고 주인에게 간교한 시선을 보낸다. 그들은 쉴 새 없이 눈을 먹는다. 더 이상 동물들을 데리고 가지 않아도 된다는 것만으로도 마음의 부담을 던다. 이들은 하나같이 독특한 개성이 있다. 언젠가 기회가 되면 그들의 개성에 대한 글을 쓸 것이다.

썰매팀이 우리보다 1시간 30분 먼저 출발했고 비교적 순항해 우리보다 1시간 앞에 도착했다. 해가 나왔을 때의 지표 상태가 야간 행군에서 낮 행군으로 바꾼 결정이 옳았던 것을 보여준다.

행군하기에 비교적 쾌적한 날이지만 불쌍한 동물들에게는 매우 힘든 날이다. 노비를 제외한 나머지는 완전히 기력을 소진했다. 그들의 발걸음이 어제보다 30분 더 느린 것으로 알 수 있다. 짐이 더 가벼워진 것과 여덟 마리의 동물이 아직 남은 것 외에는 별로 나아진 것이 없다.

우리 첫 번째 목표 지점까지는 육십 마일도 남지 않았다. 지표는 오늘 더 나빠졌고 말은 자주 무릎까지 빠졌다. 행군 끝으로 갈수록 단단한 지대가 몇 군데 있긴 있었다. 하지만 해가 나왔음에도 별로 매끄럽지 않았다. 개가 매우 잘 달린다고 보고한다. 개는 매우 의지할 만하다. 땅이 엷은 안개 장막에 가려져 있었는데 우리가 천막을 친 후에 한번 씩 모습을 드러냈고 난 사진을 몇 장 찍었다.

6

12월 - 거센 눈보라에서 빠져나온 후

비어드모어 빙하를 오르다

빠르게 지쳐가는 조랑말

조랑말들이 빠르게 지쳐가고 있다. 노비를 제외하면 며칠 더 버틸 수 있을지 의문이다. 적어도 남은 분량이 마초보다는 오래 견디는 중이다. 오늘 밤에 몇몇의 반대에도 불구하고 크리스토퍼를 보내기로 결정했다. 크리스토퍼를 총으로 쏘아 죽였다. 출발했을 때부터 끊임없이 소란을 피우며 말썽을 부렸던 것을 기억하면 다른 말들보다는 덜 미안하다. 다른 말에게 무게가 가중되지 않도록 이곳에 저장소 31을 설치했다. 실제로 무게를 다소 덜었다.

이제 세 번의 행군이 남았다. 말 일곱 마리와 개 썰매팀으로 간다. 에번스 썰매팀에게 이 지표에서 무거운 짐을 끌게 해서는 안 된다. 인간으로서 굉장히 지치기 때문이다(에반스 썰매팀은 동물을 이용하지 않고 직접 손으로 끄는 썰매팀이다. 원래 썰매 차팀이었지만 썰매 차가 고장 나자 직접 끄는 팀으로 바뀌었다).

아침에 노비에게 눈 신을 신겨보았다. 노비는 눈 신을 신고 사 마일을 아주 잘 갔다. 하지만 곧 끔찍한 지표가 나타나자 눈 신 때문에 오히려 고통스러워했고 다시 벗겨야 했다. 그렇다고 해도 말에게 눈 신이 필요한 것은 의문의 여지가 없어 보인다.

땅이 드러나면서 동물이 썰매를 끌기에 좋은 조건이 되는 듯하지만 그렇다고 많이 그런 것 같지는 않다. 우리는 밝은 햇살 아래서 출발했다. 오른 편으로 화창하게 맑은 날씨의 산이 모습을 드러났지만 행군 끝으로 갈수록 구름이 동쪽에서 생겨나 얇고 산발적인 층적운이 우리 머리 위로 퍼져나가며 대륙을 무미건조해 보이게 만들었다.

롱스텝 산에 멋진 빙하가 아래로 뻗어있다. 그것은 벽면이 매우 깊이 깎여 적어도 50도 각을 이루고 있는 거대한 구조물이다. 우리의 맞은편으로 옅은 갈색의 암석 절벽이 보이는데 한쪽에 검고 짙은 갈색 암석이 드러나 있다. 암석의 속성이 어떻게 해서 이렇게 나타나는지 안다면 정말 기쁠 것이다. 다음 구역에도 모습을 보이고 있는 암석이 많다.

빅터를 사살하다

거친 날씨 속에서 출발했다. 간밤에 남동쪽으로부터 퍼진 층운은 속임수였다. 하루 종일 우리는 약한 빛 속에서 눈을 맞으며 행군했다. 말은 첫 번째 행군에 잘 가지 못했다. 바람이 거의 없고 기온이 비교적 높은 편이었지만 끔찍한 지표로 눈 속에 심하게 빠졌기 때문이다.

나는 오츠에게 동물들을 지켜보는 권한을 주려고 했다. 하지만 오츠는 말 한 마리를 몰고 가는 쪽을 선호했고 내가 몰던 스니펫을 넘겨주었다. 나는 스키로 선두에 섰다. 내게는 오히려 그것이 더 쉬웠다. 말이 행군하며 전진하는 사진을 몇 장 찍었다. 지표 상태와 활주가 향상되었기 때문에 두 번째 행군 때는 더 좋아졌다. 맨 앞에서 말들의 보폭에 따라 속도를 조절했고 무사히 캠프에 도착했다. 유감스럽게도 보워즈에게 빅터의 끝을 알려야 했다. 보워즈는 이미 예견하고 있었던 것처럼 보인다. 그 말은 상태가 매우 좋은데 개들의 다섯 끼 식량이 되어줄 것이다. 이제 말의 식량이 얼마 남지 않았기 때문에 어쩔 수 없다.

오늘 우리는 남위 83도를 무사히 통과했다. 오늘 밤 하늘에 구름이 걷히면서 상태가 좋아지고 있다. 가도 가도 끝없이 펼쳐진 하얀 빙원(극지방의 넓은 벌판을 덮고 있는 얼음)을 행군하는 것은 소름끼치게 음산하다. 앞에서 행로를 이끌어주는 팀이 없다면 엄청나게 더 어려워질 것이다. 개는 무척 잘 가고 있고 내일부터는 더 무거운 짐을 실을 것이다. 오늘 밤에도 행군이 끝나면 말 한 마리를 사살한다. 날씨가 좋아서 빙하로 통하는 길을 볼 수 있게 된다면 모든 것이 좋아 보인다. 섀클턴의 탐험 일지에는 12월 한 달 동안 12월 15일이 처음으로 날씨가 좋지 않았다는 언급이 있었다. 그러나 우리에겐 지금까지 좋은 날이 예외인 날이다. 그래도 행군은 차질 없이 이루어지고 있다. 우리가 천막을 쳤을 때 온기가 있었다. 그 때문에 눈이 녹으면서 모든 것이 축축해졌다. 오츠가 어제 체리-개라드와 자리를 바꿔 내 천막으로 넘어왔다.

이제 팀은 이렇게 구성되었다. 나 · 윌슨 · 오츠 · 키오한 한 팀, 보워즈 · 에드가 에번스 · 체리-개라드 · 크린 한 팀, 직접 끄는 썰매팀은 에드워드 에번스 · 앳킨슨 · 라이트 · 레슬리.

종잡을 수 없는 날씨

우리의 날씨 운은 도무지 종잡을 수가 없다. 5시 출발할 예정으로 2시 30분에 일어났다. 사방에 눈이 자욱하게 내리고 있었지만 떠날 채비를 했다. 하지만 아침 먹을 때 바람이 증가하면서 4시 40분경 남쪽에서 강풍이 불었다. 순식간에 조랑말 벽이 무너졌고 엄청난 드리프트가 휘몰아치며 눈이 쌓여 썰매가 순식간에 파묻혔다. 내가 남극의 여름에 경험한 가장 강한 강풍이었다. 11시경 다소 진정되었다. 12시 30분에 우리는 점심을 먹고 출발 준비를 했다. 땅이 나타났고 구름이 갈라졌다. 1시 30분에는 밝은 햇살이 나왔다.

오후 2시에 출발했다. 사방으로 대륙이 보였다. 남동쪽으로 있는 구름만 아니면 모든 전망이 좋다. 나는 2시 15분에 남동쪽의 구름이 퍼져나가는 것을 예의주시했다. 그것은 정확히 2시 30분에 땅을 가렸고 3시 직전 우리 머리 위로 왔다. 그러자 해가 사라지고 눈이 자욱하게 내리기 시작했다. 행군이 다시 끔찍해졌다. 남동풍이 남서풍으로 바뀌면서 점점 강해졌고 한동안 그렇게 불었다. 그러다가 별안간 서북서풍으로 바뀌었다. 그러다 다시 북북서풍으로 바뀌었다. 그 방향에서 눈이 내리고 동시에 쌓인 눈이 휘몰아쳤다. 날씨 변화가 도저히 생각할 수 없을 정도로 순식간에 일어나 더없이 당혹스럽다. 이런 악조건 속에서 7시의 저녁 캠프까지 십일 마일 반을 행군했다. 행군 상태는 끔찍함 그 자체였다.

에번스 썰매팀은 육 마일(지리학적)을 간 후에 천막을 쳤다. 그들은 선두에서 할 만큼은 했다고 생각한다. 우리가 그들 앞으로 갔다. 보워즈와 내가 스키로 선두에 섰고 나침판으로 방향을 잡았다. 우리 스키 아래에는 드리프트로 쌓인 눈이 있었는데 가끔씩 그 밑으로 남동 방향으로 사스트루기가 슬쩍 보였다.

날씨 전체가 완전히 혼란에 빠져 갈피를 잡지 못하는 것 같다. 만약 날씨가 이렇게 계속되면 비어드모어 빙하에 들어서서도 속수무책일 것이다. 정말 행운이 우리에게 미소를 보여줄 때이다. 지금까지는 거의 없었다. 조랑말들이 무척 건강하고 마초도 예상보다 조금 더 남아있다. 날씨만 도와준다면 수송에 큰 무리가 없을 것이다.

대기 상태의 이상을 감지하다

12월 4일 - 캠프 29

오전 9시에 나는 일행을 깨웠다. 밤중에 바람이 북북서풍에서 남남동풍
으로 바뀌었다. 해가 흐릿했고 하늘이 무거워 보였다. 땅이 부분적으로
희미하게 보였다. 우리는 어쨌거나 갈 수 있겠다고 생각했다. 하지만 아
침을 먹는 동안 갑자기 바람이 거세게 몰아쳤다. 그 다음 천막 밖의 모습
은 언제나 그렇듯 사방이 새하얀 영락없는 눈보라였다. 조랑말을 위해 다
시 벽을 세웠다. 힘든 작업이었지만 그나마 동물들에게 얼마 되지 않는
보호막이 되어줄 것이다. 말이 졸음에 겨워하고 지루해하는 것처럼 보이
지만 추위를 타는 것 같지는 않다.

개 썰매팀은 지난밤에 우리가 천막을 쳤을 때 왔고 에번스 썰매팀은
오늘 아침 우리가 조랑말 벽을 세우는 것을 끝냈을 때 도착했다. 그래서
우리는 또다시 한자리에 있게 되었다. 에번스 썰매팀은 우리 경로를 따라
오는 데 엄청난 어려움을 겪었다고 했다. 그리고 경로가 없었다면 갈 길
을 가늠하지 못했을 것이라고 했다. 이런 날씨는 앞으로 나갈 수 없고 계
산이 불가능하다. 간밤에 기압계가 29.4에서 29.9로 올라갔다. 눈에 띄게

큰 차이를 보이며 올랐다. 대기 상태에 엄청난 혼란이 있다. 글쎄 그것이 무엇인지 분명히 알아야 한다. 선임자(섀클턴 탐험대)들이 경험한 좋은 날씨와 정반대라서 심히 우려스럽다.

캠프 30. 정오에 바람이 잦아들었다. 12시 30분경 하늘이 개기 시작했고 1시경 해가 나왔다. 2시경 우리는 출발했다. 십삼 마일을 간 후 오후 8시경 천막을 쳤다. 행군 내내 대륙이 뚜렷한 모습을 드러냈고 지형을 어렵지 않게 식별할 수 있었다. 미지의 광활한 빙하 몇 개가 레이드 산 아래에서 모이고 있었다. 주변 산은 윤곽이 둥글고 거대했으며 봉우리가 더 있었고 '원형 협곡'이 만들어지는 중이었다. 원형 협곡은 더 낮은 기슭 쪽이 매우 정교했다. 그리고 빙하가 높은 각도의 두 벽 사이로 깊은 수로를 깎아놓았다.

더 낮은 언덕의 꼭대기 한 두어 곳은 암석이 드러나 있었고 거의 수직이었다. 화강암일 듯하다. 이후에 알아내야 한다. 우리 앞으로 둥근 호프 산과 비어드모어 빙하로 들어서는 관문이 있다. 내일 십이 마일만 행군하면 무난히 그곳에 이를 것이다. 말은 기복이 심한 지형의 깊은 눈 속을 큰 어려움 없이 통과하며 잘 행군했다. 섀클턴이 데려간 말보다는 상태가 좋은 것이 틀림없다. 분명히 먹이만 있다면 좀 더 갈 수 있을 것이다. 개도 아주 잘하지만 먹이가 부족하다. 그래서 불쌍한 마이클을 죽일 수밖에 없었다. 마이클도 지방이 많다. 천막마다 말고기를 양껏 먹고 있다.

우리는 이틀간 끔찍한 상태에서 예정보다 오류 마일을 못 갔다. 어떻게 보면 이것은 반나절 행군 거리에 불과하지만 비어드모어 빙하를 바로 앞에 둔 지금 날씨가 변덕을 부려 걱정스럽다. 그곳은 다른 어떤 곳보다 좋은 날씨가 있어야 한다. 진짜 나쁜 계절이 아닌가 하는 오싹한 느낌마저 든다. 불길함은 이것으로 족하다.

우리 여정의 첫 번째 단계가 서서히 마무리된다. 마지막 캠프에서 남남서쪽으로 바라보면 멀리 땅이 보이는데 비어드모어 빙하에서 높은 위도에 도달할 수 있을 것 같다. 그리고 만약 그쪽으로 가는 아문센이 운이 따라준다면 당연히 정상까지 우리보다 백 마일 남짓을 더 앞서갈 것이다. 땅이 오르막과 내리막인데 내려앉은 깊이가 약 십이 피트에서 십오 피트이다. 오늘 밤 비어드모어 빙하 관문에서 우리가 있는 쪽으로 바람이 불어오는데 좋은 조짐이 아니다.

눈 폭풍으로 나흘간 발이 묶이다

정오이다. 오늘 아침 깨어나니 사나운 눈보라가 광란을 부리며 울부짖고 있었다. 지금까지 우리를 강타한 눈보라에는 미세한 눈가루가 별로 많지 않았다. 오늘은 달랐고 눈보라의 짜임새가 완전하게 발달해 있었다. 밖에 나가면 순식간에 머리에서 발끝까지 눈으로 뒤덮였다. 기온은 높은 편이다. 조랑말들은 머리 · 꼬리 · 다리 할 것 없이 덮개로 덮이지 않은 부분이 순식간에 얼음 가루로 뒤덮였다. 동물들은 눈 속에 깊이 빠졌다. 썰매도 거의 눈으로 덮여버렸고 천막 위로 엄청난 눈이 휘몰아치며 쌓였다.

우리는 아침을 먹고 말 벽을 다시 세웠다. 지금은 모두 침낭 안에 들어가 있다. 땅은 물론이거니와 바로 옆의 천막조차 보이지 않는다. 도대체 한 해의 이 시점에 이런 날씨는 무엇을 의미할까? 우리가 감당해야 할 불행이 지나치다는 생각이 들지만 단정 짓기에는 아직 이르다. 다시 행운으로 바뀔지도 모르겠다. 이런 날씨에 맞서 행군할 수 있는 팀이 있을까 의아스럽다. 맞서는 것은 당연히 불가능하다.

이 지역 전역에 어떤 대기의 혼란 상태가 광범위하게 퍼져 있는 것일까? 아니면 예외적으로 우리가 있는 좁은 지역에서만 당하고 있는 것뿐일까? 만약 후자라면 한 곳에서는 어려움에 처한 우리 작은 팀이 있지만 다른 한쪽에서는 햇살 속에서 순조롭게 가는 그런 모습이 그려진다. 그렇다면 행운의 요소가 얼마나 대단한가! 아무리 선견지명이 있어도 이런 상태에 대한 준비를 할 수는 없었을 것이다.

밤 11시. 경험컨대 전대미문의 엄청난 폭설과 함께 하루 종일 어마어마한 강풍이 휘몰아쳤다. 천막 주위로 엄청난 눈의 드리프트가 일었다. 기온은 오전에 -3℃이다. 오후에는 -0.56℃까지 상승했다. 눈이 내리면서 녹았고 결과적으로 곳곳에 물이 흐른다. 천막도 완전히 젖었고 방풍복도 나이트 부츠도 모두 젖었다. 천막 막대에서도 떨어지고 흘러내린 물이 바닥의 깔개 위로 떨어져 침낭을 적셨고 모든 것을 매우 끔찍한 상태로 만들었다. 미처 말리기도 전에 다른 한파가 찾아온다면 그대로 얼어붙어 최악의 상태를 초래할 것이다. 그러나 요컨대 계획보다 자꾸 늦어지니 전체 일정에 심각한 지장을 준다는 점만 아니라면 이 모든 것을 웃어넘길 여유를 가질지도 모른다. 그런데 우리는 지금 여유가 없다. 바람이 잦아들 조짐을 보여주지만 기온이 떨어지지 않고 있다. 눈은 여느 때만큼이나 촉촉하다. 좋은 신호가 아니다.

물구덩이와 낙담의 수렁

정오. 비참하다. 완전히 비참함 그 자체다. 우리는 '낙담의 수렁' 속에서 야영했다. 눈 폭풍이 여전히 극도로 기승을 부리고 있다. 기온이 -0.56℃ 까지 올라갔다. 천막 안의 모든 것이 물에 젖었다. 밖에서 들어오는 사람들이 한줄기 소나기를 맞은 것처럼 보인다. 그들이 안으로 들어서자 바닥에 있는 천 위로 물이 뚝뚝 떨어져 물구덩이를 만든다. 벽, 말, 천막, 썰매에는 눈이 더 높이 수북이 쌓이고 있다. 조랑말들이 완전히 넋이 나간 모습이다. 결정타다. 비어드모어 빙하에서 겨우 십이 마일 떨어져 있는 곳에서…. 가망이 없다는 생각이 들고 싸우기가 어렵다. 정말 엄청난 인내심이 요구된다!

지금은 오후 11시이다. 오후 5시에 갤 조짐이 보였다. 지금 땅이 보이지만 하늘은 잔뜩 찌푸려 있고 많은 눈이 내리고 있다. 강풍 또한 여전하고 기온은 높다. 내키지 않지만 오전 중에 더 악화되지만 않는다면 갈 수 있을 것이다. 우리는 지금 온통 젖어 있다.

불가피하게 지체되는 비참한 상황 속에서

눈 폭풍이 여전히 사납다. 이제 심각한 상황이다. 오늘이 지나면 조랑말 먹이는 한 끼밖에 남지 않는다. 그래서 내일 반드시 출발하거나 아니면 동물을 희생시키는 수밖에 없다. 아니 최악은 이것이 아니다. 심각한 부분은 오늘 아침부터 '여름용 식단(빙붕,빙하,고원 지대 각기 다른 칼로리로 식이를 짰다.)'을 개봉하기 시작해야 하는 상황에 처했다는 것이다. 다시 말해 비어드모어 빙하 저장소부터 예정된 여름용 식단을 빙하에 도달하기 전에 개봉해야 한다는 것이다. 첫 번째 지원팀은 이날부터(여름용 식단을 개봉하는 날) 두 주 더 갈 수 있을 뿐이다.

폭풍이 진정될 기미는 보이지 않고 기세는 여전히 맹렬하다. 지난밤에 조금 밝아졌던 전망이 새벽 3시에 기온과 바람 모두 다시 상승하면서 모든 것을 이전 상태로 돌려놓았다. 끝날 기미가 보이지 않는다. 모두가 행군이 완전히 불가능하다고 입을 모았다. 체념하는 것이 불행을 받아들이는 유일한 태도지만 받아들이기가 쉽지 않다.

첫 번째 단계에서 우리는 거의 성공 직전에 있었다. 만약 다시 한다고 해도 달리 바꿀 부분이 보이지 않는다. 어떤 경험을 대입해도 거친 날씨에 대한 오차가 너무 크다. 12월(남극에서 가장 탐험하기에 좋은 한 달)에 이런 폭풍은 가장 조심스러운 탐험가조차도 예상을 못했다. 잔뜩 찌푸린 하늘은 잠시 쉴 기미조차 보이지 않고, 설상가상으로 점점 더 악화되는 상황에서 젖은 침낭 속에 누워 있으니 불길함이 사라지지 않는다(-0℃).

메레스가 한쪽 눈에 설맹을 앓고 있다. 이 휴식이 메레스에게 도움이 되기를 바라지만 그는 오랫동안 앓아왔다고 한다. 이런 날씨 속에서 캠프에 활기가 있을 리 없다. 오직 타격을 면할 준비만이 있을 뿐이다. 그런 와중에도 간간이 웃음소리가 들려서 간밤에 잠깐 희망을 느꼈다.

자정이다. 나아지는 것이 거의 없다. 아니 전혀 없다. 기압계가 상승한다. 하루하루가 한 시간, 한 시간이 속절없이 가는데 불가피하게 행군을 멈춘 상태보다 더 절망적인 것은 없다. 얼룩덜룩 젖어있는 천막의 초록색 면들, 빛을 반사하는 젖은 대나무 축대, 중앙에 매달려 있는 너저분한 젖은 양말이나 이런저런 것들, 우수에 찬 동료들의 표정, 끝없이 눈이 떨어지는 소리와 끊임 없는 캔버스 천의 펄럭임 소리, 옷뿐만 아니라 만지는 모든 것에서 느껴지는 축축함, 사방이 어느 쪽으로도 하얀 설원의 막다른 곳일 뿐이라는 사실, 이것이 우리의 물리적인 환경이다. 하지만 결국 이렇게 지내기 어려운 속에서도 용기를 찾기 위해 계속 있는 힘을 다해 싸우고 노력할 수 있는 것 또한 우리 인간이 아닌가?

제발 나아졌으면 하는 실낱같은 희망으로 잠에서 깨니 암울한 눈을 동반한 바람이 여전히 불고 있었다. 우리는 10시에 아침을 먹었다. 정오경에 바람이 잦아들었다. 우리는 눈 더미 속에 묻힌 썰매를 모두 파냈는데 정말 힘든 작업이었다. 천막 위치를 옮겼다. 눈이 계속 내려 쌓여서 내부 공간이 줄어들어 있었다. 천막을 재조정하니 적어도 바람이 잦아든 이후에는 편안함을 주었다. 4시에 하늘이 갤 조짐을 보였다. 어렴풋하게나마 해와 땅의 식별이 가능했다. 바람이 가벼운 미풍으로 바뀌는 것을 보자 희망이 다시 조금 살아났다. 이런! 내가 이 글을 쓰고 있을 때 또다시 해가 사라지고 눈이 내리기 시작한다.

상황이 점점 더 절망을 부른다. 에번스의 썰매팀이 오늘 오후에 썰매를 끌어보았다. 네 사람이 스키로 썰매를 끄니 움직이긴 움직였다. 발로 끄니 다리 무릎까지 눈 속에 빠졌다. 사방에 내린 눈이 끔찍한 깊이로 수북이 쌓여 있다. 그 속으로 노비를 데리고 가는 시도를 해 보았는데 눈이 배 부분까지 닿았다. 윌슨은 말이 끝났다고 생각한다. 하지만 오츠는 이런 지표에도 한번 정도는 더 행군할 수 있을 것으로 본다. 그렇지 않으면 내일 말을 죽이고 스키와 개에 의존하여 가는 것이 최선의 선택이다. 다른 한편으로 개도 그런 지표에서 갈 수 있을지 확신이 서지 않는다. 개도 어려움에 빠지는 결과가 나타나지 않을지 심히 우려스럽다. 아아! 제발 날씨가 나아지기를, 빙하까지만이라도. 기온이 +0.5℃를 유지하고 있다.

모든 것이 젖어있다.

오후 11시다. 바람이 북쪽으로 가면서 하늘이 마침내 개기 시작한다. 해가 제법 드문드문 보이고 땅이 안개 속에서 모습을 드러냈다. 기온이 다시 -3.3℃까지 떨어지는 바람에 물기로 인한 성가심이 줄어들었다. 여러 가지 개선 신호가 보이지만 내일 또다시 거친 날씨에 직면한다면 너무 잔인한 일이다.

오늘 밤 천막 안에는 나아질 것이라는 전망으로 활기가 있다. 먹이가 충분치 않아 불쌍한 조랑말들이 수심에 차 있는 것처럼 보이지만 배고픈 상태는 아니다. 모든 것을 고려해보면 더없이 건강해 보인다. 지금은 모든 것이 희망적으로 보이지만 잃어버린 나흘을 되찾는 것은 불가능하다.

폭설을 헤치고 비어드모어 빙하로

한밤중에 날씨를 보러 두세 번 밖을 나가보았다. 날씨는 서서히 나아지고 있었다. 우리는 5시 30분에 일어나 8시에 출발했다. 말에게는 매우 고통스러운 날이다. 지난 눈 폭풍으로 인한 엄청난 폭설로 참기 힘든 눈구덩이가 만들어져 있었다. 출발하고 나서 1시간 후부터 행군에 진척이 없었다. 말을 밀어붙여 보았지만 채 몇 분을 가지 못했다. 진척이 없었다. 썰매팀이 이 사태의 해결에 적극적으로 나섰다.

보워즈와 체리-개라드가 앞장서서 십 피트 썰매를 끌었다. 우리는 그 경로를 따라 겨우 일 마일을 갔다. 이어서 에드가 에번스가 상황을 구했다. 그는 마지막 남은 눈 신을 스네처에게 신겼다. 스네처는 별다른 압박을 받지 않고 전진했고 다른 말들이 뒤를 따랐다. 우리는 종일 점심 휴식도 하지 않고 행군했다. 행군 거리 중의 삼사 마일이 부드러운 눈 위로 발이 빠져서 어려울 뿐이었다.

저녁 8시경 마침내 섀클턴이 '게이트웨이'라고 명명한 고갯길로 통하는 비탈면의 일 마일 이내에 도달했다. 섀클턴의 기록보다 더 이른 날짜에 통과하기를 희망했지만 며칠간 눈 폭풍으로 늦게 통과해서 아쉬웠다. 일정이 이렇게 되어 남극점의 여정에 상당한 영향을 주었지만 눈으로 지표가 완전히 엉망진창이 되어 있지만 않다면 아직 절망하기에는 이르다. 썰매팀이 비교적 가벼운 짐에도 아직 모습을 보이지 않는다. 아마 잠시 멈추고 차라도 한잔 마시고 있을지도 모른다. 보통 때였다면 썰매팀이 우리를 쉽게 앞질렀을 것이다.

밤 8시경, 조랑말이 모두 녹초가 되어 있다. 그것들은 천 피트 가량을 힘겹게 나아갔다. 내가 비교적 가벼운 썰매를 직접 끌어보았는데 상당히 힘겨웠다. 결국 천막을 쳤다. 말을 모두 총으로 쏘아 죽였다(캠프 31에 '도살 캠프'라는 이름을 붙였다). 불쌍한 짐승들! 끔찍한 상황을 고려하면 말은 온 힘을 다해 수송을 잘했다. 하지만 이렇게 일찍 죽여야 하는 것이 힘들다. 개는 이런 지표에도 잘 가고 있지만 그들에게 얻을 수 있는 도움은 제한적이다.

주변 경관이 매우 인상적이다. 세 개의 거대한 화강암 기둥이 게이트 웨이의 오른쪽 부벽을 형성하고 있고 왼쪽에는 호프 산의 날카로운 돌출부가 있다. 땅은 눈 폭풍 전보다 훨씬 더 많은 눈으로 덮여 있다. 다소 회의적인 전망에도 불구하고 오늘 밤에는 활기가 돈다. 그리고 농담이 제법 오고 간다.

눈 폭풍의 여파

지독한 지표 위로 짐 실은 썰매를 앞으로 나아가게 하는 것이 못내 걱정스러웠다. 우리가 그렇게 해온 것은 주로 스키 때문이었다. 아침 8시에 모두 잠에서 깼지만 짐을 다시 실어 정오 무렵에 다 꾸렸다. 그제야 출발 준비를 마쳤다. 개는 약 백 킬로그램 외에 우리 무게의 약 삼백 킬로그램을 운반했다.

우리 팀이 "하나, 둘, 셋!"하는 구호에 맞추어 썰매를 끌었을 때 생각보다는 잘 나가서 놀라웠다. 우리는 시속 이 마일 속도로 일 마일을 갔다. 미리 썰매 활주 부를 손질해 잘 건조해 놓았기 때문이었다. 날씨는 놀랍게도 화창했다. 곧 땀이 났다. 그렇게 초반 일 마일을 가자 오르막이 나타났고 한동안 스키로 가파른 경사를 올랐다. 곧 경사는 더 가팔라졌고 지표는 악화되었다.

결국 우리는 스키를 벗어야 했다. 그 후에는 썰매 끄는 것이 극도로 힘든 작업이 되었다. 곳곳에 피네스코까지 빠지는 눈이 쌓여있었고 어떤 곳은 무릎까지 빠졌다. 썰매 활주 부에는 곧 얇은 얼음 막이 덮여 지표와 마찰을 일으키며 잘 나가지 않았다. 갓 내린 눈이 쌓인 몇몇 곳은 썰매의 가로장(옆으로 건너지른 나무)까지 파묻혔다. 마치 눈밭을 쟁기질하며 나가는 모양새였다.

5시경 경사 꼭대기에 도달했고 차를 마신 후 다시 아래로 출발했다. 내리막이었음에도 오르막 경사만큼 힘들었지만 스키 덕택에 그럭저럭 나갔다. 한순간 빙하에서 부는 강한 바람이 우리를 급습했고 우리는 9시 15분경에 천막을 쳤다. 그런 결정을 내린 것은 에번스팀이 아직 따라오지 못하고 있어서였다.

윌슨이 다소 뜻밖의 말을 했다. 앳킨슨의 말이 라이트가 많이 지쳐 있고 레슬리도 눈보라 이후에 몸이 좋지 않다는 것이다. 현재 이 팀이 만족스럽지 않다. 오늘 행군을 하고 나니 이 팀에 문제가 있음을 알게 되었다. 그들은 많이 뒤처졌고 겨우 천 피트 정도 따라잡는데도 거의 30분이 걸렸다. 사실 지표가 지독하고 갈수록 점점 더 나빠지는 것이 사실이다. 만약 이 팀이 무너지면 매우 심각하다. 나는 지금 어느 때보다 더 건강하고 내 팀도 비교적 그렇다. 에드가 에번스는 당연히 힘이 제일 좋고 오츠나 윌슨도 강하다.

여기 우리 캠프가 있는 곳은 움푹 파인 분지로 어떤 곳보다 조건이 좋지 않다. 걸음마다 눈이 무릎까지 빠진다. 고르지 못한 눈 지표는 썰매를 받쳐주지 못한다. 바람은 축복인 것 같았으나 실은 그렇지 않았다. 눈을 굳게 하는 것처럼 보이기 때문이다. 이 푸석한 눈 더미는 나흘간 우리 발을 묶었던 눈 폭풍의 여파다.

섀클턴은 이 부근 어딘가에서 단단한 블루 아이스(얼음 지표, 규칙적인 형태의 순수한 얼음, 얼음 분자에 빛이 산란하여 푸른 색조를 나타낸다.)를 발견했다고 했다. 온도 이렇게 엄청난 차이가 있을까? 가면 갈수록 섀클턴의 행운이 더 분명해진다. 개 썰매는 내일 반나절 더 이동한 후에 기지로 귀환한다. 썰매마다 약 백 킬로그램 정도가 더 실린다. 적당한 지표라면 무난히 끌고 갈 수 있겠지만 현재 상태가 지속되면 교대를 시켜야 할 것이다. 오늘 밤 빙하에 강한 바람이 분다. 전망이 장밋빛이 아니라 해도 우리는 여전히 활기에 차 있다. 행운이 우리에게 미소를 지어야 한다.

세상 끝 최악의 탐험, 그리고 최고의 기록

개 썰매팀이 귀환길에 오르다

일면에서는 좋고 다른 일면에서는 매우 나쁜 날이다. 우리가 직진하는 동안 많은 혼란 지대를 지났다. 우리는 스키로 썰매를 끌었고 개 썰매가 그 뒤를 따랐다. 나는 개 썰매 운행자들에게 썰매에 몸을 바짝 붙이라고 주의를 주었다. 우리는 스키 덕택에, 개는 부드러운 눈 때문에 수많은 크레바스를 발견하지 못하고 지나온 것이 틀림없다. 유일한 사고라면 크레바스 한 곳에서 수병 에번스의 한쪽 다리와 스키가 빠진 것이었다. 저장소를 설치하고(빙하 하단부 저장소) 뚜렷한 표식을 해두고 많은 물자를 저장했다. 문제가 있었던 썰매팀은 처음에 고전했지만 짐 무게를 조금 덜고 썰매 활주 부를 청소하고 짐을 다시 싣고 나니까 제어하기가 수월해져서 우리를 앞지르며 선두로 나섰다.

11시에서 3시 정각까지 압력 지대는 없었다. 나는 천막을 치고 개들의 썰매 짐을 해체한 후에 우리 썰매에 실었다. 점심 후 4시 30분경 다시 출발했을 때 다소 걱정이 되었다. 이렇게 짐을 가득 실은 썰매를 끄는 것이 가능할까? 우리 팀이 먼저 나섰는데 유쾌하게도 썰매는 순조롭게 나갔다. 가끔씩 썰매는 부드러운 눈 더미 속에 빠졌고 여러 번 위기에 직면했지만 이제 우리는 그런 상황을 인내력으로 대처하는 법을 배웠다. 가장 힘든 일은 썰매를 계속 움직이는 것이다. 1시간 동안 썰매가 꼼짝 않는 순간이 몇 번 있었다. 이것 때문에 매우 힘들고 지쳤다. 그러다 지표가 점차 고르고 일정해지면 우리는 한층 능숙하게 끌었다. 다른 팀이 우리를 따라잡을 시간을 주기 위해 우리는 행군을 멈추었고 6시에 다시 출발하여 시속 이 마일로 7시까지 중단 없이 행군했다. 안도감이 들고 모든 어려움이 사라진 것처럼 보였다.

불행하게도 다른 팀들은 그렇지 않았다. 보워즈팀이 30분 후에 따라왔다. 그들은 갈수록 잘했다. 나는 그들이 더 나아질 것이라고 확신한다. 키오한이 제일 약했다. 설맹 때문인 것 같다. 에번스팀은 출발을 잘했지만 곧 어려움에 처했다. 그들은 힘은 힘대로 쓰면서 나가지 못했다. 이제 일이 좀 되어간다고 생각했을 때 또 다른 난관이 우리 길을 막았다. 이 길을 헤치고 나오면서 기운이 다 빠졌다.

오늘 밤 우리 주변은 온통 갓 내린 눈벌판이고 내딛는 걸음마다 무릎까지 쌓인 눈에 빠졌다. 발로 썰매를 끄는 것이 불가능했다. 개도 마찬가지일 것이다. 개는 순조롭게 돌아가야 한다. 귀환 길을 따라가면 먹이가 곳곳에 저장되어 있다. 7시에 빙하에서 바람이 불었다. 아침은 매우 날씨가 좋고 온기가 있었다. 오늘 밤 약간의 층운이 형성되어 있다. 조짐이 더 이상은 날씨가 나쁘지 않을 것 같다. 많은 대원이 부주의로 설맹을 앓고 있다. 에번스·보워즈·키오한·오츠이다.

오늘 오전에 윌슨이 빙하 위에 퇴적물이 쌓인 곳으로 가보았다. 그것은 내부에 큰 석영이 있는 매우 거친 화강암으로 밝혀졌다. 이것은 게이트웨이와 주변 언덕 기둥이 암석으로 형성되었다는 증거이다.

눈 속에 빠지는 납덩이같은 썰매로 고전하다

힘든 날이다. 오전에 가장 고전한 것은 우리 팀이었다. 썰매를 움직일 수가 없었다. 썰매가 납덩이였다. 다른 팀들도 힘들게 끌었지만 우리 팀과는 비교가 되지 않았다. 2시 30분에 점심을 위해 잠시 멈추었다. 썰매 활주 부에 단단한 얼음막이 생겨서 움직이기 힘들었다고 원인을 알아냈다. 에번스팀이 선두였다. 우리는 에번스팀을 따라잡지 못했다. 잡을 수가 없었다. 점심 후 출발하기 두려웠지만 썰매에 생긴 몇 번의 문제를 해결한 후에 중단 없이 나갔다. 그리고 일이 마일 가서 선두가 되어 줄곧 갔다. 6시에 다른 팀의 기운이 떨어지는 것을 보고 7시경 기지를 설치했다. 그것은 내일 좀 더 일찍 출발해야 하는 것을 의미했다. 우리는 오늘 팔구 마일(표준)을 갔다. 행군 거리도 이런 지표에서는 짧다.

내 예상이 분명히 맞아떨어졌다. 더 낮은 곳의 계곡 전체가 최근에 있었던 눈 폭풍 때문에 온통 눈에 덮여 있었다. 스키가 없었다면 엄청난 고비에 맞닥뜨렸을 것이다. 눈이 무릎 높이까지 쌓여 있었는데 이런 상태에서 썰매를 끄는 것은 수렁에 빠지는 것이나 다름없다. 발로 썰매를 끌기가 불가능하다. 그나마 스키가 있어 가능했다. 눈은 단단한 크러스트를 형성하고 있다. 1~2주일 후면 우리 대원들과 썰매가 딛고 다닐 정도로 굳어질 것이 분명하다. 현재는 상태가 별로다. 썰매가 가끔 눈 속에 빠지면 가로장까지 파묻힌다. 두말할 필요가 없지만 이런 일이 일어나면 썰매 끌기가 끔찍해진다.

오전에 코먼웰스 산맥 방향으로 가서 빙하 중층부에 도달했다. 이것은 남서부 방향의 이름 없는 빙하가 엄청난 압력을 가했음을 보여준다. 이것을 관찰하면서 '크라우드 메이커'로 행로 변경했고 이후에는 서쪽으로 더 치우친 길을 택했다. 우리는 섀클턴이 도달한 주 빙하의 남부 쪽 전경과 그가 미처 기록하지 않은 수많은 봉우리를 관찰했다. 우리는 눈 폭풍으로 인한 지체 때문에 닷새 혹은 닷새하고 반나절 정도 늦다. 그러나 이런 지표에서 썰매 작업은 훨씬 더 힘겨울 수밖에 없다. 게다가 썰매 짐이 너무 높아 쉽게 뒤집어진다.

전경은 당연히 페랄 빙하만큼 멋있지 않다. 하지만 흥미로운 것도 있다. 엘리자베스 산에 뚜렷한 줄무늬 구조가 있었는데 당연히 베이컨 사암의 재현으로 생각한다. 코먼웰스 산맥에도 더 많은 줄무늬가 있다. 우리가 빙하에 올라온 지 사흘 동안 바람은 밤이면 빙하 아래로 불었는데 일종의 야간 육풍이었다. 아침에는 대기가 차분했다. 또한, 밤과 낮 사이에 놀랄만한 기온차가 있다. 우리가 출발할 때는 +0.55℃였다. 아주 힘든 작업을 하지 않아도 우리 몸은 온통 땀으로 젖었다. 지금은 -5℃이다. 오늘은 에번스팀이 우리를 잘 따라잡았다. 오늘 아침에 에번스팀의 신발을 우리 천막으로 가지고 왔다. 수병 에번스가 신발을 다시 손질했다.

썰매와 사투

지독하게 암울한 날이다. 8시에 출발했고 매끄럽게 잘 끌었지만 썰매 행군은 지독했다. 스키를 지탱하기에 충분치 않은 크러스트가 군데군데 있었다. 단단한 부분에서도 대원들이 미끄러졌다. 썰매는 눈 속에 뒤집어졌고 죽은 듯이 움직이지 않았다. 에번스팀이 먼저 출발했고 우리가 따라갔다. 에번스팀은 한동안 썰매로 힘겹게 씨름했고 우리가 도왔다. 우리 썰매도 끌기에 힘들었다. 천천히 나아갔다. 다른 팀이 많이 처져 있었기 때문에 오후 1시에 캠프를 설치했다.

점심 중에 나는 십 피트 활주 부를 시도해 보기로 결정했고 3시간에 걸쳐 변경했다. 다른 팀도 느리게 가서 지체는 없었다. 에번스팀이 우리를 앞질렀고 한동안 순항하며 경사로 무난히 올라섰다. 이 무렵 해가 지면을 비추었고 기온은 높았다. 보워즈팀이 에번스팀 다음에 출발했는데 상황이 좋지 않았다. 그들은 필사적으로 매달렸지만 점점 더 수렁에 빠졌다. 우리가 출발했을 때 지표는 더 지독해져 있었다. 오전에 겪은 어려운 상황 말고도 눈이 질척거리고 있었다. 우리가 보워즈팀을 앞질렀지만 힘에 부치도록 힘을 다 써버린 것은 두말할 필요가 없었다. 온통 땀에 젖었고 숨을 헐떡였다. 썰매 활주 부에 다시 단단한 눈이 달라붙었고 앞으로 나아가지 못했다.

우리는 7시까지 썰매 행군을 하고 기지를 설치했지만 멈추었다 가기를 반복하여 지나치게 힘을 썼다. 내일도 이렇게 갈 수 있을지 의문이지만 다시 가야 한다.

나는 지금 배고프지는 않지만 목이 많이 탄다. 우리의 정상 지대 하루 식사량은 현재 만족스럽다. 도둑갈매기 두어 마리가 점심때 캠프 주변으로 날아왔는데 얼마 전의 '도살 캠프'때문인 것 같다.

블루 아이스가 나타나다

소화불량이 있고 옷이 젖어서 간밤에 한동안 잠을 설쳤다. 예상외로 힘을 써서 몸에 심한 경련이 왔다. 입술이 벗겨지고 물집이 생겼다. 그나마 다행인 것은 대원들의 눈 상태가 나아지고 있다는 것이다. 우리는 앞일에 대하여 좋은 결과를 별로 기대하지 않고 행군을 시작했다.

저녁(고도 이천 피트)이 되었다. 아침에 에번스팀이 먼저 출발했다. 그들은 1시간 동안 썰매 끄는 것을 힘겨워했지만 이후에는 놀라울 정도로 쉽게 이어갔고 보워즈팀이 뒤를 이었다. 우리 팀은 첫 이백 야드 후에 비교적 수월하게 전진했다. 이것은 모두 좋아질 것이라는 말이다. 우리는 곧 다른 팀을 따라잡았고 짐을 더 싣겠다고 제안했지만 에번스의 자존심이 그런 도움을 용납하지 않았다.

정오가 될 무렵, 우리는 보워즈팀의 썰매와 바꾸어 끌었다. 비교적 쉽게 끌었고 그들은 우리 썰매를 끌고 나가는데 무척 힘들어했다. 나는 체리-개라드와 키오한이 온 힘을 다하고 있음에도 불구하고 체력이 떨어진 것 같아 우려스럽다. 하지만 우리는 오전 작업에 만족하고 같이 점심을 먹었다.

오후에 우리는 끝까지 잘 끌었고 6시 30분에 매우 특이한 변화를 보이는 곳에 캠프를 설치했다. 오늘 십일 내지 십이 마일(표준)을 갔음이 틀림없다. 행군으로 인한 체열로 온통 땀범벅이었고 결국 속옷을 벗었다. 그러자 매우 춥고 습했다. 그래도 눈벌판에서 빠져나왔고 행군이 순조로워서 이런 모든 불편함을 보상해 주었다.

점심에 블루 아이스가 발 이 피트 아래 있었는데 이제 거의 일 피트이고 곧 모습을 완전히 드러낼 것이다. 오늘 밤 하늘은 잔뜩 찌푸려 있고 빙하 위로 바람이 분다. 빙붕에서 암울했던 날씨가 다시 보일 조짐이다. 주변에 크레바스가 여러 개 이어졌는데 보워즈의 천막 바깥에서 가로지르는 것이 십팔 인치 넓이고 우리 천막 밖의 것은 보워즈 천막 밖에 있는 크레바스보다 더 좁다. 나는 눈 때문에 힘든 상황이 더 이상 없을 것으로 생각한다. 더도 말고 현재 지표 정도만 계속되었으면 좋겠다. 행군은 끝으로 갈수록 순조로웠고 우리는 더 쉽게 끌었다. 그럭저럭 잘 해내고 작업의 적절한 보상을 발견하니 더할 나위 없이 좋다.

12월 15일 금요일 – 캠프 37. 고도 이천오백 피트

8시 출발. 1시까지 행군. 지표는 개선되었다. 눈이 블루 아이스 위에 얇게 덮여 있지만 하늘은 어둡고 구름이 낮게 깔려 있다. 보워즈팀이 더 빨라

지지 않았음에도 에번스팀이 제일 처졌다. 우리 팀은 별 어려움 없이 그들을 따라잡았고 추월했다. 어제 부득이한 중단 없이 지속적으로 나아간 것만으로도 엄청난 안도감이 들었다. 하지만 어제 아침과 오늘 아침에 일단 썰매가 멈추니 다시 출발하는 것이 매우 어려웠다. 썰매 활주 부가 일시적으로 꼼짝하지 않았다. 오늘 오후에 처음으로 함께 힘을 모아서 들어 올림으로서 출발할 수 있었다. 이것으로 두 번째로 안도했고 가장 감사한 일이었다.

점심 캠프에 지면을 덮은 눈이 일 피트가 채 되지 않았다. 겨우 구 인치 정도다. 군데군데 얼음 지대와 단단한 빙원이 있다. 나는 6시 30분경 천막을 칠 계획이었지만 다섯 시 직전에 하늘이 낮아지면서 눈이 내리기 시작했다. 전방에 아무것도 보이지 않았다. 썰매 끄는 것이 매우 힘겨웠다. 5시 45분에 천막을 칠 수밖에 없었다. 또 한 번 중단한 행군이었다. 정말 운이 너무 나쁘다. 오늘은 좋은 행군을 했으면 좋았을 텐데 언제나 그렇듯이 행군 거리는 표준 십일 마일이었다.

저녁 이후로 날이 다시 갤 조짐을 보이지만 전망이 좋지 않다. 이 날씨의 발원지는 남동쪽인데 말들을 침몰시킨 눈 폭풍의 모든 조짐을 그대로 보여준다. 남은 빙하 지대에서 아무리 힘들더라도 제발 끔찍한 눈만큼은 보지 않게 해달라고 기도한다.

비어드모어 빙하 아래쪽은 얼음 관점에서 보는 것을 제외하면 별로 흥미로운 것이 없다. 키펜 산을 제외하면 밖으로 보이는 암석이 하나도 없다. 게다가 이 거리에서 키펜 산의 지질 구조를 판단하는 것은 불가능하다. 빙하 지표에 빙퇴석도 없다. 빙하 지류는 매우 섬세하고 매우 깊이 깎

여 있다. 이 계곡의 벽은 가파르기가 심해서 놀라웠다. 측정해보니 적어

도 60도이다. 북쪽 면의 아이스폴은(빙하 급경사 요철지) 연속적이지만 남

쪽의 가파른 정면은 거의 노출되어 있다. 해가 그것들을 장악하고 있음이

분명하다. 용해와 풍화 작용을 많이 받은 것이 분명하다. 남쪽 바위 정면

아래쪽에는 애추(낭떠러지 밑이나 산기슭에 암석 덩어리가 굴러떨어져 생긴

반원뿔 모양의 퇴적물) 더미가 상당하다. 계곡 더 높은 곳에는 암석과 성층

(여럿이 겹쳐 층을 이룸)이 더 드러나 있는데 무척 관심이 쏠린다. 아아! 제

발 날씨만 나아지기를 바란다. 암울한 예측은 지금까지 만으로도 충분

하다.

악조건 속에서 강행군

어두운 오전이다. 정오에 날이 개기 시작하여 저녁이 되면서 맑아졌다. 오전에 계속 걱정스러웠음에도 빛은 하루 종일 우리가 이동하기에 좋은 상태로 있었다. 우리는 십일 마일(표준)을 갔다. 빙하의 양상이 많이 바뀌었다. 하지만 나아가기가 매우 힘들었다. 우리는 7시에 출발했고 12시 15분에 점심을 먹고 6시 30분까지 행군했다. 10시간이 넘는 강행군이다. 여느 때처럼 스키로 출발했지만 에번스팀 때문에 조금 지체되었다. 어제 눈이 온 후로 썰매 끄는 일이 매우 힘들었다.

오후에 우리는 계속 스키를 이용했다. 2시간 후에 특히 어려운 지표와 마주쳤다. 폭설로 내린 눈이 쌓여 있었는데 그 밑에 오래전에 형성된 사스트루기가 있었다. 이것 때문에 썰매가 너무 자주 걸려 발로 끌기로 했다. 그래서 조금 나아졌지만 힘이 지나치게 많이 들었다. 가끔씩 한쪽 다리가 단단한 얼음 틈 사이에 빠졌다. 경사면을 따라가는 중에 경로를 가로질러 오른쪽으로 긴 아이스폴(빙하 급경사 요철지)이 뻗어있는 것을 발견했다. 추정컨대 섀클턴으로 하여금 클라우드 메이커 산으로 방향을 돌리지 않을 수 없게 만들었던 바로 그 압력인 듯하다.

우리는 그 산으로 들어섰다. 단단하기도 하고 크레바스가 있고 눈이 쌓여 기복이 심한 지표에 곧 이르렀다. 암석 바위에 도달했을 때 지표 혼란이 증가하는 것처럼 보였지만 눈은 감소하는 듯했다. 빙퇴석을 찾아 내일 그것을 따라갈 것이다. 왼편의 언덕은 눈과 교대로 수평 층을 이루는 바위가 있다. 색이 매우 검은 암석이 드러나 있었다.

행군을 해야 한다. 지금 섀클턴의 날짜보다 엿새나 늦다. 모두 지독했던 눈 폭풍 때문이다. 혼란 지대에 들어선 이후로 예상되던 지독한 크레바스는 없다. 개 썰매가 여기까지 올라올 수 있었을 것이다. 현재 행군 중에 덥고 땀이 많이 나지만 잠시라도 중단하면 순식간에 한기가 엄습한다. 해가 나오면 안 좋은 모든 것을 보상해준다.

스키는 어떻게 해야 할지 아직 판단이 서지 않는다. 무게가 상당하지만 어떤 상황에는 매우 유용하기 때문이다. 모두 정상 식이(정상 지대용 하루 식단)에 만족해한다. 오랫동안 직접 썰매를 끌었던 썰매팀도 '더 이상 배가 고프지 않다'고 말한다. 이런 좋은 식사를 지속적으로 할 수 있는 것이 다행이다.

악성 압력 지대와 분지

출발 직후에 혼란 지대에 들어섰다. 악성 압력 지대가 펼쳐져 나타났고 길게 굴곡이 있는 지형이었다. 그 위에 블루 아이스가 있었다. 사이의 움푹 파인 분지에는 갓 내린 눈이 쌓여 있었다. 두 꼭대기 사이의 삼십 피트 굴곡면을 가로질러야 했다. 썰매에 앉아 힘을 조금 가하자 아래로 미끄러졌다. 썰매가 쏜살같이 내려갔는데 그 추진력으로 다소 위쪽까지 갔다. 그래도 다음 꼭대기까지 썰매를 끌고 올라가기가 매우 힘들었다. 2시간 후에 우리는 또 다른 더 넓게 굴곡이 펼쳐진 지형과 마주쳤다. 꼭대기는 단단한 얼음이었다. 이 마일 정도 썰매가 엄청 잘 달렸다. 그러고 나서 가파른 비탈을 올라 압력 능선의 정상에 도달했다. 그러자 매끄러운 얼음이 다시 사라지고 사방으로 크랙(균열)이 있는 데다 일부 얼음이 드러난 눈밭이 다시 나타났다. 간신히 오 마일(지리학적)을 갔다.

저녁. 빙붕 삼천이백팔십 피트 높이. 점심 후에 비어더모어 빙하의 중심으로만 가는 모험을 하기로 결정했고 결과는 좋았다. 아침에 선택한 다소 둥근 등성이 위로 올라갔다. 그리고 십이 마일과 십분의 일 정도 더 간 후 6시 30분에 캠프를 설치했다. 호프 산을 우리 뒤에 두고 자리를 잡게 되었다. 만약 이런 속도로 간다면 섀클턴의 날짜를 따라잡을 것이다. 앞으로 더 많은 압력 지대(빙하가 압력을 받아 크레바스 같은 균열이 생긴 곳으로 행군에 엄청난 걸림돌)만 나타나지 않는다면 못 할 이유가 없다. 어쩌면 행운이 우리에게 깃들지 모른다. 받을 때도 되었다고 생각한다.

정말 고된 작업이었음에도 모두 건강하고 활력이 넘친다. 식사량도 만족스럽다. 딱한 윌슨만 제외하면 설맹도 한결 나아져 있다. 윌슨은 심한 설맹을 앓고 있다. 이 마지막 남극 여정에서 그가 고통을 겪는 것을 보면 매우 힘든 상태가 아닐까 염려스럽다.

오늘 아침, 우리는 온통 땀으로 젖은 외투를 벗고 행군에 나섰다. 햇살과 바람이 연이어 맨살에 닿았는데 오싹한 한기가 들어서 불편했다. 입술이 매우 쓰라려 모두 연고를 발랐다. 나는 정상 지대를 지나기가 주로 햇볕에 탄 피부에 접촉하는 오싹한 냉기 때문에 어려울 것으로 생각한다. 지금도 걸음을 멈추면 순식간에 찬 기운이 갑자기 몰려와 덮친다. 그리고 끔찍할 정도로 목이 탄다. 걸음을 잠시 멈추었을 때 엄청난 양의 물을 들이켜는 것으로 모자라 행군 중에 연이어 얼음을 잘라먹어야 했다.

오늘 오후에는 썰매 끄는 것이 꽤 상쾌했다. 처음에는 단단하게 굳은 눈이었고 다음은 나쁜 눈과 나쁜 크랙이 있는 매우 거친 얼음이었지만 무난히 통과했다. 하루 종일 크램폰을 신었고 비교적 쾌적했다. 크램폰과 스키 신발을 발명한 수병 에번스가 매우 기뻐한다. 우리는 당연히 에번스에게 공을 돌린다. 날씨가 다시 흐려지기 시작하는 것처럼 보인다. 동쪽에서 눈구름이 몰려오고 있다. 내일 날씨가 흐릴 것으로 보인다.

빙붕 삼천구백삼십칠 피트. 어제 예상한 대로 하늘에 구름이 덮이면서 눈이 내린다. 음울하고 침울한 행군이었지만 우리는 갈 수 있었고 갔다. 8시 20분과 오후 1시 사이에 팔 마일(표준)을 갔다. 처음에는 지표가 꽤 좋았다. 그러나 곧 얼음이 칼로 쪼개놓은 것처럼 울퉁불퉁했다. 경사면을 올라가자 엎친 데 덮친 격이었다. 그래서 왼쪽으로 돌아갔는데 처음에는 나아지지 않았지만 완전히 올라가자 지표가 점점 더 좋아졌고 지금 이 순간 모든 것이 좋아질 것처럼 보인다. 오른쪽으로 애덤스 마셜과 와일드 산의 경관이 매우 잘 보이고 그것의 매우 신기한 수평 성층이 보였다.

라이트가 바람에 씻긴 잔해 속에서 사암과 약간의 검은 현무암을 발견했다. 빙하를 벗어나기 전에 지질에 대한 정보를 좀 더 얻어야 한다. 오늘 아침에 모든 장비에 매우 예쁜 얼음 결정체가 술처럼 매달려 있었다.

✣ ✣ ✣

오후. 캠프 40. 빙붕 위 사천사백구십사 피트.

점심 후에 우리는 행군이 매우 힘들었다. 압력 능선 몇 백 피트 이내에 들어섰다. 달리 대안이 보이지 않았기에 그곳을 통과했다. 이후에 기복이 불규칙한 넓은 분지가 펼쳐졌고 좀 더 나은 지표 위로 오게 되었지만 이후에 그것은 다시 사라졌다. 종일 힘들게 행군했지만 이동 거리는 좋았다 (십사 마일 이상). 이제 정상 지대 진입이 며칠 남지 않았다. 정오에 날씨가 갤 것 같더니 이후에 눈구름이 동쪽으로부터 몰려오며 다시 눈이 내리기 시작했다. 하루 종일 빙하의 동쪽 부분은 거의 보이지 않았다. 서쪽도 사진을 찍을 수 있을 정도로 밝지 않았다. 짜증 나지만 행군을 할 수 있는 것만으로 감사해야 할 것 같다. 여전히 행군 중에는 땀범벅이 되고 중단하면 목이 많이 탄다.

순조로운 썰매 행군

좋은 지표에서 출발했지만 곧 매우 짜증스럽게 하는 교차 크랙이 나타났다. 난 두 번이나 그 속에 빠졌고 무릎과 허벅지에 심한 멍이 들었다. 하지만 우리는 썰매 이동하기에 매끄러운 얼음 지표에 도달할 때까지 비교적 무난하게 따라갔다. 마지막 마일은 네베(빙하 상층부의 입상 빙설)가 지배적이어서 썰매 끌기가 조금 힘들었지만 빙하 상층부 분지로 올라섰다. 얼핏 보기에 정상 지대 주변에 접해 있는 지형이 다양하게 있는 것 같다. 우리가 마지막에 가서 어려움을 겪을지도 모르겠다.

우리는 각을 재고 사진을 찍고 그리며 점심시간을 길게 보내고 있다. 우리가 출발했을 때 가벼운 남서풍이 빙하로 불었다. 그 결과 잔뜩 찌푸려 있던 하늘이 빠르게 개었다.

❖ ❖ ❖

밤. 오천구백 피트, 캠프 41. 우리는 오늘 오후에 시속 이 마일 속도로 행군했고 십칠 마일을 이동했다. 만족스러운 거리이다. 내가 오전에 당한 부상만 아니라면 크게 힘든 점이 없었다. 행군 중에 부는 바람이 싸늘했지만 결과적으로 매우 쾌적한 상황이었다. 오늘 밤에는 옷이 젖어 있지 않을 뿐 아니라 전날처럼 심한 갈증이 느껴지지 않는다. 에번스와 보워즈가 각을 재느라고 바쁘다. 그들이 종일 그렇게 한 만큼 우리는 대단한 도면 자료를 갖게 될 것이다.

12월 20일 수요일 - 캠프 42. 고도 육천오백육십일 피트

십 마일 천백오십 야드(지리학적 마일), 십이 마일 이상(표준 마일).

반나절 행군 최고 기록을 세웠다. 지리학적 마일로 십 마일과 천백오십 야드. 표준 마일로는 십이 마일이 넘는다. 이어지는 오후는 더 좋아야 한다. 바람이 계곡으로 불어올라 오고 있다. 공책 앞면을 모두 채우고 반대쪽으로 넘어갔는데 우리 행운도 방향을 틀 것 같다. 우리는 긴 점심 후에 거의 7시까지 행군해 십구 마일 반을 이동했고 팔백 피트를 올랐다. 단단한 눈 지표와 군데군데 눈 더미가 있는 단단한 얼음 지표가 연이어 나타났다. 종일 큰 변화가 없었고 크램폰을 신고 썰매를 끄는 것이 전혀 어렵지 않았다.

점심때 윌슨과 보워즈가 자신의 고장 난 썰매 미터기를 찾으려고 이 마일 정도 걸어서 되돌아가 보았지만 찾지 못했다. 그들이 없는 동안 안

개가 우리 주변에 깔리기 시작했고 동풍을 타고 계곡으로 올라갔다. 우리는 이 안개 속에서 찌뿌드드한 기분으로 오후 행군을 시작했는데 안개가 점차 걷힌 지금은 맑고 따뜻하다. 안개가 걷히자 시야에 엄청난 크레바스 지대가 펼쳐져 나타났다. 나는 경사가 좀 더 매끄러워 보이는 곳으로 방향을 잡았다. 오늘 밤 그 지점 아래에 천막을 치고 있다. 종일 우리는 암석의 멋진 구조물을 경탄했다. 오늘 밤 다윈 산은 아름다울 정도로 맑다.

방금 내일 밤 귀환할 대원들에 대해 말했다. 앳킨슨 · 라이트 · 체리-개라드 · 키오한이다. 모두 실망한다. 라이트가 좀 많이 서운해한다. 이런 일을 해야 하는 나 역시 애석하다. 이보다 더 가슴 아픈 일이 없다. 프로그램 상 남위 85도 10분 지점에서 여덟 명의 대원과 열두 묶음의 식량을 가지고 출발한다.

정상 지대에 들어서다

12월 21일 목요일 - 캠프 43. 남위 87도 7분 동경 163도 4분

고도 팔천이백 피트, 빙하 상층부 저장소 기온 -16℃.

오늘 아침에 우리는 얼음 경사면을 올랐다. 정상 지표는 크레바스로 매우 좋지 않았다. 누구랄 것도 없이 모두 한 번씩 추락했다. 앳킨슨과 테디(에드워드) 에번스가 썰매줄 길이까지 떨어졌다. 에번스는 다소 들썩였다. 크레바스를 피하려고 경로를 오른쪽 왼쪽으로 바꿔가며 더 나은 지표를 찾으려고 애썼음에도 지반이 약한 얼음 지표가 한동안 이어졌다.

12시, 바람이 북쪽에서 불며 불가피하게 안개를 계곡으로 몰고 왔고 우리를 에워싸며 최악으로 만들었다. 우리는 점심 캠프를 설치했고 2시간 30분 동안 안개가 걷히기를 기다릴 수밖에 없었다. 간신히 해가 나왔을 때 다시 출발했다. 최악의 크레바스 지대를 벗어나 다윈 산의 한 부분으로 통하는 눈 경사면에 이르렀다. 썰매 이동 작업이 매우 힘들어졌지만 행군을 계속했고 7시 30분에 다른 팀이 뒤처진 것을 보고 캠프를 설치했다. 무난한 행군으로 결과적으로 만족스러운 고도에 올랐고 저장소를 설치하기에 좋은 곳에 도달했다.

내일 정상 지대용 짐을 싣고 출발한다. 첫 번째 행군이 이룰 수 있다는 가능성을 보여줘야 한다. 기온이 -17℃ 아래로 떨어졌지만 오늘 밤 대기가 차분하고 맑아 천막 내부에 온기와 쾌적함이 느껴진다. 이런 기후는 오늘 밤에 물품을 정리하고 분류하는 데 많은 도움을 준다. 세부 작업을 하면서 지치지 않는 젊은 보워즈가 많은 위안이 된다.

오늘 우리는 엄청난 높이를 올라갔고 다시 내려갈 일이 없기를 바라지만 남서쪽으로 약간의 내리막길이 있을 것처럼 보인다.

나이

나: 마흔네 살

윌슨: 서른아홉 살

에드가 에번스: 서른일곱 살

오츠: 서른두 살

보워즈: 스물여덟 살

평균: 서른여섯 살

첫 번째 지원팀이 귀환하다

탐험의 세 번째 단계가 희망적으로 펼쳐졌다. 우리는 오늘 오전에 저장소를 설치하고 첫 번째 귀환팀과 아쉬운 작별을 나누었다.

9시 20분경, 무거운 짐을 끌며 출발했다. 처음에는 조금 힘겨웠지만 경사면을 따라 오르내리는 동안 적절한 속도를 유지하자 이내 괜찮아졌다. 두 번째 팀도 우리를 바싹 붙어 따라왔는데 첫 번째 귀환팀 선정을 잘했다. 우리는 순조롭게 전진하여 1시경에 점심을 먹었다. 그 이후에는 썰매 미터기를 수리해야 했기 때문에 3시 20분이 되어서야 출발했고 6시 45분에 저녁 천막을 쳤다. 오늘 행군 거리는 7시간 동안 십 마일 반이다.

내일은 더 많은 9시간 행군을 기대한다. 매일 짐이 조금씩 가벼워지면 행군은 한층 수월해질 것이다. 오늘 우리는 이백오십 피트 올라왔지만 행군 중에는 더 올라갔다고 생각했다. 지금 위치에서 내려다보니 남쪽과 동남쪽으로 거대한 압력 등성이가 펼쳐져 있는 것이 보인다. 우리 행로는 다윈 산의 산맥과 다소 평행을 이루고 있다.

오늘 균열 간격이 매우 넓고(삼십 피트) 측면이 일반적인 형태를 하고 있을 뿐 아니라 다리가 한 두어 개 걸려 있는 크레바스를 지났다. 모두 북쪽과 남쪽으로 달리고 있었다. 오늘 날씨는 아침에 북쪽에서 흘러온 구름 때문에 1시간가량 안개가 싸여있었지만 곧 날이 화창해지면서 산의 전망이 매우 좋아졌다. 윌슨이 방금 그 전망을 그렸다.

교묘한 크레바스

12월 23일 토요일

점심 캠프. 오늘 아침에 8시에 출발하여 남서쪽을 향했다. 오르막 경사였다. 3시간 동안 쉬지 않고 가자 이번에는 악성 크레바스 지대가 나타났다. 남서쪽으로 가면 갈수록 상황은 더 악화되었다. 그래서 일단 북쪽으로 가서 서쪽으로 방향을 돌리는 수밖에 없었다. 현재 서쪽은 크레바스가 없어 보이는데 옳은 방향이 아니다. 유일한 위안은 그래도 올라가고 있다는 것이다. 비탈면 정상 한 곳에서 내려다보니 대륙과 남동쪽으로 뻗어있는 압력 등성이가 매우 잘 보였다. 행로가 서쪽으로 기울어져 있어 다소 힘들지만 계속 올라가다 보면 어딘가에서 이 난관이 끝나지 않을까….

밤. 캠프 45. 고도 약 칠천칠백오십 피트 기온 -19℃.

오후 행군에 행운이 오락가락했다. 서쪽 비탈을 따라 올라갔다. 지난 이틀 동안 다섯 번째 경사면이다. 정상에 도달하니 왼쪽으로 또 다른 압력 등성이가 나타났지만 오전에 우리를 힘들게 한 것보다는 높이는 더 높지 않았고 눈은 더 많이 덮여 있었다. 차라리 다른 쪽을 시도해보고 싶은 유혹이 훨씬 더 강했다. 점차 방향을 틀었다. 같은 서쪽이지만 다른 비탈을 올랐다. 그 비탈면 정상은 아무리 생각해도 정말 특이한 곳이다. 좁다란 크레바스들이 사방으로 달리고 있었다. 안쪽에 교묘하게 감추어진 균열을 전혀 내색 않는 얇은 크러스트(얼어붙은 눈)로 덮여 있었기에 다들 한 번씩 빠졌다. 때로 둘이 한꺼번에 떨어지기도 했다. 이전에도 예기치 않는 추락을 많이 했지만 대개 균열이 달리는 지면을 구별하지 못하거나 균열이 부드러운 눈으로 감쪽같이 덮여있는 경우였다. 크랙 위에 어떻게 이렇게 단단한 크러스트가 형성될 수 있는지 정말 수수께끼이다.

6시까지 남서쪽을 고수하다가 마침내 정상 지대에 정확히 도달했다는 안도감으로 천막을 쳤다. 오늘 밤은 그래도 힘이 난다. 8시간 반 동안 표준 마일로 십칠 마일 이상 행군했고 거의 팔백이십 피트 정도 올랐다. 경로에 상관없이 계속 올라가는 것을 목표로 삼았던 결정이 효과를 나타냈다. 처음으로 우리 눈앞에 목표점이 보이기 시작하는 것 같다.

오직 날씨가 좋기만을 간절히 바라고 바랄 뿐이다. 예상대로 매서운 바람이 불지만 옷도 두툼하게 잘 입고 있고 또 잘 먹고 있어서 상황이 더 나빠져도 견딜 만하다. 제발 이 시점이 우리가 그토록 참고 기다렸던 행운으로 바뀌는 지점이기를….

12월 24일 일요일 - 캠프 46

오늘 약 이백삼십 피트 혹은 이백구십 피트 올라갔다.

크리스마스이브다. 오늘 오후의 첫 2시간은 행군이 매우 순조로웠다. 그다음부터 썰매가 나가지 않았고 발걸음이 매우 무거워졌다. 오늘 하루 십사 마일 이상 행군했다. 오전에 나타난 큰 압력 등성이는 사라졌지만 밤이 되자 더 작은 것이 다시 나타났다. 지표는 단단한 곳과 무른 곳이 교차로 나왔다. 사방이 침하(내려앉음)와 융기(땅이 기준면에 대하여 상대적으로 높아짐. 또는 그런 지반) 지형이다.

지금 우리가 가고 있는 행로는 더 지독한 교란 지대(크레바스, 크랙 등이 혼란스럽게 얽혀있는 지대)의 외곽 부분임이 분명하다. 서쪽으로 방향을 틀어야 하는 일이 더 없기만을 바랄 뿐이다. 이런저런 상황을 고려하면 4시간 동안 십사 마일은 순항이다. 지속적으로 남풍이 분다. 캠프가 쾌적한 점은 없지만 남풍이 앞에서 서늘하게 불어 시원하다가도 기온이 낮아서 우리 얼굴에 온통 얼어붙는다.

오늘은 하루 종일 크레바스와 마주치지 않았다. 좋은 징조이다. 구름 한 점 없는 하늘에는 태양이 계속해서 비치고 있다. 바람이 상승과 하강을 반복하고 있고 사방으로 황량하기 짝이 없는 전경뿐이지만 지금 우리 캠프는 활기차다. 내일이 크리스마스라 특별 음식도 준비되어 있다.

세상 끝 최악의 탐험, 그리고 최고의 기록

레슬리가 크레바스에 추락하다

이백삼십 피트 올라갔다. 어젯밤과 오늘 아침에 강풍이 불었다. 밤에는 가벼운 눈도 한차례 내렸다. 많은 드리프트(바람이 휘몰아쳐 눈이 쌓임)가 있었지만 우리가 출발할 즈음에는 진정 국면에 접어들었다. 지표에는 약 일 피트의 눈이 쌓여있었다. 처음에는 그것이 지표를 망쳐놓지 않았을까 우려했지만 처음 1시간 30분 동안은 순항했다. 그 후에 오르막 경사면이 나타났다. 그것을 오르자 짜증스럽게 또 다른 크레바스 지대가 나타났다. 우리는 급히 스키 스틱을 이용했음에도 순간순간 경로를 바꾸어야 했고 여러 번 높은 곳에서 떨어질 뻔하는 위기를 겪었다.

행군에 나선지 30분 후 나는 주위를 둘러보다가 저 멀리서 두 번째 썰매가 중단 상태로 있는 것을 발견했다. 누군가가 크레바스에 빠졌음이 분명했다. 구조 작업을 하는 게 보였다. 우리는 그 팀이 올 때까지 30분을 기다려야 했다. 날씨가 끔찍하게 추웠다.

레슬리가 갑자기 실수로 떨어지면서 다른 대원들도 같이 떨어질 뻔했던 것 같다. 대원들이 고산용 밧줄로 그를 끌어올렸다. 레슬리에 의하면

그 크레바스는 깊이가 오십 피트 넓이가 칠 내지 십 피트이고 U자 형이
었다. '깊이를 헤아릴 수 없는'이라는 말이 이처럼 적절한 경우도 없을 것
이다. 레슬리는 마흔네 살인데 정말 강하다. 떨어지고도 별 내색이 없다.

크레바스 등성이의 정상을 오르자 지표가 좋아졌고 우리는 1시 직전
까지 칠 마일 이상을 순항했다. 오늘 아침에 고도를 재보니 거의 이백오
십 피트 이상 올라가 있었다. 바람이 강해 썰매가 나가지 않아 힘겨웠는
데 이제 바람이 조금 약해졌다.

✢ ✢ ✢

밤 캠프 47. 너무 잘 먹어서 글을 쓰기가 힘들 정도다. 점심에 초콜릿,
건포도 등의 특별식을 먹은 후에 순조롭게 출발했다. 그러나 그것도 잠시
였다. 거의 우리 방향으로 거대한 눈벌판의 도로와 크레바스가 또 나타
났다.

우리는 감쪽같이 숨겨진 크레바스를 가로지르다 자주 그 속에 빠졌다.
두 크레바스 사이를 따라 이 마일 남짓 갔을 때 가장자리가 솟은 거대한
구덩이 같은 것이 나타났다. 침몰된 산의 정상일까? 아니면 소용돌이? 크
레바스가 사라지고 내려가기 시작하자 속도가 붙었다. 7시간 30분 동안
측정된 거리가 십오 마일이었다.

위치 측정: 위도 85도 50분.

행군이 끝나갈수록 지표 상태가 더 좋아졌다. 거대한 언덕의 긴 비탈
을 따라 오르내리다 올라가는 긴 비탈의 중간 지점에 천막을 쳤다.

세상 끝 최악의 탐험, 그리고 최고의 기록

정오에는 주위의 대륙이 한눈에 들어왔다. 도미니언 산맥이 갑자기 끝나고 두 개의 협곡과 두 개의 다른 땅이 나타났다. 관찰한 것을 에번스가 도면으로 그리면 좀 더 자세히 알게 될 것이다.

간밤에 했던 식사에 대해 한마디 하고 가야 할 것 같다. 네 가지였다. 처음에는 양파와 카레향이 가미된 말고기 조각이 곁들여진 페미컨(말린 쇠고기), 비스킷, 칡, 코코아가 들어간 진한 수프, 그다음에 자두 푸딩, 건포도가 곁들린 코코아, 마지막으로 캐러멜과 생강 후식이었다. 너무 잘 먹은 후에 몸을 움직이기가 어려웠다. 윌슨과 나는 우리 몫의 자두 푸딩을 남겨야만 했다. 우리는 잘 잤고 온기도 느꼈다. 어쩌면 잘 먹은 효과일 것이다.

12월 26일 화요일

점심. 4시간 45분 동안 육 마일과 사분의 삼 마일 행군. 자두 푸딩을 먹은 후 서서히 출발했다. 이제 끝까지 이어질 것 같은 지표 위를 가고 있다는 생각이 든다. 높낮이의 차이가 심하지 않게 여전히 있지만 대체적으로 평탄해지는 느낌이다. 조금씩 올라가고 있음이 틀림없다.

캠프 48. 오후의 첫 2시간은 순조로운 행군이 이어졌다. 그러나 곧 거친 오르막이 나타났고 썰매가 잘 나가지 않았다. 6시 30분에 저녁 천막을 쳤다. 행군이 끝날 무렵 썰매 끌기가 훨씬 더 쉬워졌다.

지금 우리가 위치한 곳은 위도 86도 선상이다. 남위 86.2 동경 160.26. 기온은 밤에 -23℃~-24℃이고 낮에는 -19℃로 큰 변화가 없다. 바람은 더 잦아든 것 같다. 압력 지대는 더 이상 없을 것이라고 생각했지만 오늘 밤에는 우리 오른쪽으로 크레바스 경사가 보인다. 그것을 피해 간다고 해도 또 다른 것이 있을지도 모른다. 눈과 바람이 굽이치는 설원의 특성상 다양한 지표를 만들고 있는데 당연히 바람이 경사에 부딪치는 각도가 여러 가지이기 때문이다.

세상 끝 최악의 탐험, 그리고 최고의 기록

사스트루기와 크레바스 교란 지대

12월 27일 수요일

점심. 오늘 오전에는 가벼운 바람이 불었고 썰매 끌기가 힘겨웠다. 모두 땀을 많이 흘렸다. 특히 힘겹게 따라오던 두 번째 팀이 더 그랬다. 우리는 경사를 따라 오르고 내리기를 여러 차례 반복했는데 오르막이 매우 힘들었다. 특히 썰매를 요동치게 만드는 사스트루기 지대에 접어들었을 때는 대책이 없었다. 그런 와중에도 칠 마일과 사분의 삼 마일을 갔다. 오늘 아침에 사고가 있었다. 보워즈가 하나뿐인 측고계를 깨뜨렸다. 그래서 고도와 기압을 동시에 측정할 수 있는 것이 없다.

밤. 캠프 49. 기온 -21℃.

점심을 먹은 후 우리는 부드러운 눈 지표 위로 잘 가다가 미끄럽고 단단한 사스트루기 지대에 들어섰고 적절한 속도를 유지했다. 하지만 사스트루기가 심상치 않은 사태가 있다는 기미를 보였다. 아니나 다를까 짧은 등성이를 오르자 또 한 번 크레바스와 교란 지대가 나타났다. 1시간 동안 힘겨운 사투를 벌였다. 수없이 길을 찾아 헤매야 했고 크레바스 속으로 지긋지긋하게 끌려들어 갔다.

정상에 도달하자 전번처럼 이번에도 모든 혼란의 진원지인 것 같은 '구덩이'같은 것이 있었다. 침몰한 산 정상인가? 마지막 1시간 15분 동안은 부드러운 눈밭 위를 순조롭게 나아갔다. 6시 45분에 캠프를 쳤고 십삼 마일과 삼분의 일 마일을 갔다.

조직의 방향을 잡는 것이 가벼운 일이 아니다. 그래서인지 아무도 자신의 생각을 밝히려고 하지 않는다. 오늘 오후에 교란 지대에 들어섰을 때 정말 우려스럽고 피곤했다. 정상 고원에 온 후로 해가 지지 않는다.

세상 끝 최악의 탐험, 그리고 최고의 기록

지원팀이 활기를 잃다

내일 아침부터는 내가 요리 담당이다. 오늘도 매우 힘든 하루였고 총 십삼 마일을 갔다. 우리 팀은 오늘 오전에 2시간 동안 쉬지 않고 갔다. 그런데 두 번째 팀이 매우 힘겨워했다. 나는 두 번째 팀의 에드워드 에번스의 자리에서 썰매를 끌어보았다. 두 번째 팀의 썰매가 더 무거웠다. 그럭저럭 나가기는 했지만 우리 팀 것만큼 잘 나가지 않았다. 그래서 제일 힘이 센 우리 팀의 에드가 에번스와 두 번째 썰매팀의 레슬리를 바꾸었다. 그러자 조금 순항하는 듯했다. 그러나 한순간 또다시 지표가 바뀌면서 단단한 사스트루기 오르막이 나타났는데, 그곳을 통과하는 것의 힘겨움은 이루 말로 표현할 수 없었다. 우리는 그곳 정상에서 점심 천막을 쳤다.

문제가 뭘까? 두 번째 팀은 활기가 없다. 달리 생각하면 속도가 붙지 않기 때문일 수도 있다. 아니면 썰매가 무거운 것일까? 오후에 우리는 썰매를 서로 바꾸었다. 처음에는 그런대로 잘 갔지만 곧 눈 지대로 들어서면서 썰매 끄는 것이 끔찍해졌다. 두 번째 팀은 우리 썰매로 순항했다. 결국 문제의 원인은 썰매였다. 이 모든 것이 배려의 부족 때문임을 알았다.

주자들은 잘 달렸지만 잘못 적재하고 잘못 묶인 짐 때문에 썰매 구조가 뒤틀려 있었다. 팀에 힘이 아직 남아 있다. 나는 그들에게 어려움이 생기면 싸워야 하고 문제가 있는 경우 알아서 바로잡아야 함을 분명히 말했다. 그들이 우리만큼 잘 따라오지 못할 이유가 없다.

12월 29일 - 고도 구천사십팔 피트

최악의 지표였고 썰매 끌기가 매우 힘겨웠다. 하지만 육 마일반(지리학적)을 갔다. 계속 이런 지표라면 거리를 따라잡는 것이 상당한 부담이다. 계속해서 가지만 서서히 올라간다. 두 번째 팀이 이제 보조를 맞추고 있다는 것은 만족스럽다. 보조를 맞추지 못했던 이유는 부분적으로는 썰매에 짐을 잘못 실었고 또 다른 한편으로 걸음을 맞추는 것이 잘 안되었기 때문이었다.

야간. 캠프 51. 기온 -21℃.

오늘 오후도 투쟁이었고 십이 마일을 갔다. 썰매 끌기가 매우 힘들었던 곳은 두 군데의 오르막이었다. 푸석푸석한 눈이 오르막 위에 날려 북쪽으로 향한 경사면에서 더미를 이루고 있었다. 이 더미에서 우리는 최악의 장애를 겪었다. 날씨는 조금 불확실해 보이는데 상당히 자욱한 권운이 우리 머리 위로 움직이며 동쪽과 서쪽으로 퍼져나간다. 바람은 남동풍에서 남남서풍으로 바뀌며 일었다가 잦아들었다 한다. 그것이 썰매 이동을 방해하기 때문에 짜증스러운 것이지만 지표에는 도움이 되어야 한다고 생각하고 내일은 더 나아져 있기를 바란다. 행군은 끔찍하게 단조롭다. 우리는 더 유쾌한 장면과 장소를 상상하고 있지만 행로를 유지할 필요가 생기거나 지표 위에서의 썰매가 어딘가 걸려서 재빨리 현실로 돌아온다. 오늘도 몇 시간의 느릿한 이동이 있었다. 이것이 우리 일의 대부분을 차지하고 있다.

새클턴의 날짜를 따라잡다

밤. 캠프 52. 매우 고되고 힘든 행군을 한 날이다. 겨우 십일 마일 행군. 남풍이 불었지만 별로 강하지 않았다. 날씨는 청명했다.

간밤에 천막 친 곳이 오르막 비탈이었기 때문에 오늘 오전에 얼마 가지 않아 정상에 도달했다. 두 번째 팀은 우리 시야에서 보이지 않을 정도로 뒤처졌다. 우리 팀은 육 마일 반을 간 후에 점심을 먹었다. 우리는 오후에도 잘 갔고 두 번째 팀은 여전히 뒤처졌다. 우리가 저녁 캠프를 설치한 것은 6시 30분이었고 그들이 도착한 것은 7시 15분이었다. 행군 말미에 또 다른 눈 덮인 오르막이 나타났고 두 정상 사이의 팔 마일 구간을 지나기가 끝까지 힘들었다.

내일은 반나절 행군한 후에 저장소를 설치하고 십 피트 썰매를 만들 것이다. 확실히 두 번째 팀이 힘들어한다. 썰매를 작게 하고 무게를 줄여본 후에 어떻게 감당해나가는지 지켜보면 문제의 핵심을 볼 수 있을 것이다. 지표가 오십 마일 전보다 악화되었다. 우리는 새클턴의 날짜를 따라잡았다. 두 번째 팀이 계속 건강하게 전진할 수 있다는 믿음만 들면 걱정이 없을 것 같다.

3도 저장소

새해 전야. 캠프 53. 고도 구천백이십칠 피트. 기온 -23℃.

두 번째 팀이 스키와 오십 킬로그램 정도 나가는 몇 가지 물품들을 저장소에 저장했다. 나는 그들이 먼저 출발하게 했다. 앞서가긴 했지만 그렇게 빠르지 않았다. 우리는 그 뒤를 따랐고 1시 30분경 그들이 천막을 쳤을 때 따라잡을 수 있었다. 출발점에서 정확히 칠 마일 지점이었다. 많이 올라왔음이 분명하다. 행군의 시작부터 가파른 기울기였는데 행군의 말미에 또 다른 비탈의 정상에 도달했다. 썰매 끄는 것이 제일 힘들었던 곳은 이 두 정상 사이의 팔 마일과 삼분의 이 정도 구간이었다. 실제로는 거의 하루 종일 올라간 듯하다.

우리는 차를 마시고 나서 썰매 해체 작업에 들어갔다. 오래 걸리지 않았다. 그러나 다른 천막에서 십 피트 썰매를 다시 짜 맞추는 데에는 긴 시간과 특별한 기술이 필요했다. 에드가 에번스와 크린이 그 작업에 매달렸다. 에드가 에번스는 우리 팀의 값진 자산이다. 이런 극한에서 썰매를 개조하는 것 자체가 기록에 남을 일이다. 에드워드 에번스가 방금 위도를 측정했다. 남위 86도 56분. 오늘 밤 목표로 잡았던 남위 87도에 근접했다. 아직 반나절 정도가 남아있지만 앞으로 속력을 내면 따라잡는 것은 시간문제다.

이곳을 '3도 저장소'로 명명했다. 이곳에는 두 팀의 일주일 분 식량이 저장되어 있다. 이곳은 특이하게 신기루와 마찰이 별로 없다. 에번스와 크린을 제외한 나머지는 이중 천막 속에서 기다렸다. 이중 천막을 쳐보기는 처음인데 훨씬 아늑했다.

밤 10시. 썰매 개조 작업이 예상보다 길어져 이제 거의 끝났다. 십 피트 썰매가 매우 튼튼해 보인다. 우리는 여분의 차를 마시고 이중 천막의 침낭에 들어갔다. 아직까지 글을 쓰거나 일을 해도 될 정도로 밝다. 새벽 2시가 되어서 잠자리에 들었다.

세상 끝 최악의 탐험, 그리고 최고의 기록

/ 7 /

1월 ─ 남극점을 정복하다

경사가 완만해지다

7시 30분 준비 작업 완료. 9시 30분 출발. 에번스팀이 먼저 출발했다. 우리는 스키로 따라가려고 했지만 스키화를 미리 손봐두지 않은 것을 알았다. 스키화를 손보는 데 30분이 걸렸다. 그러나 우리가 출발했을 때 놀랍게도 썰매가 잘 끌렸다. 우리는 순항했고 발로 끄는 팀을 재빨리 따라잡았다.

캠프 54. 백오십 피트 상승. 빙붕 구천육백 피트 고도. 그들은 오 마일 반을 간 후 점심을 먹기 위해 천막을 쳤고 7시 30분까지 총 십일 마일과 삼분의 일 마일을 행군했다. 점심 캠프에서 출발이 다시 조금 늦어졌다. 에번스가 천막을 수리했고 내가 취사도구를 수리했다. 오후에도 우리는 먼저 출발한 두 번째 팀을 쉽게 따라갔다. 천막을 치기 15분 전에 그들을 완전히 따라잡았다. 놀랍게도 썰매가 매우 잘 끌렸다. 오늘은 하루 종일 크게 힘들지 않았다.

하루 종일 경사를 올라갔다. 경사는 비교적 완만했다. 스키로 가는 것이 어렵지 않을까 우려했지만 전혀 그렇지 않았다. 기온이 계속해서 떨어지는데 아마 바람 때문인 듯하다. 이중 천막은 매우 아늑했다. 우리는 초콜릿 바를 먹으며 새해를 축하했다. 지원팀이 활력이 떨어져 보인다. 작업이 순조롭지 않다. 그래도 전망은 어둡지 않다. 목표 지점까지는 백칠십 마일 남았고 식량은 충분하다.

1월 2일 화요일 - 캠프 55. 고도 약 구천구백팔십 피트. 기온 -27℃

발로 끄는 썰매팀이 8시 전에 출발하여 1시까지 갔다. 2시 35분에 다시 나서서 6시 30분까지 끌었다. 우리 팀은 매번 30분 후에 출발하여 비교적 쉽게 따라잡았다. 발로 끄는 팀은 힘겨워했고 우리는 비교적 순항했다. 십삼 마일을 갔다.

우리가 빙하를 떠난 이후 처음으로 하늘이 조금 흐리다. 층운의 장막을 통해 해가 보이고 지평선으로 푸른 하늘이 보인다. 오늘 사스트루기는 온통 남동 방향이 발원지이다. 바람도 마찬가지인데 오늘 매우 가볍게 분다. 구름이 바람이나 나쁜 지표를 의미하는 것이 아니기를 바란다.

지표는 오후로 갈수록 점점 더 나빠졌다. 오늘은 많이 올라간 것 같지 않다. 이제 기복이 평탄해지고 있는 것 같다. 오후 행군에 도둑갈매기들이 우리 주위로 날아왔다. 정말 신기했는데 우리 앞에 있는 눈 위에 계속 내려앉았고 우리가 다가갔을 때 칠 내지 십 피트 앞에서 퍼덕거리면서 날아올랐다.

그것들은 충분한 먹이를 구하지 못한 것처럼 보였다. 바다에서 떨어진 거리를 고려해보면 정말 특별하게 찾아온 손님이다.

극점팀 다섯 명을 결정하다

점심 고도 일만 백팔 피트, 밤 일만 백칠십칠 피트. 캠프 56. 기온 -27℃, 최저 -28℃. 목표 지점 백오십 마일 이내에 들어왔다. 간밤에 나는 팀의 조직을 다시 짜기로 했다. 오늘 아침에 에드워드 에번스 · 레슬리 · 크린 에게 기지로 돌아가라고 했다. 그들은 실망하면서도 잘 받아들였다. 보워즈는 우리 팀에 합류한다. 내일부터 다섯 명이 한 팀이 되어 올라간다. 실제로 식량은 다섯 명이 한 달 이상 먹을 수 있는 충분한 양을 저장하고 있다. 우리는 오늘 스키를 타고 순조롭게 갔지만 발로 끄는 팀은 상대적으로 느렸다. 결과적으로 오늘 총 행군 거리는 십이 마일이 조금 넘는다. 내일 어떻게 해나갈지 걱정이다. 오늘 지표는 군데군데 매우 좋지 않았고 바람은 강했다.

'위도 87도 32분.' 희망적인 위치에서의 마지막 기록이다. 모든 것이 잘 될 것이다. 좋은 팀이 올라갈 것이고 조정 작업은 잘 이루어질 것이라 기대한다.

최종 지원팀과 작별하다

1월 4일 목요일 기온 -27℃, 점심 -26℃

오늘 아침에는 당연히 출발이 조금 늦었다. 귀환팀과의 작별을 위해 썰매 분리 작업이 이루어졌다. 에드가 에번스 덕택에 조정된 썰매 하나에 짐이 깔끔하게 적재되는 것을 기쁜 마음으로 지켜보았다. 우리는 잘 끌 수 있을까 걱정했지만 생각보다 힘들지 않은 것을 알고 안도했다. 보워즈가 앞에서 발로 끌었고 윌슨과 내가 뒤에 자리 잡았다. 속도를 잘 유지해야 하는데 다행히 그는 우리를 위태롭게 하지 않았다.

귀환팀이 선뜻 방향을 돌리지 못하고 만일의 경우에 대비해 한동안 우리를 따라왔다. 우리가 잘 가는 것을 확인하자 걸음을 멈추고 작별 인사를 했다. 에드워드 에번스는 무척 실망하는 모습이었지만 잘 받아들였고 남자답게 행동했다. 크린은 딱하게도 눈물을 흘렸다. 레슬리조차도 상심한 얼굴을 했다. 그들의 썰매가 지금까지 끌었던 것에 비하면 아무것도 아닌 것을 보고 기뻤다. 그들은 틀림없이 빠른 속도로 귀환할 것이다.*

우리는 그들과 작별한 후 1시 15분까지 육과 오분의 일 마일을 갔다. 이제 발이 묶이는 일 없이 평균 이동거리를 어려움 없이 유지해야 한다.

세상 끝 최악의 탐험, 그리고 최고의 기록

밤. 캠프 57. 기온 -26℃, 고도 일만 이백칠십팔 피트. 우리는 오후 1시 간 반 동안 순항했다. 그러나 곧 푸석푸석한 눈 덮인 지표가 나타나면서 썰매 끄는 것이 만만치 않았다. 7시까지 십이 마일 반을 행군한 것으로 종료해야 했다. 오늘은 정말 힘든 날이다.

오후에 바람이 잠잠해지더니 밤이 되자 고요해졌다. 햇볕이 따사로워 낮은 기온에도 불구하고 큰 불편을 느끼지 않고 밖에 서 있는 것이 가능 하다. 밖에 서서 보면 우리 상황에서 달갑지 않은 일이 일어날 가능성이 높다는 생각이 자꾸 든다. 햇살이 스키 위의 눈을 녹인다. 고원이 평탄하 다. 우리는 여전히 완만하게 올라가고 있다. 사스트루기(지표)는 점점 더 혼란스러워지는데 남동 방향이 제일 악성으로 발달하고 있다. 우리 앞에 놓인 것이 무엇일까. 현재는 모든 것이 별 탈 없이 순조롭게 이어지고 있 는 것처럼 보인다. 그렇다고 우리 일을 더 어렵게 만드는 장애물이 없다 고 믿지는 않는다. 아마도 지표가 우리를 힘들게 하는 요소일지도 모른다.

---

*2차(최종) 지원팀(에드워드 에번스, 레슬리, 크린)-1월 4일 남위 87도 부근에서 귀환을 시작하지만 귀환 과정 에서 상당한 어려움을 겪는다. 부록 1참조

사스트루기로 느려지는 행군

캠프 58. 고도 아침 일만 사백삼십 피트, 밤 일만 삼백이십 피트. 기온 최저 -30℃.

끔찍하게 힘든 날이다. 북북서풍이 흩어진 구름을 몰고 오자 눈이 내렸다. 따라서 지표는 첫 1시간 이후 감당하기 힘들 정도로 나빠졌다. 우리는 8시 15분에 행군을 시작하여 1시 15분까지 칠 마일과 오분의 사 마일을 갔다. 오후에도 꾸준히 행군하여 7시까지 총 십이 마일 반을 갔다. 정상 지대에 진입한 이후로 제일 힘든 행군이었다. 가면 갈수록 사스트루기가 증가했다. 어쩔 수 없이 우리는 남서쪽으로 직행하기 못하고 서쪽으로 방향을 틀어서 다시 남쪽으로 가야 했다. 오늘 밤에는 남풍이 강하게 불고 지표가 매우 거칠다. 다행히 아직까지는 썰매가 뒤집어질 조짐이 없다.

이 엄청난 눈을 쓸어갈 바람이 불어준다면 얼마나 좋을까…. 하지만 오늘 밤 보이는 앞날은 어둡다. 지금 이곳은 위도 88도에 거의 근접해 있다. 극점까지는 백이십 마일이 남아있고 섀클턴이 마지막으로 도달했던 한계까지는 한 번의 행군이 남아있을 뿐이다. 대체로 모든 것이 계획대로 진행되고 있다.

지금 이 상태에서는 1시간에 일 마일 이상 가기 힘들다. 부담을 엄청 느끼며 행군하다 보면 그림자가 우리 오른쪽에서 앞을 지나 왼쪽으로 서서히 움직인다. 단조롭기 짝이 없는 행군이지만 머릿속에 얼마나 많은 생각이 오고 가는지! 남극점이 우리 것이라는 희망에 부푼 성을 쌓고 또 쌓는지!

오늘 보워즈가 관측했다. 그는 삼 일에 한 번씩 한다. 추위는 크게 느껴지지 않는다. 이 상황에서 쾌적한 것은 햇빛이 우리를 말려주는 위대한 효과 때문이다. 양말과 털 장화는 아침에 거의 말라 있다. 다섯 명이 먹을 요리를 조리하는 일이 네 명이 먹을 요리를 조리할 때 보다 시간이 더 드는데 이것이 예상외로 만만치 않다. 하루에 30분은 더 드는 것 같다. 내가 다섯 명으로 다시 짰을 때 이것은 계산에 넣지 않았다.

사스트루기가 압박하다

갈수록 지나기가 어렵다. 사방이 온통 사스트루기였다. 가면 갈수록 심해졌는데 마치 파도의 물결이 일렁거리는 바다 한가운데에 있는 것 같다. 일 마일하고 반을 더 간 후 우리는 스키를 벗고 발로 썰매를 끌었다. 그것만으로도 끔찍하게 힘들었는데 설상가상으로 모든 사스트루기가 미늘(작은 갈고리)같은 날카로운 결정체로 덮여있었다. 육 마일하고 반을 갔지만 이런 지표가 계속되면 평균을 유지할 수가 없다.

캠프 59. 위도 88도 7분. 고도 일만 사백삼십 내지 일만 오백십 피트. 기온 -30℃ 최저 -32℃.

아침. 썰매를 끄는 것이 매우 힘들다. 1시간 정도 갔을 때 침낭이 썰매에서 떨어진 것을 알았다. 발걸음을 돌려 그것을 가져와야 했다. 1시간 이상이 걸렸다. 하루 종일 십 마일 반을 갔다. 여태까지 중에서 제일 힘든 행군이었다. 저장소에 스키를 놓아두고 가는 문제를 고려 중이다. 파손의 위험 때문이다. 사스트루기 지대는 오르막 아니면 내리막이다. 사스트루기를 뒤덮은 얼음 결정체는 내리막에서조차 썰매 활주를 방해한다. 사스트루기를 만나는 것이 정말 두렵다. 그러나 이틀만 더 가면 저장소에 짐을 두고 갈 수 있다. 이것이 희망이라면 희망이다. 지금 이곳은 섀클턴의 마지막 캠프 남쪽이다.

에번스가 손을 베이다

1월 7일 일요일 - 고도 일만 오백육십 피트, 기온 -2.9℃

점심. 예측할 수 없는 상황 변화에 정말 당혹스럽다. 간밤에 우리는 사스트루기 때문에 스키를 두고 가기로 결정했다. 오늘 오전에 사십 분 동안 일 마일을 행군했을 때 사스트루기가 다시 점차 사라졌다. 나는 스키 문제를 계속 곰곰이 생각했다. 결국 우리는 걸음을 멈추고 서로 생각을 말하고 나눈 끝에 돌아가서 스키를 가져왔다. 이 일에 거의 1시간 반이 걸렸다. 다시 행군했다.

그런데 스키로는 썰매를 거의 움직일 수가 없어서 두려웠다. 지표가 푸석푸석한 모래 알갱이 같은 끔찍한 눈 껍질로 덮여 있었기 때문이었다. 그러나 우리는 끝까지 스키를 벗지 않고 기진맥진한 상태로 나아갔고 행군을 마칠 무렵에 비교적 순조롭게 나갔다. 썰매 끄는 일이 여전히 끔찍하다.

오후. 캠프 60. 기온 -30℃. 고도 일만 오백칠십 피트. 위도 남위 88도 18분 40초, 경도 동경 157도 21분 서경 179도 15분.

정상 지대에 온 이후로 제일 적게 갔다. 이런 상태가 계속되면 행군을 더 많이 해야 한다는 압박감도 내리누를 것이다. 그러나 상황이 달라질 것으로 예상한다. 내일 일주일 분의 식량을 저장소에 남겨두면 약 사십오 킬로그램 정도가 가벼워진다. 오늘 오후에 그토록 바라던 남풍이 분다. 이것이 지표를 개선할 것이다.

사스트루기가 많이 감소되었다. 남쪽의 사스트루기가 남서쪽에 비해 압도적이다. 오늘 오후에 지표는 모래 알갱이 같은 결정체로 덮여있었지만 미늘 모양의 날카로운 사스트루기만큼 악성은 아니었다.

신기하게도 이런 돌출한 형태의 지표를 바꿀 수 있는 것은 바람과 드리프트뿐이다. 오늘은 거의 오르막이 아니었다. 대륙이 거의 평탄해진 느낌인데 앞으로도 계속 이렇게 이어질 것 같다. 지금 우리가 바라는 것은 더 나은 지표가 아니라 눈 결정체가 없거나 굳어있는 것뿐이다. 스키를 탈 수 있는 상태가 되는 것은 생각만 해도 기쁘다. 행군이 아무리 힘들어도 스키를 타면 그래도 덜 힘들다. 보워즈가 스키 없이 가는 것이 힘들어 보이는데 보워즈는 대수롭지 않게 받아들인다. 에번스가 손을 심하게 베였다. 썰매를 조정하면서 제발 큰 탈이 없었으면 좋겠다. 배급량은 만족스럽다. 이토록 근사한 배급에 운이 조금만 따라준다면 정말 강한 팀일 텐데….

정상 지대에서 첫 눈보라를 맞다

1월 8일 월요일 - 캠프 60. 정오. 기온 -28℃ 밤 -31℃

정상 지대에서 첫 눈보라가 몰아쳤다. 우리는 아침을 먹은 후 출발하려 했지만 바람이 증가할 것처럼 보였다. 예상이 맞아떨어졌다. 태양이 들어가지는 않았음에도 눈이 내리고 드리프트가 증가했다. 바람이 증가하자 하늘이 조금 밝아지고 있는 것 같다. 모든 현상이 빙붕의 눈보라와 흡사하다. 흔히 예상하는 것처럼 눈이 훨씬 적을뿐이다. 현재는 바람이 줄어들고 있는데 그것이 다소 놀랍다.

오늘 아침에 에번스가 손을 붕대로 감았다. 나머지는 별 탈이 없어야 한다. 이중 천막 안에서 침낭 속에 누워있었을 때 나는 그것이 우리에게 어느 정도 영향을 미칠지 확실한 판단이 서지 않았다. 그러나 하루 이상 시간을 늦출 수 없다. 더 질질 끌면 시간과 식량 등 여러 가지 문제가 생긴다. 낮에 처음으로 태양이 들어가면서 사방이 훨씬 더 자욱해졌다. 눈보라에 기온이 떨어졌지만 이중 천막은 그나마 아늑하다. 차가운 눈이 천막 안으로 쉽게 들이치지 않는다. 침낭도 상태가 괜찮다. 나는 내일 아침에 출발할 수 있기를 간절히 바라지만 이런 요란(바람의 요란, 저기압)이

　세상 끝 최악의 탐험, 그리고 최고의 기록

국지적인 폭풍보다 우리를 더 오래 붙잡아둘 수도 있을 것 같아 두렵다. 대원들은 충분히 칭찬해도 모자랄 정도로 훌륭하다.

의사인 윌슨은 사고를 당한 대원들의 조그마한 고통이나 장애도 그냥 넘어가지 않는다. 지금은 요리사 역할을 신속하고 적절하며 빈틈없이 잘 해내고 있다. 그는 언제나 어떻게 하면 캠프 생활에 도움이 될지 궁리하고 또 궁리한다. 행군 중에는 강철같이 강하고 처음부터 끝까지 동요하거나 머뭇거리는 모습은 찾아볼 수 없다.

에번스는 괴력의 사나이로 정말 머리가 좋다. 생각해보면 얼마나 많은 것들이 그의 덕택인지 모른다. 스키화나 크램폰은 우리에게 절대적인 필수품이다. 원래 발상이 그의 것이 아니라 해도 제작과 얼개의 세부 사항과 좋은 솜씨는 그의 작품이나 다름없다. 모든 썰매 · 썰매 장비 · 천막 · 침낭 등을 책임지고 있다. 이런 장비에 대한 불만족이 아직 한 마디도 나오지 않는 것을 보면 그가 얼마나 든든한 우리의 조력자인지 보여준다. 지금은 천막 치는 것을 감독하고 썰매 짐의 적재, 배열을 맡고 있다. 모든 짐을 얼마나 깔끔하고 솜씨 있게 적재하는지, 썰매 활주 부의 질과 유연함을 유지하기 위해 얼마나 많은 연구를 하는지 놀랍다. 빙붕 위에서 조랑말이 죽기 전에도 짐의 적재에 문제가 없는지를 살피면서 한순간도 썰매를 떠나지 않았다.

제일 어린 보워즈에게도 탄복한다. 모든 것을 즐기면서 한다. 나는 그에게 물자 관리를 맡겼다. 다시 짐을 꾸리는 여러 단계에서 물자를 적재 적소에 재분배하는 것은 정말 복잡한 일인데 아직 한 번도 실수가 없다. 그 외에도 보워즈는 기온 측정과 기록을 맡고 있다. 뿐만 아니라 전망을 살피는 조망사, 사진사 역할도 한다. 그에게 맞지 않는 일도 없고 힘든 일도 없다. 보워즈를 천막 안으로 들어오게 하기가 어려울 정도다. 그는 추위를 잊은 사람 같다. 그리고 침낭에 들어가서도 다른 사람들보다 오랫동안 자지 않고 글을 쓰거나 작업을 한다.

생각해보면 다들 맡은 일이 자신에게 정말 잘 맞기 때문일 수도 있지만 다른 사람이 했더라면 그렇게까지 잘 할 수는 없었을 것이다. 모두 소중한 동료들이다. 오츠는 말이 있었을 때 진정한 가치를 보여주었다. 그는 지금 많이 힘들어하는 것처럼 보이지만 천막을 칠 때 자기 몫을 잘하고 있고 누구보다도 고난을 잘 견디고 있다. 그래서 우리 다섯 명은 어쩌면 선택된 사람들인 것 같다.

세상 끝 최악의 탐험, 그리고 최고의 기록

보워즈의 시계가 일시 정지하다

1월 9일 화요일 - 캠프 61. 위도 88도 25분, 기록 갱신. 기온 -20℃

위도 88도 25분. 고도 일만 이백칠십 피트. 아침을 먹을 때 바람과 드리프트가 여전했지만 약해질 조짐이 보였다. 바람은 점차 남풍에서 동남동풍으로 바뀌었다. 점심 후 우리는 약한 빛 속에서 캠프를 철수하고 오후 행군을 시작했다. 꾸준히 가서 육 마일 반을 갔다. 그 결과 위도 88분 25분 지점에 도달했고 마침내 섀클턴의 한계를 넘는 기록을 세웠다. 이제부터는 완전히 새로운 세계이다. 한차례 눈보라 후에 기압이 상승하고 있다. 지대는 많이 평탄해진 것 같다.

더 신기한 것은 눈보라 이후에 온도가 계속 올라가 지금은 -20℃이고 비교적 온기가 있다는 것이다. 해는 오후 내내 매우 희미하게 나왔을 뿐이다. 지금 조금 더 밝다고 해도 말이다. 구름이 여전히 동쪽에서 밀려오고 있다. 행군이 끔찍할 정도로 단조롭지만 이동 거리만 유지되면 불평할 수가 없다.

오늘 저장소를 출발할 때 짜증 나는 일이 일어났다. 갑자기 보워즈의 시계가 26분이나 늦었다. 주머니 밖에서 한동안 얼어붙어 멈추었는지도 모른다. 아니면 부주의하게 바늘을 만졌을 수도 있다. 아무튼 이 일로 황량하고 거대한 설원에 물건을 두지 않도록 극도로 조심하게 되었다. 우리가 출발했을 때 지나온 길이 보였지만 빛은 극도로 나빴다.

세상 끝 최악의 탐험, 그리고 최고의 기록

다시 행군은 힘겨워지고

지독한 오전 행군으로 겨우 오와 십분의 일 마일을 갔다. 점심 캠프에 저장소를 설치하기로 결정했다. 케른을 쌓았고 잡다한 의복 같은 물품과 일주일 분의 식량을 남겨두었다. 우리는 열여드레 동안 먹을 만큼 식량을 가지고 올라간다. 오늘 지표가 매우 나쁘다. 어제 우리가 견디어야 한다고 말했어야 하지만 지금 지표는 이루 말로 표현할 수가 없을 정도이다. 만약 이 상태가 계속되면 우리가 아무리 사투를 벌여도 행군 시간을 유지하는 데 큰 어려움을 겪을 것이다. 지표가 완전히 모래 알갱이 같은 눈으로 덮여있다. 해가 비치면 그것은 끔찍해진다. 오후가 시작될 무렵, 하늘이 흐려졌다. 우리는 좀 더 가벼운 무게로 무난히 출발했지만 해가 다시 나온 마지막 2시간 중에 태양은 또 그림자를 드리웠고 행군은 몹시 힘들었다. 이동 거리는 겨우 십과 오분의 사 마일이다.

극점까지는 팔십오 마일밖에 남지 않았지만 왕복 모두 썰매 고행길이 될 것이다. 우리는 꾸준히 앞으로 가고 있는데 그것이 중요하다. 오늘 밤 하늘은 흐리고 기온은 예상보다 높다. 이곳에서는 날씨가 어떻게 갑자기 달라질지 상상하기가 정말 어렵다. 사스트루기는 남쪽에서 동쪽으로 이어지며 갈피를 잡을 수 없게 뒤섞어 어지럽게 만든다. 불명확한 빛과 순식간에 흘러가는 구름으로 방향을 잡기가 힘들다. 구름은 어딘가에서 오는 것처럼 보이지 않고 뚜렷한 이유 없이 모양을 이루고 흩어진다. 지표는 점점 더 부드러워지고 있는 것 같다.

세상 끝 최악의 탐험, 그리고 최고의 기록

썰매와 지표와의 사투

오늘도 시작부터 썰매를 끄는 것은 힘겨웠다. 그래도 처음 2시간 반 동안은 썰매를 끌 수는 있었다. 그러고 나서 태양이 나왔고 오전 그 나머지 시간은 썰매를 두고 온 힘을 다해 끌었다. 이렇게 힘든 적은 없었다. 썰매는 내내 강판에 갈리는 것 같은 삐걱거리는 마찰음을 냈다. 육 마일을 갔지만 우리는 무시무시한 대가를 지불했다.

야간 캠프 R63. 기온 -26.8℃ 최저 -32℃.

오후에도 그런 상태에서 오 마일이 추가되었다. 이제 극점까지는 칠십사 마일이 남았다. 이레 동안 가면 따라잡을 수 있을까? 이것은 우리 모두를 대단히 지치게 한다. 우리 중 어느 누구도 이전에 이토록 고된 노동을 해본 적이 없다. 하루 종일 우리 머리 위로 구름이 흘러오고 흘러가는데 남동쪽으로부터 드리프트가 있었지만 계속해서 모양을 바꾸고 있다. 언제나 눈이 내린다. 출발 때 불던 가벼운 남풍이 곧 잦아들었다.

오늘 밤 태양이 너무 밝고 따뜻하게 느껴져 기온이 영하라는 것이 상상이 되지 않는다. 우리가 전진하면 할수록 눈이 부드러워지는 것 같다.

사스트루기가 단단하지 않다. 지표가 한번 침하되었던 어제를 제외하면 빙붕 위처럼 크러스트가 없다. 여기에는 지속적인 바람이 없는 것이 확실해 보인다. 우리가 그 일을 하고자 한다면 기회는 우리에게 있는 셈이다. 하지만 기회를 잡으려면 끔찍하게 힘든 시간을 보내야 한다.

세상 끝 최악의 탐험, 그리고 최고의 기록

오싹한 강추위

가는 내내 갓 내린 눈으로 또 한 번의 힘겨운 행군을 했다. 출발할 때 태양은 밝았고 날은 고요했다. 첫 2시간 동안은 속도가 매우 느렸다. 4시간 45분 동안 오와 삼분의 이 마일 행군. 오후 4시간 동안 오와 십분의 일 마일 행군. 총 이동 거리 십과 삼분의 이 마일.

오후에는 좀 더 탈 없이 잘 간 것 같다. 차가운 바람이 가볍게 불자 구름이 서쪽으로부터 퍼져나갔다. 잠시 동안 우리는 썰매를 자유자재로 끄는 즐거움을 맛보았다. 그러나 아이고! 순식간에 다시 모든 것이 최악으로 변해갔다. 일식에도 불구하고 말이다. 짧고 즐거웠던 경험은 유익했다. 나는 우리가 썰매를 끄는 일로 몸과 마음이 몹시 지쳐가는 것이 두려웠다. 이 몇 분간의 기억으로 오직 우리가 원하는 것이 즐겁게 갈 수 있는 좋은 지표뿐임을 알게 되었다. 현재의 지표 상태는 점심이나 저녁 캠프에서 모든 고난을 잊고 재충전하지 않으면 끝도 없는 단조로움에 질려서 완전히 기진맥진해 버릴 만하다.

두 자리 행군 거리를 유지하는 것이 힘들다. 하지만 다음 네 번의 행군에 두 자리를 유지할 수 있다면 그렇게 해야 한다. 이제 극점이 우리 바로 앞에 있다.

오늘 밤 캠프에서 우리는 매서운 한기를 느꼈다. 혹한 때문이라고 추측했지만 놀랍게도 기온은 지난밤보다도 높았다. 왜 이렇게 갑자기 추위를 느끼는지 설명할 수가 없다. 행군에 많이 지쳐있기 때문일 수도 있고 공기 중에 습기가 많기 때문일 수도 있다. 보워즈가 대단하다. 내가 그렇게 말렸음에도 기어이 오늘 밤 캠프를 친 후에 관측한다. 우리는 스키를 타고 그나마 힘들지 않게 왔지만 그는 하루 종일 눈 위를 행군한 후였다.

오늘 밤 극점까지 남은 거리는 육십삼 마일이다. 제발 지표만 좀 더 좋아진다면! 이곳이 비교적 바람이 없는 지역임이 분명하다. 사스트루기도 거의 없다. 가끔씩 남동풍이 불어오지만 거세지는 않다. 우리는 눈 속에 깊은 흔적을 남겼다.

1월 13일 토요일 - 점심 고도 일만 삼백구십 피트. 위도 89도 3분 18초

부드러운 눈 지표 위에서 출발했는데 썰매 끌기가 매우 힘겨웠고 속도가 느려졌다. 그런 상태가 목표 지점까지 이어질 것으로 생각했지만 놀랍게도 우리 예상이 빗나갔다. 두어 시간 후에 우리 앞에는 말 그대로 사스트루기의 바다가 펼쳐져 있었다. 동남동쪽이 특히 압도적이었다. 남동풍 남남서풍의 차가운 바람이 조금 불고 하늘은 흐렸다. 오와 삼분의 이 마일

세상 끝 최악의 탐험, 그리고 최고의 기록

을 갔다. 위도 89도 선상이다.

야간 캠프 65. 고도 일만 이백칠십 피트. 기온 최저 -30℃.

우리는 오후에 순조롭게 출발했다. 진짜 순조로운 행군을 할 것이라고 생각했지만 첫 2시간 후에 결정체의 지표가 이전처럼 모래 알갱이 같은 형태로 바뀌었다. 그래서 오와 삼분의 이 마일을 갔는데 하루 십일 마일이 넘는다. 또 두 자릿수를 기록한 날이다.

이제 우리는 조금 내려가고 있는 느낌이 든다. 사스트루기는 오전과 다름없었다. 가벼운 썰매를 나가게 하는 데도 끌고 근육을 혹사시키는 일이 정말 사람을 지치게 한다. 그래도 우리는 해나간다. 나는 오늘 잠시 생각을 내려놓았는데 그것이 휴식이 되었다. 우리에게 스키가 있으니 그나마 진전이 있다. 보워즈는 스키 없이도 짧은 다리로 부드러운 눈을 헤쳐 나갔다 해도 말이다.

오늘 밤 극점까지 남은 거리는 겨우 오십일 마일이다. 극점이 바로 우리 눈앞에 있다. 오늘 밤 약한 남풍이 분다. 제발 조금만 더 세게 불어주기를 기도한다. 부드러운 눈 지대와 사스트루기가 교대로 나타나는 걸 보니 해안 산들이 매우 멀리 떨어져 있지 않나 보다.

결정적인 고비

온종일 흐린 하늘에서 해가 흐릿하게 나타났다. 가벼운 남풍이 불었고 드리프트가 있었다. 따라서 지표가 조금 좋아졌다. 오전 중에 꾸준히 육과 삼분의 일 마일을, 오후에 오 마일 반을 갔다. 그러나 방향을 가늠하기가 끔찍하게 어렵고 힘들다. 거의 아무것도 보이지 않는 일이 자주 일어난다. 보워즈가 내 어깨에 올라타서 방향을 잡았다. 상황이 이렇다 보니 스키를 탈 수 있는 것만으로도 엄청난 도움이 되었다.

오늘 밤은 안개가 매우 자욱하다. 해가 있는지 없는지 구분하기도 힘들지만 기온이 올라갔다. 심각한 눈보라가 불 조짐이 보이지만 크게 염려하지 않아도 될 듯하다. 이 지대 자체가 거센 바람이 몰아치는 곳 같지는 않기 때문이다. 그리고 바람이 다소 불더라도 행군은 할 수 있을 것이다. 이제 극점까지는 사십 마일도 채 남지 않았다.

다시 우리는 추위를 느꼈다. 오늘 점심때 모두 발이 시렸다. 아마도 털장화의 털 상태 때문이었을 수도 있다. 털 장화를 벗고 털이 벗겨진 곳에 생 양털을 좀 집어넣었더니 한결 나아졌다. 오츠가 지금 추위와 피로를 제일 많이 느끼는 것 같다. 하지만 아직은 모두 건강하다. 지금이 결정적인 고비다. 우리는 썰매를 끌어야 한다. 기압이 많이 떨어졌는데 고원에 올라왔기 때문인지 날씨의 변화 때문인지 알 수가 없다. 제발 며칠만 더 날씨가 좋기를! 이제 거의 다 왔는데 날씨가 훼방 놓지나 않을지….

마지막 저장소를 설치하다

1월 15일 월요일 - 고도 구천구백사십칠 피트, 마지막 저장소 설치

밤중에 대기는 잔잔했고 태양은 더없이 맑은 하늘에서 밝게 빛났다. 가벼운 바람이 불면서 기온은 -31℃ 최저 -32℃로 떨어졌다. 이것은 힘든 행군이 된다는 말인데 역시 예상이 빗나가지 않았다. 지표가 끔찍했다. 그런데도 우리는 4시간 45분 동안 육 마일을 끌었다. 캠프 자리에 마지막 저장소를 설치했다. 나흘간의 식량과 잡다한 물품을 남겼다. 짐이 가벼워진 만큼 마찰이 줄어들어야 하는데 그렇지 않을까 봐 우려스럽다.

밤. 기온 -31℃. 점심 후 썰매는 놀랄 만큼 가볍게 느껴졌다. 내 생각에는 썰매의 무게 외에도 짐을 쌓는 방법, 차의 효과 등이 한몫했다. 아무튼 오후에 육과 삼분의 일 마일을 갔고 총 십이 마일 이상을 갔다. 사스트루기가 다시 매우 혼란스럽지만 주로 동남 사분면이 그렇다. 이제 동쪽이 거의 가장 심하다. 썰매가 솟은 부분에 지속적으로 부딪친다. 바람은 주로 서북서풍이지만 날씨는 좋고 그 방향에서의 사스트루기는 없다.

야간 캠프 67. 이제 두 번의 긴 행군만 하면 극점에 도달할 수 있다는 것은 생각만 해도 뿌듯하다. 오늘 우리는 아흐레 치 식량을 가지고 출발

했다. 극점을 밟는 것이 확실해졌다. 마음 한구석에 유일하게 드리운 그늘은 우리를 앞지른 노르웨이 국기를 볼지도 모른다는 가능성이다.

보워즈가 끈질긴 노력으로 관측했다. 그리고 천막으로 들어와 침낭 속에서 마무리 작업을 했는데 대단하다. 이제 극점까지는 겨우 이십칠 마일이 남아있다. 이제 목표점에 도달해야 한다.

한발 늦다

1월 16일 화요일 - 캠프 68. 고도 구천육백육십팔 피트. 기온 -30℃

최악의 일이, 아니 최악에 가까운 일이 벌어졌다. 우리는 오전에 순조롭게 행군했고 칠 마일을 갔다. 정오 측량은 우리가 남위 89도 42분 지점에 있는 것을 알려주었다. 우리는 내일이면 목적지에 도달한다는 생각으로 힘차게 출발했다. 행군한지 한 두어 시간쯤 되었을까…. 보워즈의 날카로운 눈이 케른 같은 것을 포착했다. 그는 불안감을 감추지 않았지만 사스트루기가 틀림없다고 애써 스스로 달랬다.

그 후 약 30분 후에 보워즈가 검은 점 하나를 발견했다. 곧 우리는 그것이 자연적인 눈 구조물이 아닐 수도 있다는 것을 깨달았다. 계속 가서 보니 그것은 썰매 축대에 묶인 검은 깃발이었다. 부근에 캠프 흔적과 썰매 자국, 스키 자국, 오고 가는 수많은 개의 발자국이 있었다. 그것이 모든 것을 말해주었다. 노르웨이인들이 남극점을 먼저 밟은 것이다. 실망감은 이루 말할 수 없었다. 대원들에게 매우 미안했다. 수많은 생각이 들었고 수많은 토론이 이어졌다. 오늘 극점을 밟고 최대한 빠른 속도로 내려가야 한다. 모든 백일몽이 사라져야 한다. 정말 힘든 귀환이 될 것이다. 노르웨이인들은 좀 더 쉬운 길로 올라온 것이 분명하다.

극점 도달

1월 17일 수요일 - 캠프 69. 기온 출발 시 -30℃ 야간 -29℃

출발 -30℃, 밤 -29℃. 극점이다. 예상했던 것과는 매우 다른 상황에 있다. 끔찍한 날이었다. 우리는 실망한 데에다가 풍력 4~5의 역풍(바람이 부는 쪽을 향하여 바람을 안고 감.)이 불었고 기온은 -30℃이었다. 동료들이 시린 손과 발로 고투를 벌였다.

어제의 충격으로 모두 잠을 제대로 자지 못한 채 아침 7시 30분에 출발했다. 한동안 노르웨이인들의 썰매 자국을 따라갔다. 삼 마일을 가는 동안 두 개의 작은 케른을 스쳐 지나갔다. 그러나 점차 날이 잔뜩 흐려지면서 경로를 따라 드리프트가 증가했고 서쪽으로 가기에는 너무 먼 것처럼 보여서 우리는 우리 계산에 따라 극점으로 직행하기로 결정했다. 12시 30분에 에번스의 손 상태가 매우 악화되어 천막을 쳤다. 이동 거리는 칠과 오분의 이 마일이었다. 위도는 남위 89도 53분 37초이었다. 우리는 다시 출발해 육 마일 반을 더 남쪽으로 갔다.

오늘 밤 어린 보워즈가 끔찍하게 어려운 상황에서도 측량을 하기 위해 온 힘을 다하고 있다. 바람은 세차게 불고 있다. 세찬 바람과 공기가 차가

웠고 알 수 없는 축축함이 순식간에 뼈 속까지 파고들어 오싹해지는 한기를 느꼈다. 나는 우리가 다시 내려가고 있다고 생각했다. 하지만 오르막길을 앞두고 있는 것처럼 보인다. 그것 외에는 지난 며칠간의 지독한 단조로움과 별로 다를 것이 없다.

'하느님! 이곳은 정말 지독한 곳입니다. 최초의 정복이라는 보답을 받지 않고는 감히 발을 들일 엄두가 나지 않는 지독한 곳입니다.'

그래도 여기서 해야 할 일이 있다. 그리고 바람이 내일 우리 친구가 되어줄지 모른다. 우리는 슬픔에도 불구하고 지방질이 풍부한 극점 수프를 먹었고 편안함을 느꼈다. 작은 초콜릿 바와 윌슨이 가져온 기묘한 맛의 담배를 피웠다. 이제 돌아가는 길에 죽을 각오를 하고 힘을 다해 싸우는 일만이 남았다.

아문센의 쪽지

모든 관측을 종합한 결과 정확한 극점 지점이 지금 위치에서 삼 마일 반 거리에 있다는 결론을 내렸다. 일 마일을 더 가서 오른쪽으로 삼 마일을 가면된다. 보워즈가 천막인지 케른인지를 발견한 것도 바로 그 방향이었다.

우리가 이 천막에 도착한 것은 우리 캠프에서 이 마일 정도 갔을 때였다. 극점에서 일 마일 반 떨어진 지점이다. 천막 안에는 다섯 명의 노르웨이인들이 왔다 간 기록이 있었다. 다음과 같다.

Roald Amundsen

Olav Olavson Bjaaland

Hilmer Hanssen

Sverre H.Hanssen

Oscar Wisting

1911. 12. 16.

천막은 좋았다. 대나무 지지대로 지탱한 작은 휴대용이었다. 아문센으로부터 내게 쪽지가 남겨져 있었는데 편지를 왕에게 전해달라고 부탁하는 내용이 들어있었다. 내가 가지고 있다. 천막 안에는 잡다한 물품이 있었다. 장갑, 양말 등 잡다한 이런저런 일상용품, 육분의(두 점사이의 각도를 재어 위도·경도를 구하는 기계), 노르웨이 제의 인공 지평선, 비등점 온도계가 달리지 않은 측고계, 영국제 육분의와 측고계 등이 순록 가죽 가방 세 개 속에 나뉘어 담겨 있었다.

나는 동료들과 그 천막을 방문했다는 기록을 남겼다. 보워즈가 사진을 찍고 윌슨이 그렸다. 점심때 측정해보니 극점에서 겨우 반 마일 혹은 사분의 삼 마일 지점에 있었다. 그래서 우리는 점심 캠프를 극점 캠프라고 지칭한다(점심 기온 -29℃). 우리는 반 마일 더 남쪽으로 올라가 케른을 쌓고 국기를 꽂고 사진을 찍었다. 그 부근에서 오래된 썰매 활주 부가 돌출해있는 것을 발견했는데, 노르웨이인들이 정확한 지점을 표시하기 위해 의도적으로 놓아둔 것으로 여겨진다. 쪽지가 남겨져 있었는데 극점에서 이 마일 떨어진 곳에 천막이 있다는 내용이었다. 윌슨이 그 쪽지를 가지고 있다. 앞서온 사람들은 철저한 표식에 신경을 쓴 것 같다. 그리고 프로그램을 계획대로 이행한 것이 틀림없다. 남극점은 구천오백 피트 높이였다. 위도 88도에서 이미 일만 오백 피트였던 점을 고려하면 더 낮은 것이 주목할 만하다.

우리는 유니언 잭을 들고 사분의 삼 마일 북쪽으로 가서 가능한 한 극점에서 가까운 곳에 꽂았다. 노르웨이인들은 12월 15일, 남극에 도착하여 17일에 그곳을 떠났다고 생각한다. 그것은 내가 런던에서 이상적인

세상 끝 최악의 탐험, 그리고 최고의 기록

날짜로 꼽았던 12월 22일을 앞선 것이다. 노르웨이 원정대는 정상이 생각보다 추울 것으로 예상했던 것 같다. 아마 섀클턴의 글을 읽었을 것이다. 이제 우리는 최초 정복이라는 야망을 품고 왔던 목적지에서 걸음을 돌린다. 또다시 팔백 마일의 힘든 썰매 행군을 앞두고 있다. 백일몽이여 안녕!

귀환을 시작하다

행군에 나선지 얼마 안 되어 노르웨이인들의 케른과 우리가 올라온 경로를 발견했다. 우리는 이것을 따라 선임자들의 성공으로 우리 간담을 서늘하게 했던 검은 깃발이 있는 곳까지 내려갔다. 우리는 항해에 이용하기 위해 이 깃발을 가지고 왔다. 이제 노르웨이인들의 마지막 흔적을 지났다. 이 위도에서 지표는 상당한 기복이 있다. 우리가 극점으로 올라갔을 때보다 오늘 더 분명했다.

밤 캠프 R2. 고도 구천육백구십팔 피트. 기온 최저 -32℃.

오후 3시간 동안은 무난히 내려갔지만 이후에 마지막 일 마일 반은 다소 힘들었다. 날씨가 무척 신기하다. 자욱하게 해를 가리는 구름이 남쪽에서 우리 머리 위를 지나며 매우 미세한 결정체를 뿌리고 있다. 그 미세한 결정체가 완전히 지표를 망쳐놓고 있다. 가벼운 짐과 순풍에도 불구하고 미세한 결정체 때문에 썰매 끌기가 힘들었다. 우리가 올라온 길에는 드리프트가 일어나 들쭉날쭉한 날카로운 사스트루기가 형성되어 있었다.

모래 알갱이 같은 눈이 마치 모래가 이곳 저곳으로 휘날리고 있다. 사홀 된 우리 경로의 현재 상태를 어떻게 설명할까?

바람이 있어 행군이 더 순조롭고 쾌적하게 느껴졌다. 하지만 우리가 중단하고 천막을 치자 극점으로 올라갔을 때만큼의 추위가 느껴졌다. 케른을 찾는 것은 비교적 어렵지 않다. 계속 그렇다 하더라도 '3도 저장소'에 도달할 때까지는 안심할 수 없다. 귀환 과정이 끔찍하게 피곤하고 단조로울 것 같아 두렵다.

1월 20일 토요일 R.3. 기온 -27℃

오늘 아침에 지표가 끔찍하게 나빴음에도 우리는 '남쪽 저장소'까지 무사히 행군하여 나흘 치의 식량을 손에 넣었다. 이제 1월 10일에 설치한 '1/2도 저장소(Half Degree Depot)'까지 오십오 마일이 남았다. 같은 날씨이고 바람이 조금 더 부는데 순항이다.

야간 캠프 R.3. 우리가 오후에 나섰을 때 바람이 꽤 세게 불고 드리프트가 일었다. 처음에는 전속력으로 순항했다. 곧 드리프트로 눈 더미가 쌓인 지표가 나타났다. 썰매 끄는 것이 정말 지독했지만 꾸준히 전진하여 열네 번째 케른 바로 너머에 캠프를 설치했다. 내일 다시 이런 고전이 예상되어 두렵다. 보워즈가 자신의 스키를 회수하면 더없이 기쁠 것이다. 이토록 긴 행군 동안 짧은 발로 썰매를 끄느라고 많이 힘들 것이다. 하지만 그는 굴하지 않는 뛰어난 운동선수이다. 오츠가 나머지 우리보다 추위와 피로를 훨씬 더 많이 느끼는 것 같다. 오늘 밤바람이 매우 강하게 불지만 순항을 하고 잘 먹고 천막 안에 편안하게 있다. 이제 행군 속도를 유지하는 것이 무엇보다도 관건이다. 나는 그렇게 할 수 있다고 믿는다. 총 이동 거리는 십팔 마일 반이다.

다시 눈보라

거센 눈보라에 잠에서 깼다. 대기가 눈으로 자욱했고 빛이 희미했다. 우리는 경로를 잃어버릴 가능성 때문에 행군에 나서지 않기로 결정했다. 적어도 하루 중단이 예상된다. 하지만 점심 동안 갑자기 날이 개면서 바람이 미풍으로 잦아들었다. 우리는 행군 준비를 했지만 모든 장비가 얼어붙어 3시 45분이 되어서야 출발할 수 있었다. 7시 40분까지 행군했는데 끔찍하게 힘겨운 4시간이었다. 바람의 도움을 받았음에도 오 마일 반 밖에 가지 못했다. 지표는 새로 형성된 사스트루기로 최악 중에 최악이었고 결정적으로 다시 올라가는 구간이었다.

다음 백 마일은 훨씬 더 힘든 시간이 될 것이다. 이 지대에서 내리막 구간을 끄는 것이 이렇게 힘들다면 오르막 구간을 끄는 것은 훨씬 더 어려울 것이다. 다행히도 크랙은 눈에 잘 띈다. 다음 저장소까지는 사십오 마일이 남았고 우리에게는 엿새 치의 식량이 있다. 다음 저장소에서 이레치의 식량을 손에 넣고 구십 마일 지점에 있는 '3도 저장소'로 간다. 일단 그곳에 도달하면 안전하겠지만 경로를 따라가는 데 어려움을 겪을지도 모른다. 하지만 내일 시야 측량이 가능하면 때에 따라 반드시 그 경로를 고수하지 않아도 될 것이다.

오늘도 더없이 지친 하루였다. 다소 순풍과 가벼운 썰매에도 불구하고 행군 내내 썰매가 나가지 않았다. 오후 막바지에 해가 나왔고 곧 굳지 않은 눈 덮인 지표가 나타났다.

우리는 8시에 출발하여 9시간을 행군해 십사 마일 반을 이동했다. 우리는 막 남위 89도 선상에 들어섰다. 오늘 밤 보워즈가 시야 측량을 했다. 나는 우리가 바람 지대(순풍) 밖으로 나온 것 같아 두렵다. 우리는 캠프 64 케른의 이 마일 반 내에 있고 다음 저장소까지 삼십 마일을 가야 하고 닷새 치의 식량이 있다. 스키 부츠가 닳은 흔적이 있다. 스키나 부츠가 없는 것은 아직 생각하기 힘들다. 아직 갈 길이 멀기 때문이다. 오늘도 올라 갔다고 생각했지만 기압계는 변화가 없다.

에번스가 약해지기 시작하다

간밤에 기온이 최저 -34℃까지 낮아졌다가 출발할 때 -33℃였다.

출발할 때 바람이 불지 않아 힘겨운 행군이었다. 곧 바람이 증가했고 점심때까지 팔과 삼분의 이 마일을 갔다. 점심때 바람이 눈보라로 변하기 시작했다. 극점으로 올라간 경로가 비교적 선명하게 남아있어 눈보라 속에서도 큰 어려움 없이 따라갈 수 있었다. 대단한 행운이었다.

오후에 우리는 팀을 다시 짜야 했다. 보워즈가 썰매에 달라붙었고 에번스와 오츠가 시간을 늘려야 했다. 우리는 대단한 속도로 내려갔다. 윌슨이 에번스의 코가 심한 동상에 걸려있는 것을 발견하지 않았더라면 저장소가 있는 곳에 쉽게 도달했을 것이다. 윌슨이 갑자기 에번스의 코가 동상에 걸려 백지장처럼 창백했고 단단한 것을 발견했다. 6시 45분경에는 천막을 치는 것이 최선이었다. 우리는 가까스로 천막을 쳤다. 지금 우리는 좋은 수프를 먹고 매우 편안하게 있다.

에번스가 많이 약해진 것이 분명하다. 손가락은 동상이 악화되어 온통 물집 투성이인데다가 코는 자주 동상에 걸려 말하기 어려울 정도로 심각하다. 게다가 에번스는 자신에 대한 짜증을 다스리지 못한다. 정말 좋지 않은 신호다. 윌슨과 보워즈와 나는 여전히 건강하다. 오츠는 발이 문제이다. 아무튼 빨리 정상 지대를 벗어나야 한다. 다음 저장소까지는 십삼 마일이 남았다. 내일은 그곳에 도달해야 한다. 날씨가 점점 나빠지는 것 같다. 하느님! 제발 우리가 올라온 길을 따라 '3도 저장소'까지만 무사히 가게 해주시기를! 일단 그곳까지만 가면 나아질 것이다.

1월 24일 수요일   점심 기온 -22℃

상황이 조금 심각해졌다. 출발할 때 불던 바람이 점심때 완전한 눈보라로 발전했다. 우리는 천막 안 침낭에 갇혀 있어야 했다. 부진한 행군이었지만 칠 마일을 갔다. 처음에는 에번스가, 다음에는 윌슨이 경로를 찾기 위해 정찰했다.

보워즈는 첫 1시간 동안 혼자 썰매를 선두에서 끌었고 이후에는 오츠와 썰매 옆에 자리했다. 그들은 부드러운 눈이 쌓인 곳들에서 속도를 유지하느라고 굉장히 애를 먹었다. 12시 30분경에 경로를 보는 것은 더 이상 불가능했다. 우리는 걸음을 멈추어야 했다. 이때 강풍이 최고조에 달했기에 무감각해진 손으로 겨우 천막을 쳤다. 다음 저장소까지 칠 마일이 남았다.

오늘 밤에 다음 저장소에 도달해야 한다. 이 강풍은 극점을 떠난 이후 두 번째이다. 정말 두렵다. 기상이 나빠지고 있는 것일까? 만약 그렇다면,

세상 끝 최악의 탐험, 그리고 최고의 기록

하느님 도와주소서! 정상 지대 여정은 힘겨운 투쟁일 것이고 식량이 모자를 지도 모른다. 윌슨과 보워즈가 의지가 된다. 오츠와 에번스가 쉽게 동상에 걸리는 것이 마음에 걸린다.

심상치 않은 조짐

하느님께 감사하게도 오늘 '1/2도 저장소'를 발견했다. 어제 오후와 밤을 침낭 속에서 보낸 후에 아침식사를 논의했다. 아침을 나중에 먹고 점심을 건너뛰기로 결정했다. 강풍이 여전히 사납게 불었지만 나중에 아침을 먹을 때는 해가 나와 경로를 알아볼 수 있는 만큼 밝았다. 천막을 걷고 썰매를 끄는 것이 매우 고단하고 끔찍하게 힘든 작업이었지만 그런대로 해냈다. 2시 30분경에 우리는 다행히도 붉은 저장소 깃발을 발견했다. 점심을 먹고 아흐레하고 반나절 분의 식량을 손에 넣고 출발했다. 계속 경로를 따라갔다. 8시까지 오 마일, 하루 십이 마일 이상을 행군했다. 다음 저장소까지는 팔구 마일이 남았지만 그때는 정상 지대를 벗어나 있을 것이다.

사실 심각한 문제가 있다. 오츠의 발이 심한 동상에 걸려있고 에번스의 손가락과 코가 동상으로 악화되었다. 오늘 밤에는 윌슨까지 설맹으로 앓는다. 보워즈와 나만 큰 문제가 없을 뿐이다. 날씨는 여전히 불안정해 보인다. 한 해의 이 시점에 이렇게 눈보라가 이어지는 것은 심상치 않을 전조다. 두말할 필요도 없겠지만 식량 자루만 가득 채워지면 잠을 더 잘 잘 수 있을 것 같다. 지금 유일한 걱정은 '3도 저장소'를 발견하는 것이다. 경로가 문제다. 잘 보이다가 바람에 휘날린 눈에 쌓여 사라져 있으면 다시 찾아 나서고… 다시 또 선명하게 나타나고… 또 사라지고…. 빛만 충분하면 따라가는 것은 크게 어렵지는 않다.

무엇보다도 우리의 가장 큰 적은 눈보라이다. 눈보라에 행군이 중단될 뿐만 아니라 뼈 속까지 파고드는 차가운 냉기로 몸서리친다. 보워즈가 오늘 밤 또 시계 관측을 했다. 이토록 끔찍한 눈보라 속에서 그가 작업을 하고 있는 것을 보면 대단하다는 생각이 절로 든다. 그는 오늘은 스키로 왔다. 대신 윌슨이 썰매 옆을 걷거나 앞에서 끌었다.

1월 26일 금요일   기온 -27℃

8시 50분에 출발했다. 더 이상 지체해서는 안 된다. 눈보라와 드리프트가 있지만 썰매 자국이 남아있었다. 12월 7일 날의 눈보라 캠프까지 칠 마일을 행군했다. 하지만 그 캠프를 지나자 휘날린 눈에 경로가 다시 사라졌다. 한동안 경로를 찾아 헤맸고 짧게 행군한 후에 점심을 먹었다. 바람이 불어도 날씨가 점차 개고 있다.

이 구간은 올라갈 때 사 마일 간격으로 케른을 두 개 쌓아놓았기 때문에 크게 걱정하지는 않았다. 아니나 다를까 처음에 오른쪽 먼 곳에서 첫 번째 것을 발견하고 그곳을 향해 갔다. 이어서 보워즈의 날카로운 눈이 왼쪽 먼 곳의 두 번째 것도 포착했다. 극점으로 올라갈 때 이 구간은 매우 힘들었다. 두 케른 사이의 경로가 흔적도 없다. 그러나 올라갈 때 6일의 야간 캠프 59 설치를 나타내는 두 번째 케른은 단단한 사스트루기 지대의 안에 있다. 나는 우리가 천막을 쳤을 때 경로가 다시 눈에 들어와서 마음이 놓였다. 내일 그것을 따라 순조롭게 갈 수 있기만을 바랄 뿐이다. 오늘 이동 거리 십육 마일이다.

교묘한 경로

오전 행군은 물결치는 사스트루기 지대를 가는 것이었다. 마치 파도가 넘실거리는 거친 바다처럼 보인다. 윌슨과 내가 앞에서 스키로 썰매를 끌었고 나머지는 발로 끌었다. 어렴풋한 흔적을 남긴 채 자주 사라지는 경로를 따라가는 것은 까다로운 작업이었다. 흔적은 일이 피트 썰매 자국, 수십 야드의 썰매 미터기 흔적, 눈 위에 단단히 찍힌 사람의 발자국 등인데 때로는 이중에서 어떤 것도 뚜렷하지 않았다.

하지만 대개 하나 정도는 선으로 이어져 있는 모양새였다. 문제는 극점으로 올라갈 때 혼란 지대를 피하기 위해 계속 행로를 바꾸어야 했는데 결과적으로 내려갈 때도 가는 길이 이쪽저쪽으로 가는 모양이 되어버렸다. 우리가 걸음을 중단하고 일 마일 이상 경로를 찾아 나선 것은 한두 번이 아니었다. 아무리 그렇다 해도 올라온 길을 고수했다. 우리는 케른이 있는 곳으로 가서 그것을 지나 칠 마일을 간 후에 점심 천막을 쳤다.

오후에는 사스트루기가 점차 감소했다. 오늘은 지표가 꽤 고른 편이고 방해물도 없다. 게다가 마지막 2시간은 경로가 더 선명하게 나타나 큰 어려움 없이 따라갔다. 하루 종일 도움을 주는 남풍이 불었고 하늘은 맑고 비교적 온기가 있었다. 대기가 다시 건조하다. 그래서 지난주에 눈보라로 꽁꽁 얼어붙은 천막과 여러 장비가 점차 눅눅해졌다.

침낭도 서서히 축축해지고 있다. 원래대로 돌아가려면 건조한 날씨가 상당기간 계속되어야 한다. 하지만 우리는 그 속에서도 잘 잔다. 그런데 서서히 허기가 느껴진다. 어쩌면 이 문제는 식사량을, 특히 점심 양을 조금만 더 늘리면 해결될 것이다. 행군을 몇 번 더 해 다음 저장소에 이르면 (다음 저장소까지는 육십 마일이 안 되고 지금 우리에겐 일주일 분의 식량이 있다.) 조금 더 개봉할 수 있다. 그러나 정말 진짜 공급은 말먹이 저장소에 이르러야만 한다. 갈 길은 먼데 노동량이 엄청나다.

세상 끝 최악의 탐험, 그리고 최고의 기록

사라지지 않는 허기!

오전에는 바람이 거의 불지 않아 행군이 힘겨웠다. 5시간 만에 팔 마일을 갔고 오후에 3시간 40분 만에 팔 마일을 더 갔다. 오후에는 순풍과 지표가 있어서 항로가 순조로웠다. 현재 위치에서는 언덕을 올라갔는지 내려갔는지 알 수가 없다. 이 지점의 기압이 극점으로 올라갈 때와 매우 다르다. 다음 저장소까지는 사십삼 마일 남았고 지금 우리 손에는 엿새 치의 식량이 있다. 반나절만 더 행군하면 최종 지원팀의 귀환 지점이 나온다. 올라갈 때 이 부근에서 오츠의 파이프, 보워즈의 털 장갑, 에번스의 나이트 부츠가 떨어졌다. 털 장갑과 나이트 부츠는 되찾았고 눈 위에 떨어진 파이프도 발견했다.

오늘은 경로가 반 마일 앞까지 뚜렷해서 가는 것이 어렵지 않았다. 경로만 사라지지 않고 날씨만 나빠지지 않는다면 큰 어려움 없이 다음 저장소에 도달할 것이다. 그곳에서 식량을 손에 넣는 것은 생각만 해도 기쁘다. 지금 우리는 점점 허기가 지고 있다. 점심 양이 적절치 않은 것 같다. 모두 야위어있다. 에번스가 특히 더 그렇다. 그러나 기운과 힘을 다

써버린 사람은 아직 없다. 나는 우리가 계속 이런 상태로 무거운 짐을 끌 수 있을지 의문이 들 때가 없는 것이 아니지만 짐이 조금만 가벼워지면 잘 갈 수도 있을 것이다. 지금은 이야기를 하면 먹는 것에 관한 이야기가 자주 나온다.

1월 29일 월요일   R.12. 고도 일만 피트   점심 기온 -30℃

오늘 총 십구 마일 반으로 행군이 우수했다(점심 전에 십 마일 반). 바람의 도움에다 경로 대부분이 선명했다. 점심 전에 최종 지원팀의 귀환 경로를 발견했는데 뚜렷한 썰매 자국 세 개가 남아있었다. 이제 다음 저장소까지는 이십사 마일 남았는데 하루 반나절 거리이다. 내일 날씨만 허락하면 큰 어려움 없이 저장소에 도달해야 한다. 바람과 사스트루기의 방향이 남남동과 남동이다. 날씨만 가능하면 일주일 내에 얼음 내륙 여정의 나머지를 끝내야 한다.

이곳 지표가 극점으로 올라갈 때와 매우 많이 달라져 있다. 푸석푸석한 눈이 휘날려 단단하게 굳어있다. 나머지 눈은 날리면서 모래를 넓게 뿌린 것처럼 반짝거린다. 바람이 뒤에서 불어주면 썰매를 끌고 가기에 더 없이 좋은 지표다. 하루가 다르게 점점 더 허기가 진다. 모레부터 배급량을 늘일 수 있다. 정말 단조롭기 짝이 없는 행군이지만 거리는 점점 좁혀지고 있다. 앞으로 내리막길인데 많이 지체되는 일이 있어서는 안 된다.

에번스는 동상이 악화되고 윌슨은 다리를 접질리다

1월 30일 화요일 R.13. 점심 기온 -31.6℃, 저녁 -31.3℃

오늘도 좋은 행군이었다. 하느님 정말 감사합니다! 총 십구 마일을 갔다. 우리는 다음 저장소 앞에 있는 마지막 케른을 지났다. 경로가 선명했고 날씨가 좋고 순풍이 불었다. 이것은 밝은 면이다. 그런데 행운의 뒷면이 흔히 그렇듯 심각하다.

윌슨이 다리를 접질렸다. 그는 하루 종일 그것 때문에 고통스러워했다. 저녁에 환부가 부어올랐다. 물론 그는 아직 낙담하거나… 하지는 않지만 여기서 그런 사고는 생각조차 하기 싫다. 이뿐만이 아니다. 오늘 밤에 에번스의 손톱 두 개가 뽑혀나갔다. 에번스의 손이 정말 악화되었다. 더 놀라운 것은 그가 낙담하는 기색이다. 그는 사고 이후에 완전히 생기를 잃어버렸다. 손이 나쁜 것은 어떻게 해볼 수 있지만 윌슨의 다리가 낫지 않으면 심각한 타격이 될 것이다.

오늘은 미풍과 함께 좋은 날씨로 시작되었다. 우리는 저장소(3도 저장소)로 행군했고 그곳에 남겨둔 것을 싣고 1시간 후에 점심을 먹었다. 오후에 지표는 끔찍하게 나빠졌고 강한 순풍이 미풍으로 약해졌다. 썰매를 끌 사람이 네 명밖에 없을 때 이런 상태가 되었다니 운이 없다. 윌슨이 다리가 아파 썰매 옆을 따라 걸어갈 수밖에 없었다. 결과는 좋아졌고 오늘 밤 염증이 많이 가라앉았다. 제발 빨리 낫기를…. 팀에 수족이 아픈 환자가 있으면 매우 힘들다.

　이 구간은 극점으로 올라갈 때 지표가 매우 힘들었던 곳이다. 지표에 기복이 있는 것이 틀림없지만 지면이 들쭉날쭉하다고 속도에 크게 영향을 미치지는 않는다. 그보다 우리 발을 묶는 것은 모래 알갱이 같은 눈 결정체이다. 우리가 이곳을 떠난 이후 지표에 상당한 변화가 있었다. 오늘 오후에 드디어 보워즈의 스키를 손에 넣었다. 하느님 정말 감사합니다! 정상에서 회수해야 할 것은 다 한 셈이다. 이제 북으로 내려갈 일만 남았다. 순풍만 불어준다면….

/ 8 /

2월—에번스가 죽다

다시 나타난 까다로운 지표

2월 1일 목요일 R.15. 점심 기온 -29℃ 저녁 -28.7℃

썰매줄을 어깨에 메고 끌기가 힘겨웠다. 바람은 가볍게 분다. 4시간 45분 동안 팔 마일을 갔다. 오후에도 순조롭게 출발해 가파른 경사를 빠르게 내려갔다. 그러고 나자 다시 까다로운 지표가 나타났다. 모래가 많은 드리프트인데 썰매를 끌기가 매우 힘겨운 지표이다.

저녁 8시 이후까지 행군하여 12월 29일, 케른이 있는 곳에 도달했다. 이제 다음 저장소(빙하 상단부 저장소)는 일주일 거리에 있고 우리 손에 여드레 분의 식량이 있다. 식사량을 칠분의 일가량 더 늘렸는데 한결 다르다. 윌슨의 다리가 많이 좋아졌다. 손톱 두 개가 뽑혀나간 에번스의 손가락은 물집이 터져 심하게 악화되었다.

세상 끝 최악의 탐험, 그리고 최고의 기록

사고를 당한 스콧

2월 2일 금요일   R.16, 점심 기온 -28℃ 저녁 -27℃

강한 남풍을 받아 순조로운 출발을 했다. 그런데 얼마 가지 않아 나온 가파른 경사에서 썰매가 미끄러져 우리를 차례로 전복시켰다. 우리는 스키를 벗고 발로 썰매를 끌었고 1시 30분 점심때까지 구 마일을 행군했다. 오후에도 발로 끌며 출발했다. 정오가 끝나갈 무렵 신기한 현상을 목격했다. 경로가 드리프트로 사라져 있었지만 드리프트 자체가 우리가 지나온 경로를 따라 하나의 연결선을 이루고 있었다.

오후에도 얼마 가지 않아 가파른 경사가 나타났다. 12월 28일 썰매를 조정했던 곳이다. 처음에는 비교적 순조로웠다. 그러나 한순간 내가 미끄러운 표면 위에서 썰매를 제어하려고 안간힘을 쓰다가 아래로 곤두박질치면서 어깨를 심하게 다쳤다. 오늘 밤 통증이 심하다. 우리 천막에 환자가 또 하나 생겼다. 심각한 부상 없이 갈 수 있다는 것이 얼마나 운이 좋은 것인지…. 윌슨의 다리는 많이 나아졌지만 다시 악화될지도 모른다. 에번스의 손도 마찬가지다.

오후에 경사를 내려가자 또 사스트루기의 바다가 펼쳐졌다. 경로도 사라졌다. 경로를 찾아 헤맨 끝에 부드러운 눈 지대에서 최종 지원팀의 귀환 경로를 발견했다. 우리는 그 길을 따라 십칠 마일을 갔다. 여분의 배급이 확실히 도움이 된다. 그래도 허기가 완전히 가시지는 않는다. 날씨는 조금 더 따사롭고 고도는 더 낮아졌다. 마침내 정상을 벗어난다고 할 수 있는 다윈 산 저장소까지는 아직 팔십 마일이나 남아있다. 하느님, 나흘 후에 그것을 잘 볼 수 있게 해주시기를! 침낭이 녹아서 점점 축축해지고 있고 우리는 잠을 더 자야 한다.

세상 끝 최악의 탐험, 그리고 최고의 기록

계속 사라지는 경로

발로 끌며 순조롭게 출발했다. 곧 크레바스가 있는 가파른 경사면에 도달했다. 나는 다시 추락하는 것을 피하기 위해 스키를 탔고 돛에 순풍을 받아 부드럽게 경사를 내려갔다. 경로는 사라지기를 반복했지만 우리 오른편에서 많이 풍화된 케른을 발견했다.

짜증스러운 지체, 사라진 경로 찾기… 등으로 오전 행군은 팔과 십분의 일 마일에 그쳤다. 오후에는 조금 나아졌지만 단단한 경사 위에서 경로는 다시 사라졌다. 오늘 밤 우리는 12일 26일의 캠프 부근으로 왔지만 케른은 보이지 않는다. 더 이상 경로와 케른을 찾는 것이 시간 낭비라는 결론을 내리고 북쪽을 향해 가능한 한 빨리 내려가기로 결정했다.

지표는 올라갈 때와 다르게 많이 변해 있었다. 군데군데 들쭉날쭉한 사스트루기가 새롭게 형성되어 있어 또 다른 장애물로 작용했다. 에번스의 손가락은 예상대로 좋아지고 있지만 작업을 하려면 아직 멀었다. 윌슨의 다리도 내 어깨도 많이 좋아졌다. 여분의 식량은 도움이 된다. 그러나 여전히 잠이 부족하다. 고원에서 벗어날 날도 머지않았다.

에번스가 두 번째 추락하다

2월 4일 일요일   R.18. 해발 팔천육백십팔 피트. 점심 기온 -30℃, 저녁 -31℃

오전에는 단단한 좋은 지표 위에서 발로 끌었고 구와 삼분의 이 마일을 갔다. 점심 직전에 예기치 않게 에번스와 내가 함께 크레바스에 떨어졌다. 에번스는 두 번째였다. 천막을 쳤다. 점심 후 우리는 스키로 썰매를 끌며 단단하고 매끄러운 내리막을 내려갔다. 행군이 끝날 무렵 순항했고 총 십팔과 십분의 일 마일을 갔다. 행군 중 대륙은 멋진 모습을 드러냈다.

　나는 돌아서 가지 않고 다윈 산으로 곧바로 가기로 결정했다. 모든 조짐이 고원에서 최대한 빨리 벗어나야 한다는 것을 보여준다. 현재 이 지점의 기온이 극점으로 올라갈 때보다 -6℃나 더 낮다. 게다가 우리 상태는 좋아질 기미가 없다. 에번스는 지금 완전히 무기력할 뿐만 아니라 손하나 까닥할 수가 없다(오전에 떨어져서). 오직 감사한 것은 매끼 충분한 배급량뿐이지만 그래도 허기가 완전히 가시지 않는다. 보워즈가 언제나 활력이 넘치고 활동적이다. 더 이상 크레바스 추락으로 인한 문제가 생기지 않기를 간절히 바라고 바랄 뿐이다.

거대하게 입을 벌린 크레바스 지대

2월 5일 월요일. R.19. 해발 팔천삼백십육 피트. 점심 기온 -27.2℃, 저녁 -27.3℃

오전 행군은 좋았다. 크레바스도 거의 없었다. 십과 오분의 이 마일을 순항했다. 오후에 벗어나기 어려운 길에 부닥쳤다. 우리 눈에 대륙이 선명하게 보였지만 대륙에 도달하는 것은 다른 일이었다. 출발 1시간 후에 거대한 압력 지대가 나타났고 부분적으로 입을 벌린 거대한 크레바스가 이어어 펼쳐졌다. 우리는 점점 더 서쪽으로 방향을 틀 수밖에 없었고 행로가 불가피하게 매우 기이해졌다. 행군을 마칠 무렵 우리는 다시 북쪽으로 방향을 틀었다. 그랬더니 또다시 경로를 가로질러 달리는 수많은 크레바스와 마주쳤다. 크레바스 속에서 길을 찾는 것은 매우 어렵고 스키가 없다면 어찌했을지 싶다.

결국 우리는 크레바스로 어지러운 지대에 천막을 쳐야 했다. 다행히 이곳은 바람이 거의 불지 않는다. 몇 주일 만에 처음으로 천막이 편안해진 느낌이다. 다음 저장소까지는 이십 내지 삼십 마일로 별 것 아니다. 하지만 나는 우리 앞에 펼쳐진 교란 지대를 벗어나는 길을 찾게 해달고 소원을 빈다. 살을 에는 매서운 바람으로 얼굴 피부가 많이 괴사했다. 그나마 내가 제일 양호하다. 다른 대원들은 바람을 맞는 것이 아니라 바람에 코가 떨어져 나가는 것 같다고 한다. 지금 에번스의 코는 손가락만큼이나 악화되어 있다. 그는 신체도 정신도 많이 쇠약해졌다.

공포스러운 미로 탈출

2월 6일 화요일 R20. 점심 해발 칠천팔백구십육 피트 저녁 칠천백사십팔 피트. 기온 -26℃

오늘도 두려운 날이었고 이동 거리가 좋지 않았다. 하늘이 어두웠다. 크레바스들 사이에서 지긋지긋하게 위치해 있다. 다행히 출발 직전에 날씨가 갰다. 우리는 다윈 산으로 직행했다. 하지만 반 시간 만에 다시 거대한 입을 벌린 크레바스의 균열 지대에 들어가 있었다. 크레바스는 덮여 있지 않았고 깊이가 그렇게 깊지 않았다. 우리는 균열 두 개를 헤치고 북쪽으로 나아갔지만 안타깝게도 무질서한 교란 지대가 또 나타났다. 어쩔 수 없이 일 마일 정도 후퇴해 서쪽으로 방향을 돌렸다. 그러나 그쪽은 사스트루기의 바다가 펼쳐져 있었고 썰매를 끄는 것이 끔찍했다.

에번스의 코는 더 악화되었고 윌슨은 혹한을 고통스러워했다. 겁이 난다. 우리는 사스트루기 지대에 점심 천막을 쳤다. 유일한 위안은 서쪽이 더 잘 보인다는 것과 내려가는 것만큼은 분명하다는 것뿐이다. 오후에 우리는 마지막 남은 사력을 다해 사스트루기에서 빠져나왔고 많은 크레바스를 건너 매끄러운 지표로 들어섰다. 스키 때문에 그나마 가능했다. 행군이 끝날 무렵, 우리는 다음 저장소까지 직선 길을 가고 있는 것이 확실함을 깨달았다. 거리는 십 내지 십오 마일로 추정된다.

식량 여유분이 많지 않고 날씨가 불확실해 하루 중 많은 시간을 걱정하면서 보낸다. 그렇지만 오늘 저녁은 예상만큼 많이 가지 못했음에도 전망은 좋아질 것 같다. 에번스가 지금 우리의 제일 큰 걱정거리이다. 베인 상처와 동상이 곪아있고 코도 상태가 매우 안 좋다. 게다가 여러 가지 면에서 많이 약해진 모습이다. 빙하로 내려가면 그가 나아질지도 모르겠다. 좀 더 기온이 올라간 상태에 있으면 에번스의 부상이 다소 누그러지지 않을까? 정상 고원을 곧 벗어난다는 것은 생각만 해도 기쁘다. 고원에서 극점까지 가는 데 이십칠 일이 걸렸고 내려오는 데 이십일 일이 걸렸다. 낮은 기온과 거의 쉴 새 없는 바람 속에서 총 사십팔 일, 즉 일곱 주간을 보낸 셈이다.

다윈 산 대륙을 밟다

다윈 산 저장소(혹은 비어드모어 빙하 상단부 저장소). 처참한 날이었지만 만족스럽게 마무리했다. 비스킷 박스가 계산과 달리 부족한 것을 보고 처음에는 매우 당황했다. 지금까지 한 번도 할당량 이상을 과다 개봉한 적이 없었다는 사실에 비추어볼 때 어떻게 된 영문인지 알 수가 없다. 보워즈가 끔찍하게 골치가 아프겠다. 부족분은 하루치였다.

8시 30분, 행군을 시작했다. 경사를 내려와 다시 단단한 사스트루기로 덮인 오르막을 갔다. 매우 지쳤다. 땅이 더 이상 가까이 오는 것 같지 않았다. 점심때 바람이 증가했다. 우리는 잘 먹고 뜨거운 차를 마시고 조금 더 나은 상태에서 다시 출발했다. 6시 30분경 저장소를 발견했고 7시 30분 그 옆에 천막을 쳤다.

에드워드 에번스의 쪽지가 발견되었다. 그의 최종 지원팀이 1월 14일 2시 30분에 그곳을 무사히 통과했다는 내용이 들어 있었다. 저장소 사이를 가는 데 걸린 시간은 그들이 우리보다 반나절 더 길었다. 기온이 조금 높아졌다고 해도 오늘 밤에는 찬바람이 분다.

마침내 일곱 주 동안 얼음 지대를 다녀오는 여정을 마쳤다. 그리고 우리 대부분은 건강하다. 하지만 또 다른 일주일이 에번스에게 안 좋은 영향을 미쳤을지도 모른다는 생각이 든다. 그는 꾸준히 상태가 나빠지고 있다.

이런 사실이 양쪽 탐험대가 모두 극점을 밟고 선점의 문제를 확실히 해놓았다는 절대적인 증거가 되어준다고 생각하면 그나마 위안이 된다.

세상 끝 최악의 탐험, 그리고 최고의 기록

지질을 살피다

2월 8일 목요일

R.22. 해발 육천이백오십구 피트. 점심 -20℃ 저녁 -17℃. 이동 거리 구와 오분의 이 마일

저장소에서 식량 무게를 달고 짐을 재정리하는 작업으로 다소 늦게 출발했다. 혹한에 강풍까지 겹친 지독한 오전이었다. 암석을 보려고 다윈 산으로 향했다. 월슨이 지금 스키를 탈 수 없기 때문에 보워즈를 스키로 보냈다. 그는 비교적 같은 타입의 표본을 여러 개 주워왔는데 대부분이 결무늬가 있는 붉게 풍화된 화강암이었다. 여기서 분홍색 석회암이 비롯된 듯하다.

그가 돌아온 후 우리는 빠른 속도로 언덕을 내려갔다. 두 선두는 스키로 끌었고 오츠와 월슨은 썰매 양쪽에서 발로 끌었다. 에번스는 뒤처져 혼자 걸었다. 우리는 2시경 버클리 산 아래쪽에 도달해 점심을 먹었다. 강풍이 아니라 해도 바람이 많이 불고 매우 추웠으며 분위기가 무거웠다.

좋은 일도 있었다. 우리는 버클리 산기슭의 빙퇴석으로 방향을 돌렸다. 그리고 크램폰을 신고 썰매를 끌면서 큰 크레바스가 있는 매우 불규칙한 가파른 경사면을 가로질러 암석 지대로 미끄러져 내려갔다. 빙퇴석이 너무 흥미로워 몇 마일 더 전진하여 바람이 없는 곳으로 갔을 때 나는 천막

을 치고 남은 시간 동안 지질을 살펴보기로 결정했다.

그것은 대단히 흥미로웠다. 우리가 들어선 곳은 탄층(석탄층)이 있고 빠른 속도로 풍화되고 있는 베이컨 사암의 가파른 절벽 아래였다. 윌슨의 날카로운 눈이 가장 최근의 석탄 조각에서 식물의 흔적을 포착했다. 그 속에는 아름다운 잎의 흔적이 남아있었고 굵은 줄기 형체도 탁월하게 보존되어 있었으며 세포 구조도 있었다. 오늘 밤에 윌슨은 시생대의 석회암 표본을 발견했다. 문제는 그 돌이 어디서 온 것인지 상상할 수 없다는 점이다. 빙퇴석에서 그런 표본이 거의 발견되지 않는 것을 감안하면 희귀한 것이 분명하다. 하얀 석영도 매우 풍부했다.

재미있게 보낸 오후였지만 그보다는 바람이 없고 기온이 조금 높아졌다는 사실에 더욱 기운이 나고 안심이 된다. 상태가 조금 더 좋아진 지금 모두 다시 한 번 힘을 내길 바라고 또 그렇게 되리라 믿는다. 오후 내내 우리는 그림자 속에 있었지만 태양이 이제 막 우리 위로 나타났고 대기는 밤안개로 조금 뿌옇게 흐려졌을 뿐이다. 거의 열 넉 주 동안 눈과 얼음 속에서 보내고 이레 동안 그것만 보다가 암석 지대에 발을 들여놓으니 그 기쁨은 글로 다 표현할 수가 없다. 바다 여행 후에 뭍으로 올라온 기분이라고나 할까? 온갖 시련을 다 겪었으니 좋은 날씨로 보상받을 만하다. 이제 침낭이 마르고 착용 장비들의 상태가 좋아지길 바랄 뿐이다.

세상 끝 최악의 탐험, 그리고 최고의 기록

빙퇴석의 가장자리를 따라 버클리 산의 끝자락으로 갔다. 잠시 걸음을 멈추고 지질을 살폈다. 윌슨이 석회암 조각에서 식물 자국을 발견했다. 지질학 기록을 하기에는 너무 피곤하다. 오늘 아침 우리 모두의 몸은 축 처졌다. 어느 정도는 기온의 상승 때문이고 또 어느 정도는 고난에 반응하는 것 같다.

우리는 버클리 산의 빙하 북쪽을 벗어나지 말았어야 했지만 흐릿한 빛 속에서 내리막이 너무 가파르게 보여 비켜갔다. 분명히 우리는 빙하 압력 지대(크레바스 지대)에 들어가 있었고 아이스폴(빙하 급경사 요철 지대) 위로 내려가야 했다. 크레바스가 예상보다 훨씬 더 단단했다. 우리는 힘겹게 내려가 12월 20일의 밤 캠프를 발견하고는 1시간 후에 도달해 점심을 먹었다. 오후에는 3시간 45분 동안 순항했다. 썰매 미터기에 문제가 생겨 행군 거리를 정확히 말하기 어렵다. 행군 중에는 온기가 있었다. 지금 모두 매우 지쳐 있다.

오후에 하늘이 잔뜩 찌푸렸음에도 불구하고 밤은 더없이 고요하고 따뜻하다. 천막 밖에 서 있을 수 있다는 사실 하나만으로도 더할 나위 없이 좋다. 지금 우리 식량은 만족스럽지만 지속적으로 잘 먹기 위해서는 행군해야 한다. 우리는 쉬고 싶지만 쉴 새 없이 썰매를 끌어야 한다. 우리는 아직 기력이 남아있다.

동쪽으로 치우친 행로로 가다가 다시 거친 빙하 균열 지대로 들어섰음에
도 오전 행군은 좋았다. 밤에 잠을 푹 잘 자고 일어나 모두 얼굴에 상당
한 변화가 있었다. 10시에 출발해 3시 직전에 점심을 먹었다. 점심 후에
대륙이 흐려지기 시작했다. 우리는 2시간 반 동안 어렵게 행로를 유지했
다. 그러자 해가 사라지면서 북풍과 함께 눈이 우리 얼굴을 사정없이 때
렸다. 방향을 가늠하기가 불가능했고 결국 천막을 쳤다. 저녁 후에 대기
는 여전히 자욱했지만 해가 보이며 눈이 점차 감소했다. 내린 눈 결정체
는 마치 엉겅퀴 관모 깃털 같았다.

　지금 우리에겐 이틀 분의 식량이 있다. 위치가 불확실해도 두 번만 더
행군하면 빙하 중층부 저장소에 도달한다. 그러나 만약 내일도 날이 개지
않으면 무조건 행군에 나서거나 배급량을 줄여야 한다. 매우 힘들다. 오
늘 오후에 내린 얼음 결정체는 매우 컸다. 지금은 머리 위의 하늘이 더 맑
아지고 있고 온도가 조금 내려갔다. 얼음 결정체가 매우 작다.

최악의 교란 지대에서 12시간을 사투하다

2월 11일 일요일   R.25. 점심 기온 -21℃ 저녁 -19℃

원정에 나선 이래로 이런 최악의 날이 없었다. 우리 잘못도 있다. 우리는 가벼운 남서풍을 받으며 끔찍한 지표 위에서 약한 남서풍이 부는 속에서 돛을 달고 스키로 출발했다. 빛이 무척 약하여 모든 것이 환상적으로 보였다. 가면 갈수록 점점 더 나빠지는 빛 속에서 갑자기 우리가 압력 지대 속에 들어와 있는 것을 발견했다. 그래서 동쪽으로 방향을 틀었는데 치명적이었다.

우리는 순조로운 행군을 바라며 6시간 동안 쉴 새 없이 끌었다. 처음에는 비교적 순항했기에 우리는 계속 밀고 나아갔다. 배급량을 줄이지 않아도 모든 것이 나아질 것으로 생각했다. 그러나 점심 식사 30분 후 한 번도 경험해 본 적이 없는 최악의 얼음덩어리 지대에 들어와 있었다. 처음 3시간 동안은 오른쪽으로 왼쪽으로 기울어진 것을 바로잡으며 스키로 끌었다. 가면 갈수록 교란이 심해져 갔고 난 정신적인 충격을 심하게 받았다.

지독한 혼란 속에서 길을 찾는 것이 거의 불가능해 보이는 때가 몇 번 있었다. 결국 왼쪽으로 경로가 있는 것이 틀림없다고 판단한 우리는 그쪽으로 갔다. 그러나 가면 갈수록 추위는 매섭고 크레바스는 점점 더 증가했다. 스키는 감당이 되지 않았고 크레바스 속에 계속 빠지면서도 발로 썰매를 끌어야 했다. 정말 운이 좋았던 점은 심각한 사고가 없었다는 것이다. 마침내 우리 시야에 땅 쪽으로 더 매끄러운 경사가 보였다. 그래서 그곳으로 밀고 갔지만 그것은 생각보다 훨씬 멀리 있었다. 그 사이에 혼란한 지표의 특성이 또 바뀌었다. 이제는 불규칙한 크레바스가 사라지고 건너기 어려운 거대한 수렁(깊고 넓게 갈라진 틈)들이 자리 잡고 있었다. 그곳을 빠져나오기 위해 죽을힘을 다하는 동안 절망감이 점점 깊어갔다.

밤 10시경 사력을 다해 겨우 그곳을 빠져나왔고 12시간 행군 후에 이 글을 쓰고 있다. 나는 우리가 옳은 경로 위에, 아니 그 근방에 있다는 생각이 든다. 하지만 다음 저장소까지는 마일 수가 제법 된다. 어쩔 수 없이 오늘 밤 배급량을 줄였는데 세 끼의 페미컨을 네 끼로 늘렸다. 내일 순항하지 않으면 내일 점심을 또 두 끼로 나누어야 한다. 그것은 행군 중에 있는 인내력의 시험대이다. 지금까지는 잘 해왔다. 빙하에 하늘과 지표를 맑게 쓸어가는 순풍이 불어야 한다. 내일 제발 바람이 불게 해 주소서!

크레바스와 균열이 있는 끔찍한 미로

2월 12일 월요일 R.26

매우 위태로운 순간에 있다. 모두 오전에는 잘 갔고 좋은 지표 위에서 오랜 시간 동안 순항했다. 점심 2시간 전에 우리는 12월 18일의 밤 캠프를 발견하고 환호했다. 이것은 우리가 오른쪽 경로 위에 있다는 것을 보여주었다. 오후에 차를 마시고 기운을 차린 후에 남은 거리를 모두 갈 수 있다고 자신했다. 그러나 경로가 왼쪽으로 기울어지면서 결정적으로 한순간에 우리는 또다시 끔찍한 크레바스와 균열의 끔찍한 미로 속에 빠졌다. 마음이 암담해졌고 몸이 극도로 지쳤다. 대책 회의 이후에 우리 행로가 기이해졌다.

　밤 9시경 우리는 다시 난생처음 보는 최악의 지대에 들어와 있었다. 서로 의견을 말하고 주고받은 끝에 천막을 치기로 결정했다. 적은 양이라도 저녁을 먹고 나면 지금 수중에 남는 것은 한 끼 식사뿐이다. 내일 반드시 다음 저장소를 발견해야 하고 도달해야 한다. 천막 속에서 우리는 활력을 회복하려는 노력을 포기하지 않았다. 험난한 곳이지만 다행히 지금까지는 잘 먹고 있다. 제발 내일 날씨가 좋게 해주소서!

가까스로 발견한 저장소

2월 13일 화요일 R.27, 기온 −27℃

심각하게 걱정을 하면서도 간밤에 잘 잤다. 천막 밖에 나가보고는 하늘이 점차 흐려지고 눈이 올 조짐이 보였을 때 걱정이 이만저만이 아니었다. 보통 일어나는 시간에 주위에 온통 자욱한 안개가 깔려 있었다. 아무것도 보이지 않았다. 우리가 할 수 있는 것은 침낭 속에 그대로 있는 것뿐이었다. 8시 30분에 내가 눈으로 클라우드 메이커의 땅을 희미하게 확인했다.

우리는 9시에 일어나 차를 마셨고 부족한 식량은 비상시를 위해 남겨두기로 결정했다. 그리고 행군을 시작했다. 처음에는 부서진 빙하의 지독한 혼란 지대를 빠져나가기 위해 오른쪽으로 가다가 왼쪽으로 가다가 해야 했다. 약 1시간 후 진흙으로 갈색이 된 빙퇴석 길을 다시 찾았다. 지표는 점점 더 매끄러워졌고 속도는 점점 더 빨라졌다. 여전히 사방에는 안개가 깔려 있었다. 1시간 동안 우리는 수시로 방향을 확인하며 나아갔다. 한순간 에번스가 다음 저장소가 보인다고 소리쳐 우리를 들뜨게 했지만 그것은 얼음 위의 그림자로 밝혀졌다.

그러고 나서 갑자기 윌슨이 진짜 저장소 깃발을 발견했다. 엄청난 안도감이 몰려왔다. 곧 사흘 반나절 분의 식량을 손에 넣게 된다. 그 안도감은 이루 말할 수가 없다. 두말할 필요도 없이 우리는 천막을 치고 식사했다.

오후 행군에서는 빙퇴석 지대에 들어설 때까지 산에 바싹 붙어서 갔다. 이곳에서 윌슨이 잠시 따로 떨어져 표본 수집을 했다. 그동안 우리는 계속 썰매를 끌었다. 저녁 늦게 산 아래 끝자락에 천막을 치고 정상적인 배급량으로 만족스러운 식사를 했다.

어제는 원정에 나선 이후로 최악의 위기감이 느껴진 날이었다. 이제 정상적인 위치로 돌아왔다. 두 번 다시 이런 미로 속에 빠져서는 안 된다. 그래도 두 지원팀이 무사히 귀환했다고 알게 되어 마음이 놓였다. 에드워드 에번스팀도 우리처럼 그 속에서 많이 헤맨 것처럼 보인다. 내일은 날씨가 좋을 것 같다. 계곡이 점차 개이고 있다. 보워즈가 설맹으로 힘들어한다. 윌슨도 마찬가지다. 에드가 에번스는 천막 치는 것을 도와줄 힘이 없다.

에번스가 악화되다

2월 14일 수요일 R.28. 점심 기온 -17℃ 저녁 -18℃

빙하를 따라 바람이 불었다 그쳤다 하는 쾌청한 날이다. 오전 중 우리는 순항했다. 우리는 조금 늦게 출발해 빙퇴석을 따라 썰매를 끌었다. 처음에 똑바로 가는 것이라고 생각했다. 하지만 곧 생각을 바꾸어 빙퇴석의 만곡을 따라가기로 결정했다. 다행히 길이 빙하로 통해 있었다. 우리는 크램폰을 신고 출발했다. 1시간 후에는 돛을 달았다. 온갖 시도에도 속도가 나아지지 않았는데 정상에 있던 것과 비슷한 모래 알갱이 같은 눈이 휘몰아치고 썰매 활주 부가 손상되었기 때문이었다. 오후에 활주 부를 손질하고 사포로 갈았다.

점심 후에는 눈으로 덮여있고 얼음이 가끔 보이는 지표에 들어섰다. 출발은 좋지 않았지만 경사와 순풍에 힘입어 저녁 캠프 전에 육 마일 반을 행군했다.

우리가 어쩔 수 없이 강해지기 어렵다. 아무도 이 상태를 피할 수 없다. 윌슨은 스키를 타지 못할 정도로 다리가 좋지 않다. 최악의 경우는 에번스다. 그는 우리에게 심각한 걱정거리다. 아침에 그는 갑자기 큰 물집 투성이의 발을 드러냈다. 그가 크램폰을 다시 조절하느라고 행군이 상당히 지체되었다. 가끔 나는 그가 점점 더 악화되는 모습을 보는 것이 정말 두렵다. 그러나 오늘 오후처럼 꾸준히 스키로 가면 다시 회복될 수 있다고 믿는다. 그는 배고픔을 못 견뎌하고 윌슨도 마찬가지다. 그렇다고 해도 다시 식량을 양껏 개봉하는 모험을 감행할 수가 없다. 현재는 내가 배급 담당인데 완전한 정량을 밑돌게 내놓을 수밖에 없다. 우리 몸놀림이 점차 더디어져 간다. 천막을 치고 걷는 속도가 느려지고 있다. 그리고 이런저런 일들로 계속 지체된다. 나는 오늘 밤 그 문제에 대해 말했고 나아지기를 희망한다. 다음 저장소까지는 삼십 마일 남았고 우리 손에는 사흘 치의 식량이 있다.

2월 15일 목요일 R.29. 점심 기온 -23℃ 저녁 -20℃

점심 -23℃, 저녁 −4℃. 십삼 마일 반. 다시 우리는 식량 부족 상황에 쫓기고 있다. 저장소까지 거리가 얼마인지 모르지만 대략 이십 마일 정도로 추정한다. 힘겨운 행군이었고 십삼과 사분의 삼 마일을 갔다. 식량을 손에 넣기 위해 썰매를 끌고 있다. 분명히 우리는 강하지 않다. 오후에 날이 어두워졌다. 땅이 상당 구간 가려져 있다. 식사량을 줄였고 또한 수면을 줄였다. 금방 갈 것 같은 느낌이다. 하루 반나절 혹은 이틀 정도면 다음 저장소에 도달할 것이다.

위기

2월 16일 금요일   이동 거리 십이 마일 반. 점심 기온 -21.1℃   저녁 -21.6℃

다소 힘든 고비다. 우리 생각에 에번스가 뇌를 다친 것 같다. 이전의 모습은 거의 찾아볼 수가 없을 정도로 그는 완전히 변했다. 오늘 아침에도 오후에도 그는 사소한 핑계로 행군을 중단시켰다. 현재 우리 배급량은 정량을 밑돈다. 내일 밤까지 이어가려면 불가피하다. 다음 저장소까지는 십 내지 십이 마일 정도 남아있지만 날씨가 전혀 도움이 되지 않는다. 점심 후 우리는 눈에 완전히 포위되었고 대륙이 어렴풋하게 보일 뿐이다. 게다가 우리 기억 속에는 출구 없는 미로에 갇혔던 공포가 그대로 남아있다. 내일 다음 저장소에 순조롭게 도달할 수 있다면 모든 것이 해결될 것이다. 현재로선 아픈 동료가 있어 그것이 매우 우려스럽다. 그러나 걱정해봐야 소용이 없다. 더 이상 글을 쓰기에는 잠이 모자라다.

에번스의 죽음

매우 끔찍한 날이다. 에번스는 푹 자고 일어난 후 조금 나아진 것처럼 보였다. 그리고 여느 때처럼 아무 문제가 없다고 말했다. 그는 제자리에서 출발했지만 30분 후 스키화가 풀리면서 썰매에서 뒤처졌다. 지표는 지독했다. 갓 내린 눈이 스키와 썰매 활주 부를 방해했다. 썰매는 나가지 않고 삐걱거렸고 하늘은 잔뜩 찌푸렸으며 사방은 자욱한 안개에 싸여 있었다. 우리는 약 1시간 후에 걸음을 멈추었다. 그동안 에번스는 우리를 조금 따라잡았지만 여전히 매우 느렸다. 30분 후에 그는 핑계를 대며 뒤처졌다. 그는 보워즈에게 끈 조각을 빌려달라고 했다. 나는 그에게 가능한 한 빨리 따라오라고 주의를 주었고 그는 씩씩하게 대답했다. 갈 길이 촉박했고 나머지 우리는 땀을 뻘뻘 흘리면서 매우 힘겹게 썰매를 끌어야 했다.

모니먼트 락에서 우리는 걸음을 멈추었다. 그리고 에번스가 아직 뒤처진 것을 발견하고 점심 천막을 쳤다. 처음에는 놀랄 일이 아니었다. 차와 음식을 준비해서 식사했다. 그런데 점심을 다 먹을 때까지 에번스가 나타나지 않았다. 우리는 나가서 주위를 살펴보고 그가 여전히 같은 지점에 있는 것을 발견했다. 이때 우리는 놀라움을 감추지 못했다. 모두 스키를 타고 그가 있는 곳으로 달려갔다. 내가 맨 먼저 도착했는데 그의 모습은 매우 충격적이었다. 그는 옷가지를 풀어헤친 채 무릎을 꿇고 있었다. 동상에 걸린 손이 그대로 노출되어 있었다. 그의 눈빛에는 사나운 기색이 감돌았다. 무슨 일이냐고 물었지만 작은 목소리로 자신도 잘 모르겠다고 대답했다. 그는 자신이 잠시 기절한 것으로 생각했다. 우리는 그를 일으켜 세우고 부축을 했지만 서너 걸음도 못가 다시 털썩 주저앉았다. 그는 육체적으로 정신적으로 더 이상 버티지 못하고 무너지는 듯 보였다.

윌슨과 보워즈와 나는 다시 썰매가 있는 곳으로 달려갔고 오츠가 옆에 남았다. 우리가 썰매를 끌고 다시 돌아왔을 때 에번스는 거의 정신을 잃었다. 그리고 그를 천막에 데리고 갔을 때 완전히 혼수상태였다. 12시 30분, 그는 사망했다. 우리는 그의 증상을 이야기하며 그가 극점에 도달하기 직전부터 약해지기 시작했고 동상과 크레바스에 떨어져서 가속화되었다고 생각한다. 결국 그것이 완전한 자신감의 상실로 이어졌다. 윌슨은 그가 크레바스에서 떨어질 때 뇌를 다친 것이 틀림없다고 생각한다. 이런 식으로 동료를 잃는 것은 정말 끔찍하다. 그러나 차분히 생각해보면 지난주 내내 있었던 엄청난 걱정이 없어졌다는 안도감이 드는 것도 어쩔 수가 없다. 어제 점심에 생각을 나누면서 기지에서 이토록 멀리 떨어진 곳에서 아픈 동료 하나를 우리 손으로 감당하는 것이 얼마나 절망스러운지를 말했다.

오전 1시에 우리는 짐을 꾸렸고 압력 능선 위로 내려와 다음 저장소를 쉽게 찾았다.

세상 끝 최악의 탐험, 그리고 최고의 기록

다시 빙붕으로

끔찍한 밤 이후 빙하 하단부에서 5시간을 잔 후 오늘 3시경 이 캠프에 도
달했다. 경계(빙하와 빙붕의 경계선)를 넘어서면서 비교적 순조로운 행군
을 했다. 이곳은 말고기가 많아 우리는 저녁을 잘 먹었다. 다른 팀들도 거
쳐 간 곳이기 때문에 순조로운 행군을 계속할 수만 있다면 더 기적 같은
일이 이어지지 않을까. 지금으로서는 좀 더 많은 식량을 얻어 새 생명을
얻은 것 같지만 빙붕의 지표가 걱정스럽다.

사막 모래 같은 눈 지표

2월 19일 월요일 점심 기온 -26℃

오늘은 늦게 정오가 지난 직후에 출발했다. 8시간 동안 자고 난 후 썰매를 교체하고 돛을 달고 말고기를 싣고… 등 많은 캠프 작업을 했다. 지표가 예상대로 매우 나빴다. 푸석푸석한 모래 알갱이 같은 눈의 지표 위에서 햇빛이 밝게 빛났다. 우리는 이전 경로에서 약 2분 정도 나와 있다. 어쩌면 오늘 같은 날씨는 다행히 캠프 작업하기에는 더없이 좋은 날이지만 우리는 바람(순풍인 남풍)을 원하고 썰매 끄는 것이 좀 순조롭도록 가파르게 기울어진 지표의 상태가 좀 바뀌기를 원한다. 이어지는 사나흘 동안 변화가 없을 것 같아 우려스럽다.

R.33. 기온 -27℃. 정말 끔찍한 지표 위에서 짧은 하루 동안 사 마일하고 삼분의 이 마일을 사투했다. 마치 세상에서 미끄러운 면이라고는 없는 사막 모래 위에서 썰매를 끄는 것 같다. 이대로 계속되면 우리는 매우 힘든 상황에 있게 될 것이지만 나는 이것이 해안에 인접한 무풍지대이기 때문이라고 믿는다. 그래서 곧 벗어나게 될지도 모른다.

이동 거리에 대해 걱정하기는 아직 이르다. 다른 면에서 다소 좋아지고 있기 때문이다. 침낭을 썰매 위에서 건조하고 있다. 무엇보다도 배급량이 다시 늘어났다. 오늘 밤 우리는 페미컨, 말고기 스튜 프라이를 해 먹었는데 원정에 나선 이후 최고의 식사라는 평가이다. 불쌍한 에번스가 죽고 없으니 식량 배급할 양은 늘었다.

에번스가 건강하게 우리와 함께 있었다면 좀 더 신속하게 돌아갔을지도 모른다. 계절의 말기에 별다른 경고 없이 우리를 기다리고 있을 상황이 무엇일지 우려스럽다.

여전히 끔찍한 지표

2월 20일 월요일 R.34. 점심 기온 -25℃ 저녁 -26℃

지표가 여전히 끔찍하다. 오전에 4시간을 힘겹게 행군한 끝에 황량함의 캠프에 도달했다. 이곳은 올라갈 때 나흘간 거센 눈보라가 몰아쳤던 곳이다. 말고기가 더 없는지 찾아보았지만 못 찾았다. 점심 후 우리는 좀 더 좋아진 상태로 스키로 끌었다. 오늘 총 이동 거리는 칠 마일이다. 스키 자국이 매우 선명했기 때문에 오후에는 쉽게 따라갔다. 또 다른 케른도 놓치지 않았다. 심하게 느리게 앞으로 갔지만 갈수록 조금 더 나아지기만을 바랄 뿐이다. 오늘 밤 남동쪽에 구름이 있는데 어쩌면 우리에게 이롭게 작용할지도 모른다. 지금 우리 썰매와 스키가 눈에 쟁기질을 한 모양새를 남겨 수 킬로 뒤까지 보일 정도이다.

이것이 우리를 끝없이 고통스럽게 하지만 흔히 그렇듯 천막을 치고 잘 먹으면 잊는다. 좋은 식사가 우리 운명이다. 전처럼 건강하지는 않더라도 잘 가게만 해 달라고 기도한다. 계절이 저만치 앞서가고 있다.

출발할 때 하늘이 어두워지면서 날이 흐려졌다. 더 많이 따뜻하다. 행군은 어제만큼 좋지 않았다. 하루 종일 무거운 발걸음이 마음을 매우 무겁게 짓누른다. 그나마 한 가닥 위안이 든 것은 경로와 케른을 발견했을 때였다. 점심때 길을 잃은 것 같았지만 1~2시간 후 마지막 조랑말 벽을 발견했다.

그 이후 행군이 종료될 때까지 오래된 조랑말 경로를 따라갔다. 이 부근의 케른 사이에 있는 긴 직선 길에 위험 지대가 있다. 어떻게든 그곳만 넘어서면 규칙적인 케른 선상이기 때문에 운이 좋으면 그것을 고수하면 된다. 그러나 모든 것이 날씨에 달렸다. 상황이 더 어려워지면 하루에 팔마일 반 이상의 행군을 해낼 수가 없다. 이런 식으로 계속 나갈 수 없다. 지금 우리는 대륙 중심부에서 점점 멀어지고 있다. 그리고 하루 이틀 지나면 더 나아져 있을지도 모른다. 그렇게 되기를 간절하게 바란다.

궤도에서 벗어나다

귀환이 성공할지 실패할지 고비에 있다. 남극은 여름만 탐험 가능한데 빠르게 가을로 바뀌니 위기이다.

오늘 출발한 직후에 남동풍이 일었다. 눈이 거세게 휘몰아치자 희미한 경로마저 순식간에 사라졌다. 그 결과, 발견했어야 하는 케른을 발견하지 못하고 점심때가 되었다. 오후에 행로가 너무 서쪽으로 치우쳤다고 확신한 보워즈가 방향키를 잡았다. 그 결과 발견했어야 하는 또 다른 조랑말 캠프를 보지 못하고 지나쳤다. 밤에 지도를 검토했는데 우리 위치가 너무 동쪽으로 기울어진 것이 분명했다. 날씨가 개야 착오를 바로잡을 수 있지만 날씨가 맑아질까? 착오를 바로잡는다고 해도 가는 것이 여전히 쉽지 않고 위치가 암담하다. 바람이 밤을 고비로 잦아들고 남쪽 하늘이 맑아오는 것이 그나마 좋은 조짐이다. 이토록 힘든 상황도 우리 팀의 정신을 무너뜨리지 못하는 것이 위안이 된다. 오늘 밤 말고기 수프로 배를 채우고 나니 다시 기운이 난다.

바람이 거의 잦아든 상태에서 햇살을 받으며 출발했다. 다행히 보워즈가 각을 측정했다. 그리고 도표를 보고 바깥 경로보다 안쪽 경로에 있는 것이 틀림없다고 판단했다. 정보가 너무 빈약해 엄청난 책임이 동반되는 판단을 하는 것을 아무도 내켜 하지 않았다. 그러나 우리가 점심을 먹기로 결정했을 때 보워즈가 날카로운 눈으로 이중의 점심 케른을 포착했고 경위의(천문 관측이나 측량에 사용하는 소형 망원경)로 그것을 확인했다. 그 순간 우리는 활기를 다시 찾았다.

오후에는 또 다른 케른을 포착했다. 그런 뒤에 계속 전진하여 저장소에서 이 마일 반 되는 지점에 천막을 쳤다. 저장소는 아직 보이지 않지만 날씨만 좋으면 발견할 것이다. 엄청난 안도감이 든다. 7시간 만에 팔과 오분의 이 마일을 갔는데 이것은 이런 지표에서는 하루에 십에서 십이 마일도 갈 수 있음을 보여준다. 상황이 다시 낙관적이다. 일정한 케른 선상에 있는 지금 지체 없이 귀환할 수 있기만을 바랄 뿐이다.

저장소의 연료가 부족하다

2월 24일 금요일 R38

아름다운 날이다. 그것도 매우 아름다운 날이다. 저장소를 발견하고 정오에 도달했다. 그런데 저장품 중에 연료가 부족했다. 이제부터 연료를 아껴야 한다. 식량은 열흘 분이 들어왔다. 다음 저장소까지는 약 칠십 마일이다. 12월 15일에 그곳을 통과한 개 썰매팀 메레스의 쪽지가 남겨져 있었는데 지표가 나쁘다고 했다. 첫 번째 지원팀의 앳킨슨의 쪽지도 있었는데 키오한이 좀 괜찮아져 무사히 가고 있다고 했다. 최종 지원팀인 에드워드 에번스의 기운 없는 짧은 글도 남겨져 있었다. 역시 지표가 나쁘고 기온이 높다는 내용이었다. 그가 조금 우려하는 것이 틀림없다(이후에 밝혀지지만 에드워드 에번스는 이때 이미 괴혈병에 걸려있었다).

이 저장소를 발견해서 마음이 꽤 편안해졌다. 당장 눈앞의 걱정이 잠시 사라졌다. 도살 캠프를 떠난 이후로 우리는 꾸준히 올라가고 있음이 분명하다. 해안의 빙붕은 압력을 받는 곳만 제외하면 비교적 내리막이다. 그리고 다소 기복이 있다고 해도 비교적 평탄한 편이다. 지표는 신기하게도 위쪽이 무르고 내려갈수록 단단하다. 지금 밤과 낮의 기온차가 심하다. 천막에서 이 글을 쓰고 지금 비교적 따뜻하다. 우리는 반나절 행군으로 지금 경로 선상에 있다. 윌슨이 딱하게도 어제의 사투 이후 설맹을 앓고 있다. 연료가 조금만 더 있었으면….

밤 캠프. 기온 -27℃. 다시 기운이 빠진다. 오후에 지표가 매우 끔찍했다. 겨우 사 마일을 갔다. 여전히 경로 선상에 있지만 계속 이렇게 가야 한다면 보통 일이 아니다. 계절의 빠른 전환이 불길하다. 배급품에 말고기를 여분으로 가지고 있는 것이 다행이다. 오늘 밤에도 진짜 맛있는 수프를 먹었다. 지금 우리 귀환은 계절과 악조건, 우리 건강, 좋은 음식 사이의 경주이다.

2월 25일 토요일 R39. 점심 기온 -24℃

오전 중에 간신히 육 마일을 갔다. 다소 낙담하여 출발했다. 개선이 없을 때 맥이 빠진다. 그러나 지표가 조금씩 나아졌다. 사스트루기가 줄어들었고 활주도 좋아졌으며 가벼운 순풍의 도움도 받았다. 우리는 속도를 조금 더 내기 시작했다. 그래도 썰매 끄는 일이 여전히 너무 힘겹다. 땅의 높낮이가 사라졌다고 해도 여전히 지면이 고르지 않은 채 남아있다.

약 이 마일 전방의 캠프 벽과 경로가 모두 보인다. 에번스의 경로가 매우 선명하게 남아있다. 이것이 정말 다행이지만 스키를 타고 끌고 가고 있음에도 불구하고 썰매 끌다가 우리는 끝없이 지친다. 보워즈가 무심코

한 실수로 내 꾸중에 약간 상처를 받았다. 그렇지만 나는 그의 정신을 한 번도 의심해본 적이 없다.

글을 쓰는 지금은 점심시간이다. 좋은 식사를 하고 차를 마시고 나니 다소 편안하다. 오후에는 좀 더 나아지기를 바라지만 어려울지도 모른다. 제발 바람이(순풍) 조금만 불어준다면! 에드워드 에번스팀의 경우에는 많이 불었던 것 같다.

R.39. 기온 -29℃. 오후에는 더 좋아졌다. 십일하고 오분의 이 마일. 오전의 두 배이다. 하지만 이것은 순풍의 지원 없이는 순항이 힘들다는 것을 의미한다. 에번스팀도 여기서는 강풍을 만난 것이 분명했다. 지금 밤인데 기온이 낮아진다. 하늘은 현재 맑게 개어있다. 사실 행군하기에 매우 도움이 되는 날씨이다. 지표가 나쁘고 순풍이 불지 않는다는 점이 유일한 장애물이다. 모든 경로가 선명하게 보이지만 말 벽에는 상당한 드리프트가 있었던 것 같다.

2월 26일 일요일 R.40. 기온 -27℃

출발할 때 하늘이 흐렸지만 경로가 뚜렷했고 먼 곳의 케른까지 분명하게 보였다. 오전 중에 육 마일 반을 갔다. 지금은 보워즈와 윌슨이 선두에 있다. 뒤에서 끄는 것은 경로에 신경 쓸 필요가 없어서 덜 부담스럽다. 매우 추운 밤을 보내고 양말과 신발이 완전히 건조되지 않아 발이 매우 시리

다. 우리는 잘 먹고 있지만 여전히 더 먹어야 한다. 다음 저장소까지는 오십 마일도 채 남지 않았다. 그곳에 도달하면 좀 더 개봉해도 될 만큼 잉여분의 식량이 생길 것이다. 연료 부족이 여전히 걱정이다.

R40. 기온 -29℃. 9시간의 가혹한 행군으로 십일 마일과 반을 갔다. 다음 저장소까지는 사십삼 마일 남았다. 날씨는 화창하지만 춥다. 그것도 매우 춥다. 발이 제대로 마르지 않아 매우 시리다. 식량이 더 있었으면 좋겠다. 특히 지방분의 섭취를 원한다. 연료 부족이 우려된다. 이 계절에 지표가 이 이상 더 좋기를 바라는 것은 무리다. 그렇다고 해도 남풍이 조금만 불어주면 좋겠다. 비록 기온이 같이 상승하지 않으면 오히려 상당한 장애로 작용할 수 있음에도 불구하고….

예상 밖의 기온 저하

간밤에 기온이 올라갈 희망이 보이지 않을 정도로 심하게 추웠다. -36℃. 우리가 일어났을 때는 -38℃이었다. 얼어붙은 발로 고통받는 사람도 있었지만 모두 잘 쉬었다. 곧 식량을 더 개봉해야 한다. 오늘 오전에는 칠 마일을 갔고 오후에는 오 마일을 갈 예정이다. 오전에는 흐린 하늘에 좋은 지표가 도와주었지만 다시 해가 나오고 있다. 케른을 따라 행군하는 것은 어렵지 않지만 여전히 그것이 많이 우려스럽다. 식사 후를 제외하면 먹는 이야기가 대부분이다. 게다가 사라지는 것을 반복하는 땅…. 제발 하느님 더 이상 지나기 어려운 고비가 없게 해주시기를! 당연히 우리는 개 썰매를 만날 가능성을 이야기한다. 위태로운 고비 길이다. 다음 저장소로 무사히 갈 수 있을지 모르지만 살짝 회의감이 들 때도 있다.

저녁 캠프. 기온 -35℃ 여전히 날씨는 매우 맑지만 매우 춥다. 오늘은 최근 들어 가장 긴 거리를 갔다(십이 마일과 오분의 일 마일). 다음 저장소까지는 삽십일 마일 남았고 그곳에 사흘 치의 연료와 엿새 치의 식량이 있다. 이제 조금 상황이 나아지기 시작한다.

혹한 속에서 출발

점심. 간밤에 기온이 -40℃ 아래로 내려갔다. 절망적인 혹한이다. 그러나 밤에 날씨는 맑았다. 나는 배급량을 조금 더 늘리기로 결정했다. 효과는 분명했다. 우리는 -35℃에서 가벼운 북서풍을 받으며 행군을 시작했다. 오전에 발이 매우 시렸다. 신을 신는 것만으로 많은 시간이 걸려 더 일찍 서둘렀다. 다음 저장소에 도달할 때까지는 안심할 수가 없다. 다음 저장소까지는 겨우 이십사 마일 반이 남았다. 햇빛이 밝게 비치지만 온기라곤 없다. 빙붕 중앙부가 매우 혹독한 위치인 것은 틀림없다.

　저녁 캠프. 끔찍한 하루를 보내고 퍽 괜찮은 말고기 수프를 먹고 잠자리에 들었고 잘 잤다. 십일 마일과 반을 갔다. 지금 기온이 꽤 낮은 것은 아니지만 매우 추운 밤이다(-32℃).

점심. 추운 밤을 보냈다. 최저 기온 -38℃. 아침에 일어났을 때 북서풍이 불었고 기온이 -34℃이었다. 우리는 끔찍한 혹한 속에서 출발했다. 다행히 보워즈와 오츠는 마지막 새 털 장화를 신었다. 지독한 행군이 될 것 같은 내 예상은 처음 1시간 동안 그대로 맞아떨어졌다. 그러나 상황이 점차 나아졌고 오 마일 반 행군한 후에 천막을 쳤다.

다음 캠프는 정확히 십삼 마일 지점에 있는 저장소이다. 그곳까지 하루 반나절 이상 걸려서는 안 된다. 제발 순항하기를. 그곳에 도착할 때 식량은 사흘 분이 있을지 몰라도 연료는 거의 바닥이 나 있을 것이다. 지금까지 배급량을 늘려서 성과가 매우 좋았다. 산들이 조그맣게 보인다. 바람은 여전히 가벼운 서풍인데 이해할 수 없는 바람이다.

9

3월 - 오츠의 죽음,
그리고 혹독한 한파
…

힘겨운 하루

점심. 간밤에 매우 추웠다. 최저 -41℃. 여느 때처럼 혹한 속에서 출발했다. 8시에 출발해 점심때 다음 저장소가 보이는 지점에 들어섰다. 어제는 총 십일 마일과 반을, 오늘은 오전에 육 마일을 갔다. 어제가 힘겨웠다면 오늘은 더 힘겨웠다. 썰매 끄는 것을 고려하지 않으면 날씨는 좋다. 낮에도 밤에도 구름 한점 없고 바람이 잔잔하다. 북쪽에서 불어오는 가벼운 공기의 흐름이 매서울 정도로 차갑다. 오늘 점심시간 동안만큼은 예외였다. 비교적 밝고 따뜻한 해가 나왔다. 모든 장비가 마르고 있다.

세 가지 심각한 타격

3월 2일 금요일

불행은 혼자 오지 않는다. 어제 오후에 다음 저장소(빙붕 중앙부 저장소)로 비교적 순항했다. 그러나 그곳에서 결정적일지도 모르는 세 가지 심각한 타격을 받았다. 첫 번째는 연료 부족이다. 아무리 철저하게 아낀다 하더라도 이 지표에서 다음 저장소까지 가기에는 빠듯한 양이다(칠십일 마일 떨어져 있다). 두 번째는 오츠가 동상에 심하게 걸린 발을 보여주었는데 발가락이 최근의 기온 저하에 심하게 악화되어 있었다. 세 번째는 어둡고 흐린 날씨와 함께 밤에 찾아왔다. 기온이 -40℃ 이하로 떨어졌다. 심한 기온 저하이다.

오늘 아침에는 신발 신는 데만 30분이 걸렸다. 우리는 8시 이전에 출발했다. 얼마 가지 않아 케른과 경로가 사라졌다. 우리는 꾸준히 북서쪽으로 나아갔지만 아무것도 보이지 않았다. 더 힘든 것은 지독한 지표였다. 강풍이 밀어 주었지만 오 마일 반 밖에 가지 못했다. 더 이상 가는 것이 힘들어 낯선 지점에 천막을 쳤다. 지금 혹독하게 춥다.

지표 악화와 역풍

점심. 어제 오후에 경로를 다시 발견했다. 오늘 오전에 하늘은 여느 때보다 어두웠다. 순조롭게 출발하여 1시간 동안 순풍을 받으며 갔다. 그러나 곧 지표는 말로 표현할 수 없을 정도로 악화되었고 바람도 역풍으로 바뀌었다. 모든 상황이 역전되었다.

4시간 14분 동안 사와 사분의 일 마일을 간 후 상황이 여의치 않아 천막을 쳤다. 이 지점은 이전에 우리 발목을 잡았던 세 구간보다 더 지독했다. 이것을 우리 잘못이라고 하기는 어렵다. 바람이 최고의 강풍이었고 썰매를 끄는 것이 아무 효과가 없었다.

빛이 충분해졌을 때 그 이유를 알았다. 지표 자체는 최근에 굳어져 비교적 괜찮았지만 표면이 복사열 때문에 양털 같은 결정체로 된 얇은 막으로 덮여있었다. 이것은 지면에 단단하게 흡착되어 바람에 쉽게 제거되지 않고 썰매 활주 부와 감당하기 힘든 마찰을 일으켰다. 이 상태에서는 더 이상 썰매를 끌고 갈 수 없음이 분명하다.

아직 겉으로 다들 생기를 잃지 않았지만 각자 마음속으로 어떻게 생각하는지는 추측할 수 있을 뿐이다. 아침에 신발 신는 속도가 점점 더 느려지고 있다. 매일 점점 더 위험해지고 있다.

상황이 정말 매우 암울해 보인다. 여느 때처럼 우리는 모든 힘든 기억을 잊고 잘 먹고 잘 자고 일어나 아침을 먹고 행군에 나섰다. 태양은 밝게 빛나고 경로는 선명했지만 지표가 모래 같은 얼음 알갱이로 덮여있었다. 오전 내내 우리는 사력을 다해 썰매를 끌었고 4시간 반 동안 겨우 삼 마일 반을 갔다. 간밤에 날이 흐렸고 대기가 자욱했다. 오늘 오전에 해가 나왔지만 지표는 나빴다. 강하고 건조한 바람만 좀 불어주면 더 이상 바라지 않는다. 결정체 밑에는 단단한 사스트루기가 있었다. 한두 주 전에는 썰매를 끌기에 아주 적당했음이 분명했다. 다음 저장소까지는 약 사십이 마일이다.

지금 우리 손에 일주일 치 식량이 있지만 연료는 사나흘 치뿐이다. 연료는 최대한 절약하고 있지만 식량은 절약할 수가 없다. 이곳은 정말 험하다. 그런데 아직 낙담하는 사람은 없다. 적어도 겉으로 활기를 잃지 않고 있다. 그러나 썰매가 사스트루기 한 부분에 걸려 죽은 듯이 꼼짝하지 않고 그 너머에 더 지독한 지표가 태산을 이루고 있을 때면 마음이 바닥까지 내려앉는다. 지금 기온은 -29℃로 활동하기가 훨씬 나아졌지만 곧 더 심한 혹한이 올 것이다. 한 번씩 타격이 올 때마다 오츠가 점점 더 나빠져 가는 것이 두렵다.

하느님, 우리를 도와주소서! 다음 저장소에서 여분의 식량이 있을 가능성을 빼면 지금 기대할 수 있는 것이 아무것도 없다. 그곳에서 또 연료 부족을 발견하면 사태는 정말 걷잡을 수 없이 악화될 것이다. 그곳에 무사히 갈 수 있을까? 정상에서 그 정도 거리는 매우 짧은 것처럼 보였다! 윌슨과 보워즈가 매사에 매우 낙관적인 것은 힘이 된다.

오츠가 약화되다

점심. 안타깝게도 사태가 점점 내리막이다. 우리는 어제 오후에 5시간 행군하여 삼 마일 반의 오전 행군을 구 마일 이상으로 바꾸었다. 코코아 한 컵과 냉기가 도는 딱딱한 페미컨을 먹고 침낭 속으로 들어갔다. 그리고는 모두가 혹독한 결과를 맞았다. 특히 오츠가 그렇다. 지금 오츠의 발이 매우 지독하다. 간밤에 엄청나게 부어올랐고 오늘 아침에는 심하게 절룩거렸다. 우리는 아침에 간밤처럼 차와 페미컨을 먹고 행군을 시작했다. 오전에는 사스트루기였지만 조금 나아진 지표 위에서 5시간을 행군했다. 썰매가 두 번이나 뒤집어졌다. 우리는 발로 썰매를 끌며 오 마일 반을 갔다.

다음 저장소까지는 약 사 마일 남았다. 연료는 바닥을 보이고 불쌍한 오츠는 탈진해있다. 그에게 줄 수 있는 것이 없어 안타깝다. 조금 더 많은 따뜻한 음식이 도움이 될지 모르지만 조금뿐이라서 두렵다.

지금 우리는 서로 뭘 해줄 수가 없다. 각자 자신의 몸 하나도 제대로 건사하기가 어렵기 때문이다. 행군 중에 발걸음은 무겁고 바람이 우리 옷 속을 날카롭게 파고들면 끔찍하게 춥다. 윌슨과 보워즈는 천막에 있을 때 끝까지 활력을 잃지 않는다. 우리는 온전한 정신으로 경기를 마치려고 하지만 삶에서 생전 처음 이토록 오랜 기간 무거운 썰매를 끄는 것이, 더딘 진전이 너무 힘들다. 우리가 할 수 있는 말은 이것뿐이다. 하느님, 우리를 도와주소서!

천막 안에서 우리는 온갖 이야기를 한다. 식사는 정량대로 배급하는 위험을 감수하기로 결정했기 때문에 이제 먹는 이야기는 별로 하지 않는다. 지금 이 시점에 배고픔을 느낄 수가 없을 뿐이다.

점점 최악으로

3월 6일 화요일   점심. R.48

점심. 어제 오후에 순풍의 도움을 받아 약간 나아졌다. 구 마일 반을 갔다. 다음 저장소까지는 이십칠 마일 남아있다. 그러나 오늘 오전에 상황은 다시 나빠졌다. 원정에 나선 이후 처음으로 1시간여 늦게 일어났다. 신발 신는 것도 느렸다. 그리고 우리는 정말 사력을 다해 썰매를 끌었다. 1시간에 일 마일도 전진할 수가 없었다. 날은 안개로 자욱해졌고 우리는 세 번이나 걸음을 중단하고 경로를 찾아야 했다. 그 결과 오전 중 삼 마일 반 밖 가지 못했다. 지금은 해가 나오고 바람이 불지 않는다. 불쌍한 오츠는 썰매를 끌 수가 없다. 우리가 경로를 수색하고 있을 때 그는 썰매에 앉아 있다. 발의 통증이 심할 텐데 용기가 대단하다. 그는 불평도 없다. 말도 점점 없어진다.

우리는 파라핀 기름이 떨어지면 대신 쓸 알코올램프를 만들고 있다. 만약 우리가 하루에 평균 구 마일을 갈 수 있다면 연료가 바닥나기 전에 다음 저장소의 일정한 거리 내에 들어설 수도 있다. 지금 우리를 도와줄 수 있는 것은 강한 순풍과 좋은 지표뿐이다. 그런데 오전에는 순풍이 불었음에도 썰매가 납덩이처럼 무거웠다. 모두 건강하기라도 해야 무사히 갈 수 있다는 희망이라도 가질 것이다. 불쌍한 오츠가 온 힘을 다해 끔찍한 고통을 참고 있음에도 지금 우리에게 감당하기 힘든 짐이다.

개 썰매에 일말의 희망을 걸다

상황이 더 악화되었다. 오늘 아침에 오츠의 한쪽 발을 보니 매우 끔찍했다. 그래도 그는 매우 용감하다. 여전히 우리는 귀환하면 함께 무엇을 할 것인지 이야기한다. 어제 이동 거리는 겨우 육 마일 반이었다. 오늘 오전에는 4시간 30분 만에 겨우 사 마일을 갔다. 다음 저장소까지는 십육 마일이 남아있다. 만약 그곳에서 정확한 양의 식량을 손에 넣고, 이 지표가 계속된다면 다음 저장소(칠십이 마일 떨어진 후퍼 산 저장소)까지 갈 수 있을지 모른다. 그러나 원톤 캠프까지는 아니다. 개 썰매가 후퍼 산 저장소까지 올라올지 모른다는 실낱같은 희망을 버리지 않고 있다(개 썰매와의 조우에 관한 것은 부록 1참조).

그곳에 가서도 연료가 부족하다면 거의 희망이 없다. 불쌍한 오츠에게 위기가 다가왔음을 느낀다. 나머지 우리도 썰매 끄는 작업이 정말로 과도한 노동임을 고려하면 건강한 편일지는 몰라도 더 좋아지기는 어려울 것이다. 오늘 오전까지는 바람이 없었는데 지금은 매서운 북풍이 불고 있다. 태양은 밝고 케른은 잘 보인다. 끝까지 길을 잃지 않아야 한다.

힘을 지나치게 써버리다

점심. 상황이 점점 더 내리막길이다. 불쌍한 오츠의 왼쪽 발이 신발을 감당하지 못한다. 양말과 신발을 신는 데도 많은 시간이 더 걸린다. 출발하기 전에 거의 한 시간을 기다려야 한다. 대개 내가 제일 먼저 준비한다. 윌슨도 발이 매우 좋지 않다. 그가 그런 것은 다른 대원들을 너무 많이 도와주기 때문인지도 모른다. 오늘 오전 중 사 마일 반을 갔다. 다음 저장소까지는 팔 마일 반이 남았다.

예전 같으면 아무리 힘들어도 코웃음을 칠 정도로 짧은 거리지만 지금 이런 지표에서는 앞서 한 행군의 두 배 이상과 맞먹고 거의 두 배에 가까운 힘이 든다. 가장 큰 의문은 이것이다. 다음 저장소에서 과연 무엇을 발견할까? 만약 개 썰매가 와 있다면 우리는 빠른 속도로 내려갈 수 있을지도 모른다. 그러나 가서 보니 연료가 부족하다면…. 하느님, 우리를 도와주소서! 아무리 생각해도 우리는 위기 상태에 있다.

세상 끝 최악의 탐험, 그리고 최고의 기록

후퍼 산 저장소에서 다시 연료가 부족하다

3월 10일 토요일 R.52

상황은 한결같이 내리막길이다. 오츠의 발이 더 악화되었다. 그는 기력을 잃었다. 그는 이제 갈 수 없음을 알아야 한다. 오늘 아침에 그는 윌슨에게 자신에게 기회가 있는지 물었다. 물론 윌슨은 잘 모른다고 대답해야 했다. 사실 기회는 없다. 만약 그가 지금 이 상태로 가면 우리가 갈 수 있을지 의문이다. 개 썰매를 만날 기회가 있었는지는 모르지만 더 이상 아니다. 날씨는 지독하고 의복과 신발은 온통 얼어붙어 다루기가 어렵다. 동시에 불쌍한 오츠가 감당하기 힘든 짐이다. 유일한 대책이 즉시 서둘러 가는 것뿐일 때 그는 우리를 마냥 기다리게 한다. 아침 식사로 몸이 조금 데워진 효과를 잃어버릴 때까지…. 점심때도 마찬가지다. 그를 지켜보기가 정말 딱하다. 용기를 내라는 말밖에 할 수가 없다.

어제 우리는 후퍼 산 저장소에 도달했다. 별로 도움이 되지 않는다. 역시 연료가 부족했다. 누구 책임인지 모르겠다. 우리를 구해줄 개 썰매와 우연히 만나는 일은 실패했나 보다. 메레스(개 썰매팀)의 귀환이 순조롭지 않았던 것 같다.

오늘 아침에 아침을 먹고 있었을 때 날이 고요했다. 그러나 우리가 천막을 철수했을 때 서북서쪽에서 바람이 불었다. 그리고 바람은 순식간에 위력적으로 증가했다. 30분 동안 행군한 후 우리는 그런 상태에서 계속 갈 수 없음을 알았다. 다시 천막을 쳐야 했고 그날 이후를 눈보라 속에서 온기라곤 없는 황량한 천막 속에 갇혀있어야 했다.

세상 끝 최악의 탐험, 그리고 최고의 기록

고난을 끝내는 수단

오츠에게 끝이 온 것 같다. 우리가 어떻게 해야 하는지, 그가 어떻게 해야 하는지 아무도 모른다. 우리는 아침 식사 후에 그 문제를 논의했다. 그는 용감하고 좋은 동료로 상황을 잘 이해한다. 그런데도 오츠는 우리에게 충고를 구한다. 우리는 갈 수 있는 데까지 가자고 재촉하는 것 외에 아무 말도 할 수 없었다. 토론으로 나온 한 가지 결과가 있다. 나는 윌슨에게 '고난을 끝내는 수단'을 넘겨달라고 지시했다. 우리 중 누구라도 그것을 어떻게 사용하는지 알도록 말이다. 윌슨이 그렇게 하는 것과 우리에게 의약품 상자를 뒤지게 하는 것 사이에는 선택의 여지가 없었다. 우리에게는 서른 알의 진정제가 있고 그에게는 진통제를 담은 용기 한 개가 있다. 우리 이야기의 슬픈 부분이다.

오늘 아침 우리가 출발했을 때 하늘은 잔뜩 찌푸려 있었다. 아무것도 보이지 않았다. 경로도 사라졌다. 이런 끔찍한 상황에서 힘겹게 썰매를 끌어 오전 중 겨우 삼과 십분의 일 마일을 갔다. 바람과 지표의 도움이 없으면 하루 육 마일이 이제 우리 고난의 한계다. 우리에게는 이레 분의 식량이 있고 원톤 캠프까지는 오십오 마일이 남아있다. $6 \times 7 = 42$. 사태가 더 악화되지 않는다 하더라도 십삼 마일이 남는다. 그동안 계절은 성큼 앞서 갈 것이다.

평균 이하로 떨어진 행군 거리

어제 육과 십분의 구 마일을 갔다. 반드시 가야 하는 평균치 이하이다. 상황은 조금도 달라지지 않았다. 오츠는 썰매를 끌 수 없다. 발뿐만 아니라 손도 쓰지 못한다. 오늘은 오전 4시간 20분 만에 사 마일을 끌었다. 오후에 삼 마일을 갈지 모른다. 원톤 저장소까지는 사십칠 마일이 남아있다. 가능할지 의문이다. 지표가 지독하고 혹한에 육체가 쇠약해지고 있다. 하느님 우리를 도와주소서! 일주일 이상이나 우리를 도와줄 바람 한 점 불지 않는다. 역풍뿐이다.

내리막길

내리막길이 분명하다. 하지만 모든 것이 우리에게 안 좋은 쪽이다. 어제 잠에서 깨니 강한 북풍이 불고 있었고 기온이 -38℃이었다. 이런 바람에 맞서 갈 수가 없어 2시까지 천막을 떠나지 못했다. 우리는 2시경 출발하여 오와 사분의 일 마일을 갔다. 더 늦게까지 강행하고 싶었지만 모두 추위에 매우 몸서리를 쳤다. 태양이 지자 기온이 떨어졌다. 어쩔 수 없이 천막을 쳤다.

오늘 아침에 가벼운 남풍이 불었다. 우리는 속도를 높였고 또 다른 케른을 지났다. 그러나 도중에 바람은 남서풍, 혹은 남서서풍으로 바뀌었고 우리 방풍복과 장갑 속으로 살을 에듯이 날카롭게 파고들었다. 혹한을 견디다 못한 불쌍한 윌슨이 한동안 스키에서 꼼짝을 하지 못했다. 보워즈와 내가 천막을 쳤다. 마침내 천막 속으로 들어갔을 때 우리는 몸이 얼어붙어 감각이 없었다. 한낮인데도 기온이 -42℃까지 떨어졌고 강풍을 동반했다. 계속 가야 한다. 지금은 천막을 세우는 것이 훨씬 더 어렵고 위험하다.

끝이 다가오고 있음이 분명하다. 자비로운 끝이…. 불쌍한 오츠의 발이 또 타격을 받았다. 내일 어떻게 될지 생각만 해도 등줄기가 오싹하다. 나머지 우리도 동상에 저항하는 것이 엄청난 고문이다. 한 해의 이 시기에 이런 기온과 이런 강풍이 있다는 것은 들은 적도 경험한 적도 없다. 천막 밖이 정말 지독하다. 마지막 비스킷이 남을 때까지 싸워야 하지만 배급량을 줄일 수가 없다.

오츠의 죽음

3월 16일 금요일, 혹은 17일 토요일

날짜를 놓쳤지만 후자가 맞을 것이다. 비극이 끊이지를 않는다. 그저께 점심때 불쌍한 오츠가 더 이상 갈 수가 없다고 말했다. 그는 우리에게 자신을 침낭 속에 남겨두고 가기를 제안했다. 우리는 그렇게 할 수가 없었고 그에게 마지막 힘을 내자고 주문하고는 오후 행군에 나섰다. 자연이 그에게 혹독했음에도 마지막까지 분투했다. 우리는 몇 마일을 더 갔다. 밤에 그는 악화되었고 우리는 그에게 끝이 다가왔음을 알았다.

발견되면 반드시 알려져야 할 사실이기에 기록해 둔다. 오츠의 마지막 생각은 어머니였다. 그전에 오츠는 자신의 연대가 자신이 대담하게 죽음을 맞이한 것을 알면 자랑스러워할 것이라는 생각으로 자부심에 차 있었다. 우리는 오츠가 용감했다고 증거를 댈 수 있다. 그는 수 주일 동안 불평 한 마디 없이 끔찍한 고통을 참았다. 끝까지 유능했고 모든 일에 기꺼이 자신의 생각을 밝히고 싶어 했다. 그리고 마지막까지도 희망을 버리지 않았다. 아니 버리지 않으려고 했다. 그의 정신은 용감했다. 이것이 끝이었다. 그는 깨어나지 않기를 바라며 잠이 들었다. 그러나 아침에 깨어났다. 어제였다. 눈보라가 치고 있었다. 그는 말했다.

"밖에 좀 나갔다 올게요. 시간이 좀 걸릴지 몰라요."

그다음에 그는 눈보라 속으로 걸어 나갔고 우리는 그를 다시 보지 못했다.

이 기회를 빌려 우리가 아픈 동료를 마지막까지 포기하지 않았음을 말하고 싶다. 에번스의 경우 식량이 절대적으로 부족한 상태에서 그가 의식불명으로 누워있을 때 남아있는 사람들이 안전하기 위해서는 에번스가 삶을 포기하기를 바라는 것처럼 보였다. 신은 자비롭게도 결정적인 순간에 그를 데려갔다. 에번스는 자연사했다. 죽은 뒤에 한동안 우리는 에번스를 떠나지 않았다.

불쌍한 오츠가 죽음을 향해 걸어가고 있음을 알았다. 그를 단념시키려고 애썼음에도 우리는 그것이 용감한, 영국 신사의 행동임을 알았다. 우리 모두 바로 그런 정신으로 죽음과 마주하기를 바라고 있다. 그리고 이제 끝은 머지않은 것 같다.

이제 글을 쓸 수 있는 것도 점심때나 가끔씩 가능할 뿐이다. 한낮인데도 -40℃를 육박하는 혹한이다. 동료들은 여전히 생기를 잃지 않았지만 모두 심각한 동상에 걸리기 일보 직전에 있다. 그들은 여전히 무사히 귀환하는 이야기를 하고 있지만 나는 그들이 진심으로 믿고 있다고는 생각하지 않는다.

지금 우리는 행군으로 매우 춥다. 식사 때만 빼면 언제나 그렇다. 어제도 눈보라 때문에 천막 속에 갇혀있어야 했다. 오늘 우리는 지겨울 정도로 느리게 움직인다. 우리가 있는 이곳은 캠프 14, 말 캠프이다. 원톤 캠프까지는 두 번만 더 행군하면 된다. 여기에 경위의(지구 표면의 물체나 천체의 고도와 방위각을 재는 장치), 카메라, 오츠의 침낭을 남겨둔다. 일기 등과 지질학 표본들은 윌슨이 특별히 부탁해서 우리와 함께 발견되거나 썰매 위에 있을 것이다.

스콧, 동상에 걸리다

점심. 원톤 저장소까지는 이십일 마일이 남았다. 운이 따르지 않아 힘들지만 그래도 나아질 가능성이 조금 있다.

어제 이전부터 바람과 드리프트가 기승을 심하게 부렸다. 또다시 행군을 멈춰야 했다. 풍력 4로 북서풍이 불고 기온이 -37℃이다. 감히 맞설 수가 없는 바람이다. 우리는 완전히 지쳤다.

내 오른쪽 발가락 거의 모두 감각이 없다. 이틀 전만 해도 내 발이 상태가 제일 좋아 자부심을 가졌었는데…. 쇠약해진 증거이다. 게다가 전날 밤에 카레 가루 한 스푼과 녹인 페미컨을 섞어서 먹은 것이 격렬한 소화불량을 일으켰다. 나는 밤새도록 자지 못하고 앓았다. 행군으로 완전히 기운을 다 썼음을 느꼈다. 보워즈가 가장 상태가 좋지만 선택할 수 있는 것이 없다. 다른 두 사람은 여전히 돌아갈 수 있다는 자신감을 버리지 않는다. 아니면 내색만 그렇게 하는 것일 수도 있다. 반쯤 채워진 프리머스가 마지막 연료다. 그리고 소량의 알코올이 있다. 이것이 전부이다. 지금 바람이 불어오는데 어쩌면 도움이 될지 모른다.

최악의 혹한

우리는 간밤에 어렵게 천막을 쳤다. 그리고 차가운 페미컨과 비스킷, 알코올로 가열한 코코아를 다 먹을 때까지 끔찍하게 추웠다. 먹고 나자 예상 밖에 온기를 조금 느꼈고 잠을 잘 잤다. 우리는 오늘 아침에 보통 때처럼 출발했다. 썰매는 끔찍하게 무거웠다. 다음 저장소까지는 십오 마일 반이 떨어져 있고 사흘 내에 그곳에 도달해야 한다.

지금 식량은 이틀 분이 있지만 연료는 하루분도 되지 않는다. 우리 발이 점차 악화되고 있다. 윌슨의 발이 그나마 제일 낫다. 내 오른발은 더 악화되었고 왼발은 괜찮다. 따뜻한 식사를 할 수 있을 때까지 발을 돌아볼 여유가 없다. 제발 절단만 하지 않아도 된다면…. 번지지 않을까…. 심각한 문제다. 날씨가 우리에게 기회를 주지 않는다. 오늘도 북풍 북서풍이 불고 있고 기온은 -40℃이다.

원톤 십일 마일 앞에서

월요일 밤에 다음 저장소(원톤 캠프) 십일 마일 이내에 들어왔다. 맹렬한 눈보라 속에서 어제 종일 누워있어야 했다. 마지막 남은 한 가닥의 희망은 오늘 윌슨과 보워즈가 연료를 가지러 다음 저장소로 가는 것뿐이다.

눈보라가 여전히 사납다. 윌슨과 보워즈가 출발할 수가 없다. 내일이 마지막 기회다. 연료는 없고 한 두어 끼의 식량만이 남아있다. 끝이 다가왔음이 틀림없다. 우리는 자연사하기로 결정했다. 효과가 있거나 없거나 다음 저장소로 출발할 것이고 가다가 죽을 것이다.

21일 이후로 서서남쪽과 서남쪽에서 쉴 새 없이 강풍이 몰아쳤다. 우리에겐 20일에 얻은 이틀 분의 식량과 두 잔의 차를 만들 수 있는 연료가 있었다. 매일 우리는 십일 마일 떨어진 저장소로 출발할 준비를 했지만 천막 밖은 눈보라가 사납게 몰아치고 있다. 더 이상 희망이 보이지 않는다. 우리는 끝까지 싸울 것이지만 몸은 점점 쇠약해지고 있다. 끝이 멀지 않은 것 같다.

안타깝게도 더 이상 글을 쓸 수가 없다.

R 스콧

제발 우리 대원들을 살펴주시기를.

10

작별서신과 국민에게 남기는 마지막 글

✤ ✤ ✤

8개월 후 수색팀이 발견했을 때 윌슨과 보워즈는 스콧의 양쪽에서 각각 잠자는 자세로 침낭 속에 있었다. 스콧의 왼손은 침낭의 여밈 부분을 젖히고 그의 평생 친구였던 윌슨에게 뻗어있었다. 스콧의 머리맡에 가방과 바닥의 천 사이에 그가 일기를 넣어가지고 다니던 전대가 있었다. 그 속에 갈색의 일기장과 천 위에 여러 장의 편지가 놓여 있었다. 스콧이 가장 나중에 죽었다. 이것은 그가 남긴 마지막 서신이다.

세상 끝 최악의 탐험, 그리고 최고의 기록

친애하는 윌슨 부인에게

　만약 이 편지가 부인에게 도달할 때쯤이면 빌과 나는 이미 저세상 사람이 되어 있을 것입니다. 지금 우리는 거의 마지막까지 왔습니다. 부인께서 그가 마지막까지 얼마나 훌륭했는지 아셨으면 합니다. 그는 끝까지 활기를 잃지 않았고 다른 동료들을 위해 자신을 희생했습니다. 그리고 자신을 이렇게 만든 데 대해 날 조금도 원망하지 않았습니다. 그나마 다행인 것은 그가 제일 고통이 덜하다는 것입니다.

　그의 눈은 희망의 편안한 푸른빛을 띠고 있고, 마음은 신의 위대한 계획의 일원이 되었다는 믿음에 대한 만족감으로 평온하기 그지없습니다. 그가 지금까지 용감하고 진실하게 살아온 것만큼 죽음도 그렇게 맞이했다는 것밖에는 부인에게 드릴 위로의 말이 없군요. 그는 내가 가장 좋아하는 친구였고 가장 믿고 의지할 수 있는 친구였습니다.

　나의 진심 어린 마음을 슬픔에 빠져있을 부인에게 전합니다.

R. 스콧

보워즈의 어머님께

친애하는 보워즈 부인

부인이 가장 상심하고 있을 때 이 편지가 도달할까 두렵습니다. 이 편지를 쓰는 지금 우리 탐험대는 막다른 곳에 있습니다. 그리고 저는 용감하고 당당한 두 신사와 함께 그것을 마감하려고 합니다. 그중 하나가 부인의 아드님입니다. 아드님은 저의 가장 가깝고 가장 든든한 동료 중 하나였습니다. 저는 아드님의 불굴의 의지와 능력과 힘을 정말 고맙게 생각합니다. 어려움이 닥치면 닥칠수록 그의 용감한 정신은 더욱더 빛났고 마지막까지 활기와 희망을 잃지 않았으며 불굴의 정신을 버리지 않았습니다.

신의 뜻을 감히 헤아릴 수는 없지만 이처럼 젊고 혈기왕성하고 앞날이 창창한 생명을 데려가는 데는 분명 어떤 이유가 있을 것입니다.

진심으로 안타까운 마음을 부인에게 전합니다.

R. 스콧

세상 끝 최악의 탐험, 그리고 최고의 기록

❖ ❖ ❖

마지막에 그는 어머니와 누나들 이야기를 했습니다. 그것만으로도 그에게 얼마나 따뜻한 가족이 있고, 그가 돌아가는 것을 얼마나 행복해했는지 훤히 보입니다.

그는 끝까지 하느님의 자비가 어머니와 함께 하리라는 것을 믿으며 남을 먼저 생각하고 자신을 의지하며 희망을 버리지 않았습니다.

제이. 엠. 베리에게

베리,

우리는 매우 험한 곳에 발이 묶여 있네. 이 편지가 언젠가 발견되어 전해지기를 바라는 마음으로 작별의 글을 몇 자 남기네…. 부탁하는데 자네가 내 아내와 자네의 대자인 내 아이에게 힘이 되어주게. 지금 우리는 영국인들이 끝까지 고난을 참고 견디며 그것과 싸우며 죽어갈 수도 있다는 것을 보여주고 있네. 극점 정복이라는 우리의 목표가 달성된 것이 알려질 거야. 그리고 아픈 동료를 위해 우리 스스로를 희생하면서까지 온 힘을 다했다는 것도 알려질 거야. 나는 이것이 우리 영국인들에게 미래의 본보기가 되어줄 거라고 생각하네. 그래서 말하는데 우리를 잃고 슬픔에 잠긴 가족들을 나라가 도와주어야 한다고 생각하네. 나는 불쌍한 아내와 아이를, 윌슨은 아내를, 에번스 역시 아내를 힘든 상태로 남겨두고 가네. 자네가 그들의 요청을 들어줄 수 있는 데까지 들어주게. 잘 있게. 죽음 같은 것은 조금도 두렵지 않네. 하지만 긴 행군을 하면서 미래를 위해 세워놓았던 많은 소박한 즐거움들을 놓아야 한다는 것이 아쉽네. 나는 위대한 탐험가가 되지 못할지 모르지만 기록에 남을 긴 행군을 했다네. 게다가 성공의 문턱까지 왔다네. 잘 있게.

R. 스콧

세상 끝 최악의 탐험, 그리고 최고의 기록

∻ ∻ ∻

우리는 지금 완전히 절망적인 상태라네. 발은 동상에 걸렸고…. 연료는 없고 식량도 떨어져가지만 너무 상심하지 말게. 우리 천막에는 헛 포인트에 도달하면 무엇을 할 것인가에 대한 대화도 있고 노래도 들린다네.

(더 나중에 쓴 글)

이제 거의 끝이 다가온 것 같네. 그러나 지금까지 우리는 맑은 정신을 잃지 않고 있고 끝까지 그럴 거야. 천막 밖에는 나흘간 폭풍이 쉴 새 없이 몰아치고 있고 연료와 식량은 찾아볼 수가 없네. 우리는 상황이 이토록 불가피해지면 목숨을 거둘 생각이었네. 하지만 지금 경로에서 자연스럽게 죽기로 결정했네.

죽음을 눈앞에 둔 사람으로서 하는 말인데 내 아내와 아이에게 잘해주게. 나라가 해주지 않으면 자네가 아이에게 기회를 주게. 아이는 자신을 갈고닦아야 하네…. 내 삶에서 자네보다 더 좋아하고 존경한 사람은 없었네. 자네와의 우정이 내게 어떤 의미인지 자네에게 보여줄 수 없었네. 자네는 내게 줄 것이 많았는데 나는 아무것도 줄 것이 없었기 때문이야.

에드가 경에게

이 편지가 경에게 도달하기를 바랍니다. 우리는 가야 하는데 그것이 우리 탐험대를 나쁜 상태에 빠뜨릴까 두렵습니다. 하지만 우리는 남극점에 갔다 왔고 죽음을 눈앞에 두고 있습니다. 단 하나 걱정스러운 것은 우리가 남겨두고 가는 여성들입니다.

에드가 경의 도움과 후원과 관대한 친절에 더없는 감사를 드립니다. 만약 이 일기가 발견되면 아픈 동료들과 정말 많은 고비를 넘겼고 끝까지 싸웠다는 것을 알게 될 것입니다. 우리 경주의 끝까지 용기와 인내심을 잃지 않았다는 것도 알게 될 것입니다. 최고의 동료였던 윌슨은 팀의 아픈 동료들에게 자신을 희생하고 또 희생했습니다.

나는 이 편지들이 우리가 내년에 발견된 다음 전해지기를 바라며 쓰고 있습니다. 거의 다 와서 이렇게 되어 안타깝지만 최근에는 우리가 받았던 지원에 과분함을 느낍니다. 책임질 사람은 아무도 없습니다. 우리에게 지원이 부족했다는 말이 나오지 않도록 해주십시오.

안녕히 계십시오. 부인에게도 안부 전해주십시오.

세상 끝 최악의 탐험, 그리고 최고의 기록

중장 프랜시스 찰스 브리지맨에게

프랜시스 중장님께,

우리는 종착지에서 가까운 지점에 있습니다. 저는 이 편지가 언젠가는 발견되어 전해지지라는 희망으로 적습니다. 중장님이 근래에 저에게 보여준 호의에 감사드리고 싶습니다. 그리고 중장님 밑에서 복무했던 것이 정말 즐거웠다는 것도 말씀드리고 싶습니다. 제가 이 일을 하기에 나이가 너무 많은 것이 아니었다는 것도 말씀드리고 싶군요. 먼저… 떠난… 사람들은 저보다 어린 이들입니다. 결국 우리는 하나의 좋은 본보기를 만들 것입니다. 험한 곳으로 갔기 때문이 아니라 그곳에서 남자답게 맞섰다는 사실로 말입니다. 아픈 동료들을 외면했더라면 우리는 벗어날 수 있었을 것입니다.

안녕히 계십시오. 부인에게도 안부 전해주십시오.

R. 스콧

이것밖에 쓸 수 없는 것을 양해해주십시오. 기온이 −40℃입니다.

중장 조지 에거톤 경에게

에거톤 중장님,

이미 주사위가 던져진 것 같아 두렵습니다. 하지만 우리는 남극점에 갔다 왔고 기록에 남을 긴 행군을 했습니다.

이 편지가 언젠가 발견되어 중장님께 전달되기를 바라며 몇 자 적습니다.

우리가 귀환에 실패한 부차적인 이유는 대원들이 쇠약해서이지만 진짜 이유는 탐험의 끝에 예기치 못한 거친 날씨와 강추위에 부닥쳤기 때문입니다.

이미 세 번이나 거쳐 간 빙붕이지만 지금 날씨는 남극의 정상에서 경험한 것만큼이나 가혹합니다. 이유를 설명할 수는 없지만 결과는 내 계산을 모두 빗나갔습니다. 그리고 우리는 기지에서 백 마일 남짓 되는 곳에 발이 묶여버렸습니다.

안녕히 계십시오. 해군이 허락하는 데까지 제 아내가 보살핌을 받도록 해 주십시오. 부인에게 안부 전해 주십시오. 중장님의 친절은 결코 잊을 수가 없을 것입니다.

R. 스콧

세상 끝 최악의 탐험, 그리고 최고의 기록

제이. 제이. 킨제이에게

친애하는 킨제이,

지금 우리는 완전히 지쳤네. 이곳에 온 이후로 나흘간의 눈보라가 몰아치고 있네. 내 생각은 자주 자네에게 향한다네. 자네는 벽돌같이 강한 사람이지. 확신컨대 자네라면 이런 상황에서 능히 빠져나갔을 거야.

아내와 아이 생각이 한 시도 내 머리를 떠나지 않네. 만약 나라가 해주지 않으면 자네가 좀 해주지 않겠나.

아이가 세상에서 좋은 기회를 가졌으면 좋겠네. 만약 아내와 아이가 안전하게 보호받을 수만 있다면 난 세상을 떠나도 아무 미련이 없네. 나라가 우리를 부끄러워할 필요는 없다고 생각하기 때문이야. 우리 탐험은 기록에 남을 만큼 큰 것이었네. 더없이 가혹한 불운이 우리 귀환을 어렵게 만들었다는 것만 제외하면…. 우리는 계획대로 극점을 밟고 왔다네. 자네에게 신의 축복이 있기를. 부인에게도 안부 전해주게. 자네와 자네의 친절을 잊지 못할 거야.

친구 R. 스콧

그 밖에도 그의 어머니, 아내, 루이스 버몬트 제독(해군 대장), 레지날드 스미스 부부에게 보내는 편지가 발견되었다. 어머니에게 남긴 글의 일부는 다음과 같다.

전능하신 하느님이 저를 불렀습니다. 그것이 어머니께서 살아오신 삶의 무거운 짐에 끔찍한 타격을 더할 것을 생각하니 두렵기 그지없습니다. 그러나 이 세상과 제 자신에 대한 평온함 속에서 죽음을 맞이하니 너무 상심하지 마십시오.

세상 끝 최악의 탐험, 그리고 최고의 기록

혼자가 될 내 아내에게

아내에게 남긴 그의 마지막 편지는 2007년에 전문이 공개되었고 다음과 같다.

사랑하는 당신, 우리는 매우 험한 곳에 있소(매우 힘든 기로에 있소). 우리가 이곳을 벗어날지 확신이 서지 않소. 짧은 점심시간에 아주 작은 약간의 온기를 이용하여 마지막을 준비하는 편지를 쓰고 있소. 그 첫 번째가 자나 깨나 생각이 떠나지 않는 당신이오. 만약 내게 어떤 일이 일어난다면 무엇보다도 당신이 나에게 얼마나 소중한 존재였는지 알려주고 싶소. 그리고 내가 떠나면서 좋은 기억을 가져간다는 것 또한 말이오. 당신이 이런 사실로나마 위안을 얻을 수 있기를 바라오. 내가 고통이 아니라 막중한 직무의 부담을 떨쳐버리고 좋은 건강과 활기를 잃지 않고 떠난다는 것을 말이오.

이미 말했지만 물자가 떨어지면 그곳이 우리가 멈추는 곳일 것이고 그곳은 분명 다음 저장소에서 얼마 떨어져 있지 않은 곳일 거요. 그러니 엄청난 비극을 상상하지 말아요. 우리는 수개월을 그렇게 보냈지만 신체 상태가 매우 좋고 왕성한 식욕이 이 모든 고난을 보상해주고 있소. 추위가 가혹하고 때로 고통을 가중시키지만 우리를 가게 하는 뜨거운 음식이 우리에게 큰 힘이 된다오.

내가 위의 글을 쓴 이후 우리는 내리막길로 가고 있소. 불쌍한 오츠가 돌아오지 못할 길을 갔소. 그는 상태가 매우 좋지 않았소. 그 나머지 우리도 계속 가고 있고 이곳에서 벗어날 기대를 하고 있지만 정말 냉혹한 날씨 때문에 갈 수가 없소.

사랑하는 당신, 나는 당신이 모든 것을 분별력 있게 받아들이기를 바라고 그럴 것으로 확신하고 있소. 아이가 위안이 될 것이고 아이를 키우는 것이 당신에게 힘이 되기를 바라지만 아이가 당신과 안전하게 있는 것이 내겐 또 다른 위안이 된다오. 난 당신과 아이가 나라의 보호를 받아야 한다고 생각하고 있소. 선례가 될 어떤 것을 위해 우리 모두가 목숨을 바쳤기 때문이오. 여기에 대해 편지를 쓴 것들이 있는데 당신이 주소지로 보내주지 않겠소?

아이가 자라서 글을 읽을 수 있게 될 때를 위해 약간 쓰고 싶소. 사랑하는 당신, 당신이 재혼하는 것에 대해 감정적인 앙금 같은 것은 전혀 없소. 괜찮은 남자가 당신의 삶에 도움이 된다면 당신은 다시 행복해야만 해요. 내가 바라는 것은 내가 당신에게 부끄럽지 않은 좋은 기억으로 남는 것뿐이오. 그리고 아이는 부모의 사랑을 받아야 좋은 출발을 할 것이라고 생각하고 있소.

사랑하는 당신, 혹한 때문에 글을 쓰기가 쉽지 않소. -56℃이고 우리를 막아주는 것은 오직 천막뿐이오. 당신이 누구보다 잘 알겠지만… 난 당신을 사랑했소. 언제나 당신 생각이 내 머리를 떠나지 않고 있다는 것을 알았으면 해요. 이런 상황에서도 정말 최악은 당신을 두 번 다시 보지 못한다는 것이오. 당신은 내게 이 탐험대의 대장이 되라고 했지. 당신도 모르지 않았을 거요. 이 탐험이 위험하다는 것을. 신이 당신을 축복하시기를. 이후에 시간이 나면 더 쓰겠소.

  위 글을 쓴 이후로 우리는 한 끼의 더운 식사와 이틀간의 차가운 식량을 가지고 저장소(원톤) 십일 마일 되는 지점에 도달했소. 이곳을 벗어나야 하는데 나흘간 이어지는 무서운 눈 폭풍에 붙들려 있소. 이제 기회가 사라졌다고 생각하고 있소. 우리는 자의적인 죽음을 택하지 않고 마지막 순간까지 다음 저장소로 가기 위해 싸울 생각이오. 하지만 싸움의 끝은 고통 없는 마감일 테니 걱정하지 말아요. 이 노트의 끝에 많은 편지를 써두었소. 당신이 주소지로 보내줘요. 난 당신과 아이의 미래가 걱정스럽소. 가능하면 아이에게 자연사에 관심을 갖게 했으면 좋겠소. 그리고 아이를 개방적으로 키우고 신에 대한 믿음을 갖게 해요.

  사랑하는 당신, 내가 아이의 미래에 대해 어떤 꿈을 가지고 있었는지… 당신은 냉정하게 직면할 것임을 알고 있소. 당신과 아이의 초상이 내 가슴에서 발견될 거요. 내가 가지고 다니는 작은 수첩에 남극점에 꽂은 국기 조각이 있고 아문센의 검은 조각이 있소. 국기의 작은 조각은 왕에게, 검은 조각은 알렉산드라 여왕에게 전하고, 나머지 한 조각은 슬픈 전리품으로 당신이 간직해요.

  얼마나… 얼마나 내가 당신에게 이 탐험에 대해 이야기할 것이 많은지… 안락한 집에서 유유자적하게 지내는 것보다 얼마나 좋은지… 당신이 아이에게 해줄 이야기가 얼마나 많은지… 그렇지만 모든 것에는 지불

해야 되는 대가가 있는 법… 내게 그것은 사랑하는 당신 얼굴을 보는 것을 영원히 박탈당하는 것이오.

　사랑하는 당신, 어머니께도 잘해드려요. 노트 속에 어머니께도 약간의 글을 써두었소. 엣티(여동생)와 다른 사람들하고도 연락을 끊지 말아요. 그리고 세상을 향해 약한 모습을 보이지 말아요. 하지만 오직 아이를 위해서 어떤 도움도 절대로 받지 않겠다는 지나친 자존심은 보이지 말아요. 아이는 자신을 길러야 하고 이 세상을 위해서 어떤 일을 해야 하니까 말이오. 미처 시간이 없어 클레멘스 경에게 글을 쓰지 못했소. 그에게 내가 그를 정말 많이 생각하고 있다는 것과 나를 디스커버리 호의 리더로 발탁한 것에 한 번도 후회한 적이 없다는 말을 전해주오.

R. 스콧

　세상 끝 최악의 탐험, 그리고 최고의 기록

서신과 함께 남겨진 마지막 글

국민들에게 마지막으로 드리는 말씀

이 재난의 원인은 잘못된 조직 때문이 아니라 우리가 감수할 수밖에 없었던 위험 속에 내재된 불운 때문입니다.

1. 1911년 3월, 말을 상실하여 제가 계획한 것보다 출발이 지연되었고 수송할 수 있는
   의 한계도 더 낮아졌습니다.
2. 올라갈 때의 날씨입니다. 특히 남위 83도의 긴 강풍과 눈보라가 우리 발을 묶었습
   니다.
3. 빙하 하층부의 눈이 굳지 않아 우리는 속도를 낼 수 없었습니다.

우리는 이런 최악의 사태를 의지력으로 싸우고 극복했지만 보급 물자 차단의 결과로 이어졌습니다.

식량, 의복 등 세부 품목들, 설원에 만들어진 저장소는 극점까지 칠백 마일의 긴 거리와 귀환길 행군 내내 거의 완벽한 효과가 있었습니다. 그래서 제일 약해지지 않으리라 예상했던 한 대원이 뜻밖으로 쇠약해지지 않았다면 우리 선발대는 건강하게 잉여 분의 식량을 가지고 비어드모어

빙하로 귀환했을 것입니다. 에드가 에번스는 우리 팀 중에서 제일 힘이 센 대원으로 여겨진 사람입니다.

비어드모어 빙하는 좋은 날씨에는 그렇게 힘들지 않지만 우리 귀환 중에는 단 하루도 좋은 날이 없었습니다. 게다가 한 대원이 아파서 우리 걱정이 엄청나게 늘었습니다. 이미 다른 곳에서 말씀드린 것처럼 우리는 끔찍한 악성 크레바스 지대와 마주쳤고 에번스는 그곳에 추락해 뇌진탕을 일으켰습니다. 그는 자연사했지만 그것은 우리에게 지나치게 앞서가는 계절에 대한 동요를 불러일으켰습니다.

그러나 이 모든 사실도 빙붕에서 우리를 기다리고 있던 예상 밖의 상황에 비하면 아무것도 아니었습니다. 우리가 귀환에 대비해 저장해놓았던 보급품들은 매우 적절했습니다. 그런데 한 해의 이 시점에 이런 날씨일 줄, 이런 지표일 줄 누가 감히 예상했겠습니까? 남위 85도 86도의 정상에서 기온이 -34℃, -37℃였습니다. 그보다 고도가 구백구십칠 피트나 낮은 남위 82도의 기온이 규칙적으로 낮에 -37℃ 밤에 -42℃까지 내려갔습니다. 그리고 낮에는 강한 역풍을 동반했습니다. 이런 상황은 급작스러운 것이 분명합니다. 이에 대해 어떤 납득할만한 원인을 찾기가 어렵습니다. 이것은 이곳에서 우리와 같은 시기를 통과한 어느 누구도 경험하지 못한 것입니다.

이런 날씨에도 통과했어야 하지만 두 번째 대원인 오츠 대령의 쇠약과 설명할 수 없는 저장소의 연료 부족, 마지막으로 십일 마일만 가면 보급 물자를 안전하게 얻을 수 있는 지점에서 불어닥친 눈보라로 인해 완전히 갇히고 말았습니다. 우리는 한 끼 식사를 데울 연료와 이틀 분의 식량을

세상 끝 최악의 탐험, 그리고 최고의 기록

가지고 원톤 캠프 십일 마일 내에 도달했습니다. 나흘 동안 거세게 몰아치는 강풍 때문에 천막을 떠날 수가 없었습니다. 여전히 우리 주위를 사납게 몰아치고 있습니다.

지금 우리 몸은 약해져있고 글을 쓰는 것조차 어렵지만 맹세코 저는 이 탐험을 후회하지 않습니다. 이것은 이전에도 그래왔듯이 우리 영국인들이 어떤 고난도 참고 견딜 수 있고 서로를 도울 수 있으며 꿋꿋하게 죽음과 마주할 수 있다는 것을 보여주었습니다. 우리는 위험을 무릅썼고 또무릅쓰리라는 것을 알고 있었습니다. 그러니 일이 우리에게 불리한 것으로 드러나도 신의 뜻에 고개를 숙이고 온 힘을 다할 뿐 불평할 이유가 조금도 없습니다. 만약 우리가 이 임무를 위해 기꺼이 목숨을 바칠 준비를 하고 있었다면 그것은 나라를 명예롭게 하는 것이니 마지막으로 우리가 남겨두고 가는 이들이 나라에서 적절한 보살핌을 받도록 해주시기를 호소합니다.

만약 우리가 살았다면 저는 모든 영국인들의 가슴에 감동을 안겨줄 우리 대원들의 고난과 인내와 용기에 대한 이야기를 해주었을 것입니다. 이조잡한 기록과 우리 시신이 그 이야기를 대신해줄 것이 분명하지만 우리나라 같은 부강한 나라는 우리를 의지하고 살던 사람들이 적절하게 보호받을 수 있도록 해주리라 믿습니다.

R. 스콧

맺는 말

인간의 정신적 육체적 강인함을
증명한 스콧의 죽음

대원들은 돌아오지 않는 스콧의 극점팀을 위해 암흑의 겨울을 한 번
더 보내기로 결정한다.

팔 개월 후(그해 11월 여름)

수색팀의 기록(체리-개라드의 일기에서)

1912년 11월 12일 정오경

원톤 캠프에서 십일 내지 십이 마일 떨어진 곳이다. 마침내 우리는 그
들을 발견했다. 정말 말문이 막힌다. 천막은 우리 코스에서 서쪽으로 반
마일 되는 지점에 있었다. 눈으로 덮여 있었고 마치 눈 구조물처럼 보였
지만 우리는 입구를 찾았다. 바람이 부는 쪽으로는 이삼 피트의 눈이 쌓
여 있었고, 한쪽으로는 두 쌍의 스키 스틱이 있었다. 그들은 3월 21일, 이
곳에 도달했고 29일, 모든 것을 마감했다.

스콧은 중앙에 있었다. 윌슨은 머리를 문 쪽으로 향한 채 그의 왼쪽에

있었고 보워즈는 그의 오른쪽에서 발을 문 쪽으로 향한 채 누워있었다. 스콧의 왼쪽 손은 그의 평생 친구였던 윌슨을 향해 뻗어 있었다. 윌슨은 손을 가슴에 포갠 채 조용하게 누워있었고 보워즈도 마찬가지였다.

우리는 스콧의 일기를 읽었다(표지에 그것을 발견한 사람은 그것을 읽고 집으로 보내달라는 스콧의 기록이 있었다). 그리고 그들이 아문센보다 한 달 후에 극점에 도달했음을 알았다. 오츠가 희생하는 마음으로 죽음을 택했다는 것도 알았다. 우리는 내일 그의 시신을 찾으러 갈 것이다.

많은 것들이 있었다. 보워즈가 작성한 기상 기록표도 3월 13일까지 기록되어 있었다. 그리고 많은 지질학 표본들이 있었다(십사 킬로그램으로 모두 중요한 것이었다). 그들은 이것을 끝까지 버리지 않았다. 죽음과 직면한 상태에서도 끝까지 끌고 온 것을 보고 우리는 숙연해졌다. 그들은 이미 오래 전에 마지막을 깨닫고 있었던 듯하다.

앳킨슨이 모두를 불러 모았고 스콧의 일기에 있는 오츠의 죽음 부분을 읽었다. 스콧은 그것이 알려지기를 원한다고 분명히 진술하고 있었다. 국민에게 드리는 말까지 그는 읽었다.

앳킨슨이 고린도전서에서 장례식과 관련된 구절을 읽었다. 그런 뒤에 우리는 장례식 기도를 올렸다. 그들을 옮기지 않고 그 자리에 고이 묻었다. 그리고는 눈 구조물을 쌓고 그 위에 비문을 써 넣었다. 얼마나 시간이 흘렀는지는 모르지만 모든 것이 끝났을 때는 자정 무렵이었다.

스콧이 가장 나중에 죽었다. 나는 한때 그가 두 사람만큼 오래 혹은 멀리 가지 않을 것이라고 생각한 적이 있었다. 나는 그때만큼 한 인간이 정신적으로나 육체적으로 그토록 강할 수 있다는 것을 깨달은 적이 없었다.

왜 극점팀과 개썰매팀은 만나지 못했을까?

극점팀은 왜 그들을 만나러 올라간 개썰매팀과 만나지 못했을까? 개썰매팀과의 만남은 절체절명의 위기 속에서 극점팀이 가졌던 유일한 희망이었다. 스콧의 3월 7일 기록에 이런 글이 있다. "개썰매가 후퍼 산 저장소까지 올라올지 모른다는 실낱같은 희망을 버리지 않고 있다." 그리고 3월 10일 기록에는 이런 글이 있다. "개썰매를 만날 기회가 있었는지 모르겠지만 더는 아니다. … 후퍼 산 저장소에 도달했다. 차가운 위안이다. 역시 저장된 연료양이 부족했다. 누구 책임인지 모르겠다. 우리를 구해줄 개썰매와의 만남이 실패했음이 분명하다."

오 개월이나 걸리는 원정 기간의 불확실과 예측할 수 없는 남극 기후의 특성상 정해진 날짜에 정해진 곳에서 만나는 것이 현실적으로 불가능했다. 만날 가능성이 높은 시점에 서로 우연히 만나는 방법 밖에 없었다. 스콧은 극점으로 출발할 때 당연히 개썰매와 관련된 지시를 내렸다. 기지를 지휘하던 심프슨에게 변동 사항을 서면으로 전달했고 1차 지원팀(앳킨슨·체리-개라드·라이트·키오한)이 귀환할 때 앳킨슨에게 구두로 지시했다. "기지로 귀환한 후에 일정한 휴식을 취하고 '예상 가능한 귀환 날짜'를 산출하여 원톤 캠프로 올라와 그곳을 거점으로 삼아(상황이) 가능하면 올라올 수 있는 데까지 올라오라."는 것이었다. 이것이 스콧이 후퍼 산 부근에서 개썰매를 만나지 않을까 기대했던 이유였다. 후퍼 산 부근은 원톤 캠프에서 칠십오 마일 정도 떨어져 있는 곳으로 개썰매로 이삼 일 거리이다.

'예상 가능한 귀환 날짜'는 스콧이 총 거리와 평균 일일 행군 거리로 산출한 귀환 날짜를 바탕으로 앳킨슨이 지원팀의 귀환 속도를 고려하여 종합적으로 산출한 날짜를 말하는 것이었다. 스콧은 극점팀이 헛 포인트에 도착하는 시점을 오차를 포함하여 대략 '3월 중순에서 늦으면 4월 초'까지로 계산해 놓았다. 이것을 기준으로 앳킨슨이 극점팀이 원톤 캠프에 도달할 가능성이 높은 날짜를 다시 산출했는데 대략 '3월 1일과 3월 10일' 사이였다. 앳킨슨은 스콧의 지시대로 개썰매를 기지에서 충분히 쉬게 한 후 2월 중순에 헛 포인트로 이동하여 그 날짜에 맞추어 원톤으로 올라갈 채비를 하고 있었다.

바로 그때 예기치 않은 사태가 일어났다. 극점팀을 지원하고 내려오던 2차 지원팀(에드워드 에번스 · 레슬리 · 크린) 중에서 크린 혼자 내려와 부대장 에번스가 코너 캠프 부근에서 괴혈병으로 사경을 헤매고 있고 레슬리가 지키고 있다는 긴급한 소식을 타전했다. 앳킨슨은 즉시 개썰매를 몰고 코너 캠프로 올라갔다. 험난한 눈보라 속에서 가까스로 접근해보니 에드워드 에번스는 아직 살아 있었다. 그는 에드워드 에번스를 싣고 헛 포인트로 내려왔다. 하지만 에드워드 에번스는 위독했고 그는 의사로서 에드워드 에번스를 테라노바 호에 무사히 태워 귀국길에 오를 때까지 옆에 있어야 했다.

그는 케이프 에번스 기지에 이 사실을 알리고 자신을 대신해서 드미트리와 함께 개썰매를 몰고 올라갈 수 있는 대원을 불러냈다. 라이트(물리학자)와 체리-개라드(동물학 보조)가 헛 포인트로 달려왔다. 그들이 달려오는 동안 앳킨슨은 심사숙고 끝에 체리-개라드가 가야 한다는 결론을 내렸다. 인도 기상청 소속의 기상학자 심프슨이 소속 기관의 사정으로 불가피하게 귀국해야 했기 때문에 라이트가 끝없이 쏟아져 나오는 정보를 처리해야 했다. 기상학은 스콧이 무엇보다도 중요하게 여긴 연구 분야였고 자료를 처리하려면 자격을 갖춘 라이트가 있어야 했다. 결국 드미트리와 함께 두 대의 개썰매를 몰고 원톤 캠프로 올라가는 일을 체리-개라드가 맡게 되었다. 닥터 앳킨슨은 체리-개라드가 올라갈 때 이렇게 지시했다.

"극점팀과 두 사람과 개를 위한 이십사 일 분의 식량을 가지고 갈 것, 원톤 캠프로 직행하여 식량을 놓아둘 것, 개썰매를 극단적인 위기로 몰지 말 것, 극점팀이 원톤 캠프에 도착해 있지 않으면 어떻게 해야 할지는 상황을 보고 알아서 판단할 것." 등이었다.

체리-개라드는 이 지시에 따라 개썰매를 몰고 원톤 캠프로 출발했다. 사실 이 임무는 체리-개라드보다 유능한 네비게이터였던 물리학자 라이트가 적격이었지만 앳킨슨은 스콧이 기상학 연구를 얼마나 중요시했는지 누구보다도 잘 알고 있었기 때문에 체리-개라드가 가는 것이 맞는다고 판단했다. 다른 한편으로 원톤 캠프로 가는 길은 새로운 경로가 아닌 기존에 있는 경로를 따라가기만 하면 되는 것이었기에 네비게이터가 아닌 체리-개라드라도 개썰매 전문가인 드미트리를 따라가기만 하면 가능할 것으로 여겨졌다. 이후에 괴혈병으로 생사를 오간 부대장 에번스 역시

세상 끝 최악의 탐험, 그리고 최고의 기록

자신이 판단했어도 선택의 여지가 없었을 것이라고 밝혔다.

체리-개라드는 3월 3일 원톤에 도달했다. 그는 원톤에서 극점팀이 도착하지 않은 것을 알고 처음에는 오히려 안도했다. 그들이 그 곳에 머물렀던 첫 나흘은 심한 역풍을 동반한 눈보라가 몰아쳐 밖을 나가는 것도, 극점팀이 오지 않는지 지켜보는 것도 불가능했다. 그 다음 이틀은 좀 더 올라갔다가 내려올 수 있었지만 혹시라도 길이 어긋날 가능성에 대한 두려움으로 원톤에서 기다리는 쪽을 택했다. 그런데 그들이 원톤에 도착하는 날부터 개들은 심하게 말랐고 털이 윤기와 탄력을 잃었다. 드미트리는 개들이 추위뿐만 아니라 먹이가 부족하기 때문임을 말했고 체리-개라드는 그의 말에 따라 개 먹이를 늘렸다.

게다가 원톤에서의 날씨는 극도로 좋지 않았다. 바람이 불다가 그치면 기온이 심하게 떨어졌다. 체리-개라드는 이것을 일시적인 한파로 여겼다. 체리-개라드는 극점팀이 식량과 연료 부족 상태에 있으리라고는 꿈에도 상상하지 못했다. 비어드모어 빙하 중간에 있는 빙하 중간 저장소부터 연이어 말고기가 저장되어 있었고 연료가 충분하다고 믿었기 때문이다.

그들이 그곳에 머물렀던 3월 5일, 스콧의 극점팀은 백 여 마일 이상 떨어진 곳에 있었다. 실제로 그가 이날 이후에 이삼 일 정도(개썰매는 기상과 지표만 허락하면 하루 삼십 마일 이상을 갈 수 있다.) 올라갔다면 극점팀을 만날 수 있었다. 3월 11일에는 극점팀과의 거리가 육십 마일까지 좁혀졌다. 체리-개라드는 극점팀이 원톤 캠프에서 멀지 않은 곳에서 생존을 위해 고군분투하고 있음을 전혀 예측할 수가 없었다. 그는 오히려 그 시점이 귀환의 오차 범위를 크게 벗어나지 않았다는 것과 극점팀이 원톤 캠프에 도달하면 눈보라가 아무리 기승을 부려도 한동안 체류해도 될 정도로 풍부한 식량 및 연료가 비축되어 있었기에 큰 걱정을 하지 않았다.

오히려 개들이 추위와 굶주림으로 사나워져 통제가 힘들어지는 것과 드미트리의 건강이 악화되고 있는 것이 큰 문제였다. 게다가 10일부터는 개 먹이가 거의 한계에 달해 위로 올라가려면 개를 잡아서 개에게 먹여야 했다. 이런 상황에서 스물일곱 살의 체리-개라드가 알아서 판단하고 행동하기에는 너무 어렸고 경험이 없었다. 결국 체리-개라드는 11일에 위로 올라가는 대신 헛 포인트 귀환을 결정했다. 귀환길 역시 연이어 눈보라로 쉽지 않은 상황에 갇혔다.

16일, 개썰매는 고투 끝에 마침내 헛 포인트로 귀환했다. 앳킨슨은 개썰매팀의 상태를 보고 경악했다. 체리-개라드와 드미트리가 극도로 쇠약해져 있었고 뼈가 앙상했을 뿐만 아니라 온통 얼음이 달라붙어 거의 동상에 걸려 있었다. 앳킨슨은 일단 두 사람을 간호했다. 케이프 에번스의 기지에서 또한 좋지 않은 소식이 와 있었다. 체리-개라드가 원톤에 있는 동안 테라노바 호가 북부팀을 태우기 위해 네다섯 차례나 해안에 접근을 시도했지만 유빙의 압박으로 결국 실패했다는 것이다.

3월 4일, 테라노바 호는 북부팀이 기다리는 해안에 수차례 진입을 시도했지만 바다가 얼어붙기 시작하자 결국 북부팀을 태우지 못하고 방향을 돌려야 했다. 불행 중 다행인 것은 위독한 에드워드 에번스를 무사히 배에 태웠다는 것이었다. 헛 포인트에는 앳킨슨 · 키오한 · 체리-개라드 · 드미트리 네 사람이 있었고 케이프 에번스와는 바닷길이 끊어져 소통이 되지 않았다. 소통하려면 한 달 후에 바다 얼음이 얼기를 기다려야 했다.

모든 상황이 여의치 않았다. 개썰매를 움직이는 것이 불가능했고 체리-개라드와 드미트리는 건강이 좋지 않았다. 달리 닥터 앳킨슨이 할 수 있는 것은 없었다. 그러던 어느 날 개들이 심하게 짖어댔다. 뭔가가 멀리서 다가올 때 개들이 보이는 반응이었기 때문에 그들은 환호하며 달려 나갔지만 그것은 착각이었다. 원인은 물개였다.

3월 26일, 앳킨슨은 상황이 심상치 않음을 느끼고 키오한과 둘이서 직접 썰매를 끌고 마지막으로 극점팀을 만나러 올라가는 시도를 했다. 27일에 그들은 두 대의 썰매를 끌고 빙붕으로 올라섰다. 이미 가을로 접어든 계절의 전환기에 남극의 기후는 극도로 험악했고 극도로 변화무쌍했다. 30일, 그들은 하얀 빙하 설원에서 끝없는 드래프트와 눈보라를 헤치고 코너 캠프까지 간신히 올라갔다. 그들은 코너 캠프에서 팔 마일 더 올라갔으나 날씨가 극도로 위협적이었다. 앳킨슨은 그 시점의 기온과 기후를 고려한 끝에 결국 극점팀의 귀환이 힘들다는 결론을 내렸다.

그들 역시 최악의 상태로 귀환했다. 그들이 헛 포인트에서 할 수 있는 것은 아무것도 없었다. 바다가 얼어야만 케이프 에번스로 건너갈 수 있었고 그 곳에 있는 대원들과 대책을 논의할 수 있었다. 지휘권은 남은 이들 중 유일한 선임 지휘관인 앳킨슨에게 있었다. 앳킨슨 앞에 놓인 난제는 이것만이 아니었다. 배를 타지 못한 북부팀을 찾아야 하는 문제도 있었다. 그들은 극점팀에 대한 한 가닥 희망을 버리지 못하고 매일 고지대로 올라가 그들이 오는 방향을 주시하고 있다가 멀리서 뭔가가 움직인다고 생각하면 흥분해서 달려갔다. 하지만 언제나 그것은 환영과 신기루였다.

상황이 왜 이렇게 설상가상이 되어 버렸을까? 결론적으로 말하면 극점팀을 지원하고 내려간 지원팀이 기지로 귀환하는 과정이 예상과 달리 순조롭지 못했던 것이 일차적 원인이었다. 그 원인은 예상 밖의 기상 악화였다. 지원팀에는 개썰매팀 둘과 1차 지원팀과 2차 지원팀(최종 지원팀)이 있었다. 개썰매팀은 메레스와 드미트리가 이끌었고 1차 지원팀은 수장인 앳킨슨(의사), 네비게이터인 라이트(물리학자), 체리-개라드(동물학 보조), 키오한(뱃사람) 네 명이었고 2차 지원팀은 네비게이터인 에드워드 에번스(부대장), 레슬리와 크린 세 명이었다.

(귀환의 요약)

개 썰매팀-계획대로라면 헛 포인트에 12월 중하순에 도달하여 연이어 내려오는 1·2차 귀환팀과 극점팀을 위한 추가 수송을 해야 했지만 귀환 중에 폭설과 눈보라에 발이 묶이면서 날짜 상으로 매우 늦게, 최악의 상태로 귀환했다. 결과적으로 케이프 에번스에 도달했을 때는 전혀 움직일 수 없었다. 그렇게 된 결정적인 원인은 심한 폭설 때문이었다. 그들은 빙붕을 하얗게 뒤덮은 폭설의 눈 더미 속에 갇혀 길을 잃고 헤매는 사투 끝에 매우 늦은 날짜인 1월 4일 귀환했다.

1차 지원팀 (앳킨슨·라이트·체리-개라드·키오한)-12월 22일, 비어드모어 빙하 상층부에서 귀환을 시작한 그들은 역시 예측 불가능한 기후와 눈보라로 흔적이 사라진 경로와 크레바스와 균열 지대 속에서 악전고투하였다. 그 끝에 한 달여 만인 1월 6일, 천백육십삼 마일 거리의 헛 포인트로 귀환했다. 세 팀 중에서 그나마 조금 양호했다.

2차(최종) 지원팀 (에드워드 에번스 · 레슬리 · 크린)-1월 4일, 남위 87도 부근에서 귀환을 시작한 그들은 1차 지원팀이 헛 포인트에 도달하여 케이프 에번스로 넘어갔을 무렵 한창 내려오고 있었다. 하지만 수장이자 항해사인 부대장 에번스가 예상치 못한 괴혈병이 나고 심해져서 팀을 절체절명의 위기로 몰아넣었다.

스콧은 개썰매가 비어드모어 빙하 진입부의 한계 라인에서 귀환할 때 개썰매를 모는 메레스에게 헛 포인트로 귀환하는 즉시 휴식을 취한 후 여분의 물자를 원톤 캠프에 수송하고 원톤 캠프 옆에 '개먹이 저장소'를 별도로 설치해놓게 했다. 하지만 만일의 경우 개썰매에 불가피한 문제가 생기면 대원들이 직접 끌어 수송해놓게 했다. 실제 상황은 스콧이 '불가피한 경우'를 가정한 것이 맞아떨어졌다. 개썰매팀이 기지로 귀환했지만 전혀 움직이지 못하는 상황이 되자 원톤으로의 추가 수송은 사람이 끄는 썰매에 의존할 수밖에 없었다.

그들은 두 번의 왕복 수송을 했지만 가혹한 기후와 험한 지표에서 인간이 끄는 수송은 한계가 있었다. 결국 그들은 정해진 기간 동안 지원팀과 극점팀을 위한 상당량의 추가 수송을 했지만 (다섯 주간의 식량) '개 먹이 저장소'를 따로 설치할 여력이 없었다. 그래서 체리-개라드가 원톤으로 개썰매를 몰고 올라가면서 스무날 남짓 분량의 개 먹이를 싣고 갔지만 만약의 경우 문제가 생기면 대처하기에는 부족한 상태에 있었다. 결론적으로 스콧이 3월 10일 기록에서 "우리를 구해줄 개썰매와의 만남은 실패가 분명하다. 추측컨대 메레스의 귀환이(개썰매팀의 귀환) 순조롭게 이루어지지 않은 듯싶다."라고 기록했는데 이 추측이 사실이었다.

더 거슬러 올라가면 1차 지원팀인 앳킨슨팀(앳킨슨 · 체리-개라드 · 키오한 · 라이트)은 1월 말에 에번스의 곶 기지로 귀환해 임무를 완수했다는 안도감으로 한동안 휴식을 취했다. 2월 초, 테라노바 호가 모습을 드러냈다. 테라노바 호를 탈 귀국팀과 한해 더 잔류할 잔류팀이 결정되어 있는 상황이었기에 이때만 해도 모든 일이 순조롭게 마무리되는 것처럼 보였다. 테라노바 호는 유빙을 뚫고 해안에 접근을 시도했고 마침내 2월 4일, 바다 얼음 삼 마일 지점에 닻을 내렸다. 2월 9일부터 물자 하역 작업이 순차적으로 이루어졌다. 이미 말한 것처럼 여덟 마리 노새와 열네 마리의 개들을 포함하여 스콧이 극점에서 돌아와 일 년을 더 체류하기 위한 물자가 내려졌고 두 명의 신참이 새로 왔다. 이 작업은 2월 14일경 마무리되었다. 앳킨슨은 2월 13일, 드미트리와 두 대의 개썰매를 몰고 극점팀을 만나러 올라갈 준비를 마치고 바다 얼음이 약해지기 시작하자 헛 포인트로 이동했다.

앳킨슨은 자신들이 내려온 평균 속도(하루 십사 마일과 오분의 일 마일)를 표준으로 삼아 극점팀이 원톤에 도달할 가장 근접한 날짜(3월 초)에 맞추어 원톤에 도착하기 위해 헛 포인트에서 대기했다. 그런데 이미 말한 것처럼 예상치 못한 일이 발생했다. 2월 19일, 최종 지원팀인 에드워드 에번스 · 레슬리 · 크린 중에서 크린이 혼자 헛 포인트로 귀환해 에드워드 에번스가 귀환중에 괴혈병에 걸려 사투를 벌이고 있음을 알렸다. 남극에서 혼자 임무를 수행하는 것은 절대로 있을 수 없었지만 극단적인 위기 속에서 크린이 두 사람과 떨어져 위험을 무릅쓰고 혼자 18시간 동안 삼십사 마일을 쉼 없이 내려온 것이다.

하지만 그 날도 눈보라가 기승을 부리고 있었다. 그리고 다음 날도 눈보라는 그치지 않았다. 20일 오후, 눈보라가 잠시 약해졌을 때 앳킨슨과 드미트리는 개썰매를 몰고 서둘러 코너 캠프로 올라갔다. 눈보라 속에서 중단과 수색을 반복한 끝에 가까스로 레슬리가 썰매에 묶어놓은 깃발을 발견하고 천막을 찾았다. 다행히도 에드워드 에번스는 죽지 않고 살아있었다. 앳킨슨은 일단 그에게 신선한 채소와 과일, 물개고기 등을 먹였다. 에드워드 에번스는 살아있다는 것이 기적이며 조금만 늦었어도 죽었을 정도로 상태가 최악이었다.

눈보라는 그 날도, 그 다음 날도 그치지 않았다, 그들이 헛 포인트로 귀환하는 시간이 지체되었다. 그들이 겨우 헛 포인트로 돌아온 날은 22일이었다. 레슬리의 이야기에 따르면 그들이 1월 4일, 극점팀과 작별을 하고 귀환을 시작했는데 1월 17일, 최악의 크레바스 미로 지대에 들어서면서 에번스 중위가 급속도로 쇠약해지기 시작했다. 눈보라와 공포스러운 크레바스 혼란 지대의 미로 속에 갇혀 길을 찾지 못하는 암담함 속에서 에드워드 에번스가 시력 이상과 무릎 뒤쪽이 뻣뻣해지고 통증이 오는 증상을 호소하기 시작했다. 점차 그는 잇몸이 심하게 부어오르고 피가 났고 나중에는 스키는 고사하고 혼자서 서 있을 수조차 없는 상태가 되었다. 게다가 때로 많은 피를 쏟거나 정신을 잃었다. 디스커버리 호를 타고 탐험했을 때 괴혈병 증상을 들은 적이 있던 두 사람은 점차 그것이 극도로 조심했던 괴혈병임을 알게 되었다.

나중에 에드워드 에번스가 거의 실신 상태가 되자 그들은 필수품을 제외한 나머지 썰매 짐을 내리고 에드워드 에번스를 썰매에 실어서 끌었다. 하지만 네비게이터였던 에드워드 에번스가 무너져서 그들의 생존까지도 위협했다. 결국 에드워드 에번스는 그들에게 자신을 침낭 속에 남겨두고 가라는 제안을 하기에 이르렀다. 그래도 레슬리와 크린은 받아들이지 않았다. 그들이 에드워드 에번스를 끌고 내려오다가 도저히 갈 수 없는 상황이 되자 레슬리가 에드워드 에번스 곁에 남고 크린이 혼자 구조를 요청하러 내려오게 되었던 것이다. 1차 지원팀의 귀환 속도가 하루 평균 십사 마일과 오분의 이 마일이었음에 비해 2차 지원팀은 십일과 오분의 이 마일이었다.

세상 끝 최악의 탐험, 그리고 최고의 기록

극점팀이 귀환에 실패한 이유 (현대 과학이 입증한 것을 바탕으로)

"이 모든 것도 빙붕에서 우리를 기다리고 있던 예상 밖의 상황에 비하면 아무것도 아니었습니다. 우리가 귀환에 대비해 저장했던 물자는 매우 적절했습니다. 그런데 한 해의 이 시점에 이런 날씨일 줄 이런 지표일 줄 누가 감히 예상했겠습니까? 위도 85도 86도의 정상에서 온도가 −34℃, −37℃이었습니다. 그보다 고도가 구백구십칠 피트나 낮은 위도 82도에서 기온이 규칙적으로 낮에는 −37℃ 밤에는 −42℃까지 내려갔습니다. 그리고 낮에는 강한 역풍을 동반했습니다. 이런 상황은 급작스럽게 발생한 것이 분명해 보입니다. 우리 조난은 이처럼 분명하게 원인을 알 수 없는 기후 때문입니다. 이것은 이 지점에서 어느 누구도 경험하지 못한 것입니다. 이런 날씨에도 불구하고 통과했었어야 했지만 두 번째 대원인 오츠 대위의 쇠약과 이해할 수 없는 연료의 부족, 마지막으로 십일 마일만 가면 물자를 안전하게 얻을 수 있는 지점에서 눈보라의 연속으로 완전히 발이 묶이고 말았습니다."

이는 스콧이 남긴 '국민께 드리는 마지막 인사'의 한 구절이다. 스콧이 언급한 귀환 실패의 직접적인 원인은 빙하에서 빙붕으로 내려온 후 맞닥뜨린 '예상 밖의 기온 저하와 연료 부족'이었다. 그전까지 남극은 정상 기온이었다. 하지만 이것은 초기에 대중들에게 쉽게 다가오지 않았다. 남극이 지구상에서 기온이 가장 낮은 지역이란 것이 예나 지금이나 변함없는 사실이었기 때문에 일반인이 쉽게 납득할 수 없었다. 그래서 일부 비평가들은 변명이란 말로도 표현했다.

이십 세기 말에 남극 과학자 수잔 솔로몬은 바로 이 지점을 연구의 출발점으로 삼았다. 그것은 '정상과 이상 사이에 이상을 말하려면 정상에 대한 명확한 인식이 있어야 하는데 남극의 기상에 대한 스콧의 인식이 기본적으로 정확한 것이었을까' 하는 것이었다. 수잔 솔로몬은 약 백 년 동안 얻어진 남극 기상에 관한 수많은 자료를 컴퓨터로 심층 분석했다. 그 결과를 분석한 것이 《가장 차가운 행군》이라는 저서이다. 수잔 솔로몬은 이 책의 〈서문〉에서 이 연구의 시발점과 결과에 대한 자신의 심경을 이렇게 기술했다.

"나는 처음에 과학자로서 '혹시 스콧이 남극점에서 귀환할 때 기온과 바람의 상태를 잘못 예측하는 큰 오류를 범하지 않았을까' 하는 의심을 품었다. 어쩌면 스콧과 대원들이 남극에서 삶과 죽음의 모든 측면을 나타내는 '기후'라는 것을 제대로 예상하고 고려하지 못했기 때문에 그런 비극적인 결과를 낳았을지도 모른다는 전제를 세웠다.

하지만 수많은 자료를 비교 검토하고 스콧의 일기와 대원들의 글을 살살이 분석했을 때 놀랍게도 편협하고 바보스러운 것은 그들이 아니라 나라는 사실을 깨달았다. 스콧과 그의 대원들은 기상학과 관련하며 모든 것

세상 끝 최악의 탐험, 그리고 최고의 기록

을 놀라울 정도로 세세히 분석해놓고 있었다. 과학자들에게 뿐만 아니라 과학자가 아닌 이들에게도 엄청난 영감을 불러일으킬 정도로 말이다. … 결론적으로 말하자면 스콧과 그의 대원들은 남극의 기후에 관한 모든 것을 정확하게 파악하고 있었다. 불운도 이런 불운이 없었다는 사실이 안타까울 뿐이다. 그들의 죽음은 일차적으로 인간의 잘못이 아닌 최악의 불운과 예측할 수 없었던 기후 때문이다."

사실 스콧의 "국민께 드리는 마지막 글"에 들어 있는 '이상 저기온'에 대해 훨씬 더 이전에 기상학자 심프슨의 심층적인 연구가 있었다. 심프슨은 그해 맥머도 만에서 행한 자동기록 장치가 달린 관측용 열기구 실험을 토대로 1912년, 케이프 에번스 기지와 빙붕(계속 언급되는 빙붕은 스콧의 탐험 경로에 있는 빙원의 일종)의 기온이 다른 해와 여러 가지로 달랐음을 입증했다. 그의 연구 결과는 세 권의 연구보고서로 나왔다. 심프슨은 다양한 연구 분석을 통해 스콧의 극점팀이 3월 19일부터 경험한 빙붕 기온이 남극의 그 시점에 측정되는 일반적인 빙붕 기온이 아니라는 결론에 도달했다. 스콧팀이 빙붕에서 맞닥뜨린 기온은 남극의 그 시점에 빙붕에서 일반적으로 예상되는 기온보다 −1~−7℃ 더 낮은 것이었다. 더 치명적이었던 것은 그런 이상 한파가 지속적이었다는 점이다.

일반적인 경우라면 그 시기에 빙붕에 이상 한파가 몰아쳤다고 해도 곧이어 남풍이 불어 차가운 공기층을 휩쓸어 버리기 때문에 이틀 혹은 사흘 이상 지속되는 경우가 거의 없다고 했다. 그는 그는 이상 한파가 지속된 원인으로 스콧의 언급처럼 남풍이 불지 않은 것을 들었다.(2월 중순 이후로 스콧은 계속 혹독한 서풍과 역풍인 북풍이 아닌 남풍이 불어주기를 갈망했다.) 뿐만 아니라 그는 또 다른 자료 분석을 통해서도 그 해 빙붕이 정상적인 기온이 아니었음을 입증했다. 스콧팀의 사계절 빙붕 기온 자료를 모두 얻었다. 심지어 크로지어팀(황제펭귄 탐사팀)의 모험으로 불가능한 것으로 여겼던 겨울 것까지 얻었다.

심프슨은 분석 결과 케이프 에번스(기지)와 빙붕(스콧팀의 탐험 경로 중 제일 먼저 거처가는 빙원)의 기온이 겨울에 가장 많은 차이가 나며 빙붕이 −2~−3℃ 정도 더 낮다는 결론을 도출했다. 그는 1911년, 크로지어팀이 귀환한 후에 그것을 분석하여 보고했다. 하지만 극점팀이 귀환했던 1912년은 이상 기온 현상이 나타났다. 3월은 남극의 겨울이 아니라 가을에 해당되는 시점인데 빙붕이 케이프 에번스보다 무려 −4℃나 더 낮았다. 이것은 1911년 겨울의 −2~−3℃ 차이를 뛰어넘었다. 요컨대 그의 결론은 그 시기의 남극 빙붕이 일반적으로 십 년 중 구 년은 스콧팀이 경험한 것보다는 온화하다는 것이다. 결국 스콧 극점팀은 열 번 중에 한번 있을까 말까 한 '지속적인 이상 저기온'의 피해를 입었다는 것이다.

수잔 솔로몬은 심프슨보다 훨씬 더 장기간에 해당되는 백 년 동안 남극에서 측정한 자료를 비교 분석했다. 그녀는 스콧의 디스커버리 호 탐험, 새클턴의 님로드 호 탐험, 아문센의 탐험, 스콧의 마지막 탐험, 그 이후의 여러 다른 탐험가들이 측정한 것과 이후에 남극에 자동 기상 관측 장치가 설치되면서 자동으로 기록된 남극의 빙붕 기온을 컴퓨터를 통해 정밀하게 비교 분석했다.

수잔 솔로몬이 '스콧 극점팀의 2월 25일에서 3월 19일 사이'의 빙붕 기온을 1965년에서 2000년까지 뉴질랜드에 베이스를 둔 남극의 자동 온도 기록 장치를 통해 얻어진 기온과 비교 분석한 끝에, 삼십오 년 동안 1988년 단 한 해만이 스콧팀이 경험한 최저 기온과 비슷한 것을 발견했다. 결론적으로 그녀 역시 그 해 그 시점의 기온은 일반적인 경우가 아니며 그들의 죽음의 직접적인 원인은 '비정상적인 기온 저하'라는 결론에 도달했다. 사실 이것은 그녀가 분석한 수많은 기상학적 사실 중 매우 간단한 한 가지 결과일 뿐이다. 그녀는 책 한 권에 걸쳐 그 해의 남극 기상에 대해 다각도로 분석한 연구 결과를 내놓았다. 예일 대학교 출판사에서 나온 그녀의 저서 《가장 차가운 행군》은 '2001 콜로라도 북 어워드'를 수상했고, 2003 미국 기상학 협회상을 수상했으며 '2001년 이코노미스트의 가장 좋은 책'들 중 하나로 선정되었다.

비극의 또 다른 직접적인 원인으로 스콧이 언급한 것이 연료 부족이다. 연료는 남극에서 어느 정도 몸을 녹이고 눈을 녹여 요리하는 데 필수적인 것으로 탐험 단계별 예상 체류일을 계산하여 빙붕 단계, 빙하 단계 등 세분화되어 책정되었고 저장되었다. 물론 눈보라 같은 나쁜 날씨로 불가피하게 행군이 지연되는 경우를 대비해 당연히 여분까지 책정했다. 극점팀은 귀환 중에 쇠약해진 동료들 때문에 행군이 상당히 지연되었음에도 비어드모어 빙하를 가로질러 빙붕으로 들어설 때까지는 무난히 내려왔다.

문제는 빙붕으로 내려온 후였다. 기온은 예상과 달리 훨씬 가혹했는데 빙붕의 저장소에서 발견된 연료는 극점팀 몫으로 책정된 분량에 미달이었다. 사실 그 해의 기후 상태는 스콧조차도 예상하지 못했을 정도로 나빴을 뿐만 아니라 지원팀도 매우 나쁜 상태에 있었다. 이후에 극점팀을 지원하고 내려간 메레스의 개썰매팀이 당시 폭설로 귀환이 상당히 지체되면서 책정 분보다 조금 더 사용했다는 말이 나오기도 했다.

하지만 이 원인에 대해 초기에는 케른 상단부에 놓인 주석으로 만들어진 연료 저장 탱크가 태양열과 냉기가 반복되다 보니 주석 통이 별다른 손상을 받지 않아도 마개 부분을 통해 증발이 일어난 것으로 알려졌다. 사실 기름통 마개는 당시로서 최신식인 나사식 돌림 형식이었지만 가죽 나사받이 부분이 특히 극한의 기후에서 약해져 새어 나가고 증발 현상이 일어난 것으로 일차적으로 밝혀졌다.

여기에 대해 앳킨슨이 두 가지 예를 들었는데 첫 번째는 1911년 10월, 다른 곳에 수송할 목적으로 케이프 에번스에 나무 상자에 일 갤런짜리 파라핀 주석 통 여덟 개를 넣어놓았다. 그렇지만 수송할 배가 오지 않아 그대로 저장되어 있다가 십 오 개월 후인 1912년 12월, 들어 내보니 통 세 개가 차 있었고 통 세 개가 비어 있었으며 한 개는 삼분의 일이 또 다른 한 개는 삼분의 이가 차 있었다.

두 번째는 수색팀이 일 년 후에 원톤 캠프로 극점팀을 찾아 올라갔을 때 케른 아래쪽에 묻힌 식량 일부가 케른 꼭대기 육과 오분의 사 피트 높이의 기름통에서(붉은 색깔이었기에 표식으로 삼기 위해 위쪽에 놓아두었다.) 스며 나온 기름에 젖어있는 것을 발견했다. 아무리 이중 마개를 해두었음에도 휘발성이다 보니 예상치 않게 증발하고 새어 나갔던 것으로 알려졌다.

세상 끝 최악의 탐험, 그리고 최고의 기록

마지막으로 그들에게 치명적으로 불어 닥친 눈보라에 대해서는 구체적으로 밝혀져 있지 않지만 같은 시기에 남극 대륙 로스 해 서쪽에서 제법 떨어진 퀸 메리랜드에 상륙해있던 모슨 탐험대를 이끈 프랭크 와일드가(〈타임스〉지 1913년 6월 2일자) 스콧과 그의 대원들에게 치명적이었던 바로 그 눈보라로 인해 자신들도 같은 기간에 (1912년 3월 21일부터) 아흐레 동안 천막에 갇혀 있었다고 언급했지만, 눈보라는 지역적 기류이기 때문에 같은 것인지 분명치 않을 뿐만 아니라 남극의 눈보라가 그렇게 오래 지속되는 경우는 거의 없는 것으로 알려져 있다. 추정할 수 있는 것은 스콧이 초기에 언급한 나흘간의 눈보라 중에 더 이상 손을 쓸 수 없는 상태가 되었음이 분명해 보인다.

마지막으로 직접적인 이유는 아니라고 해도 스콧에 의해 지속적으로 언급되어 나온 것이 있다. 식량 부족이다. 사실 이것은 가장 오래 전에 제기된 것이라고 해도 과언이 아니다. 이상 저기온과 연료 부족을 선뜻 이해하기 어려웠던 대중들에게 오히려 이 요인이 훨씬 더 직접적으로 와 닿았다. 하지만 이것이 직접적인 원인은 아니었다. 스콧팀은 개썰매를 이용한 아문센팀과는 많은 것이 달랐다. 말하자면 아문센팀보다 탐험 코스가 길고 험난했다.

왜 그토록 험난한 코스를 택했냐고 한다면 일부러 택한 것이 아니라 유일하게 정보가 조금이나마 알려져 있었기 때문이었다. 디스커버리 호 때 스콧이 이 코스로 남위 82도까지 진입했다. 연이어 같은 코스를 섀클턴이 몇 년 후(1908년)에 남위 88도 비어드모어 빙하 상층부까지 올라갔다가 귀환했다. 그래서 유일하게 두 번의 탐험을 통해 조금이나마 알려져 있었다. 체리-개라드는 "미지의 세계에서 정보가 조금이라도 알려진 곳을 피할 사람은 아무도 없다."라고 했다.

무엇보다도 그들은 한 명이 팔십 내지 구십 킬로그램의 무거운 썰매를 직접 끌어야 했다. 11월 1일 출발부터 마지막 날짜인 3월 29일까지 사 개월 이십구 일 동안 적어도 석 달 이상을 직접 썰매를 끌어야 했다. 사람의 힘으로 썰매를 끄는 데 제일 큰 걸림돌은 지표였다. 갓 내린 눈이 무릎까지 쌓여 썰매가 눈 더미에 박혀 꼼짝하지 않을 때도 수없이 있었고 사방으로 줄지어 달리는 크레바스 혼란지대에서 추락할까봐 직진하지 못하고 돌아가는 길을 찾다가 지옥 같은 크레바스의 미로 속에 갇힌 것이 한두 번이 아니었다. 결국 에드가 에번스는 크레바스 추락을 계기로 급격하게 약해졌다.

뿐만 아니라 사스트루기라는 또 다른 악성 지표도 있었다. 사스트루기는 바람에 날린 눈이 갈고리 모양으로 불규칙하게 굳어진 것으로 썰매와 지독한 마찰을 일으키는 최악의 지표로 현대 설상차도 최대 장애물로 여긴다. 그것은 썰매에 엄청난 장애물이었고 결국 썰매를 끄는 대원들이 지나치게 힘을 쏟아 넣게 되었다.

이 점에 대해 현대 과학이 내린 결론은 '극한에서 육체노동을 하는 한 명의 하루 열량'은 적어도 칠천오백 킬로칼로리였다(일반인들이 보통 하루 권장량 이천삼백 내지 이천오백 킬로 칼로리를 섭취하는 것을 기준으로 보면 세 배 이상이다). 뿐만 아니라 때에 따라서는 네 배에 해당되는 일만 킬로칼로리 이상이 필요할 때도 있다고 한다.

당시는 괴혈병이 그렇듯 그 당시에는 장기간의 썰매 이동시의 식이에 대한 과학적 정보나 지식이 존재하지 않았기에 경험에 의존할 수밖에 없었다. 스콧팀의 썰매 이동 식이는 심한 육체노동시의 열량 소모를 고려하여 말이 썰매를 끈 '빙붕 지대'와 직접 썰매를 끈 '빙하 지대와 정상 지대'에서 다르게 책정하였다. 그렇다고 해도 빙붕 식이가 사천 킬로칼로리 정도였고 빙하 및 정상 식이가 사천오백 내지 오천 킬로칼로리 정도였다. 체리의 저서에 따르면 이것은 디스커버리 호 시절의 경험과 크로지어 곶 탐사 때 윌슨팀이 테스트한 것을 토대로 책정된 것으로 크로지어팀은 만족스러워했고 스콧의 기록이나 대원들의 기록을 통해 보면극점팀 역시 올라갈 때는 만족해했다.

하지만 두 탐험은 조건에 비슷한 점과 차이점이 있었는데 직접 썰매를 끌어야 된다는 점, 혹한이라는 점이 크로지어팀과 다소 비슷했다고 한다면 차이점은 탐험 기간이었다. 극점팀은 약 백오십 일로 크로지어팀의(삼십육 일) 네 배에 해당되는 기간이었다. 결국 혹한에서 혹독한 육체노동의 기간이 길어지면서 열량 소모가 누적되어 지속적인 허기 상태를 유발시킨 것이다.

상대적으로 아문센팀은 개썰매를 이용했기 때문에 열량 소모가 적었다. 스콧의 경로는 현실적으로 개썰매가 불가능한 코스였다. 새클턴이 비어드모어 빙하 진입부에 악성 크레바스 지대가 있다고 처음부터 밝히고 있었기 때문에 개썰매는 '비어드모어 빙하 진입' 전후로 제한될 수밖에 없었다.

그러면 아문센은 어떻게 그런 길을 알게 되었을까? 역시 정보는 없었다. 지도상에서 그 경로는 스콧의 경로보다 백 마일 정도 가까운 거리라는 것만 알려져 있었다. 그가 개썰매를 끌고 큰 문제없이 갔다가 올 수 있었던 것은 그가 극지 탐험 경험이 많은 노련한 탐험가이기도 했지만 또 다른 면에서는 남극 지형의 보편적인 특성을 놓고 볼 때 운이 좋았다는 점도 무시할 수 없었다(크레바스 혼란 지대였다면 개썰매 자체가 불가능했을 것이라는 점에서).

게다가 현대 과학은 아문센이 또 달리 운이 좋았음을 확인시켰다. 바로 그가 상륙하여 기지를 세웠던 고래의 만 빙벽은 이후에 떨어져나갔다. 그 곳은 땅이 아니라 물에 뜬 빙하였다. 2000년 5월, 그것이 떨어져 나간 것이 찍힌 인공 위성 이미지 사진이 한 남극 학술지에 실렸다. 그 곳은 스콧이 디스커버리 호 시절 삼 년 동안 관측과 수심 측정을 통해 땅이 아니라 물에 떠 있다는 결론을 내린 곳이었지만, 아문센은 극점 정복 성공 후에 땅이라고 공언했다. 머무르는 동안 감지할만한 움직임이 없다는 것과 경위의가 지속적인 수평을 유지했다는 점을 근거로 들었다. 많은 비평가들은 아문센의 말에 따라 그 곳을 땅이라고 믿었고 빙하지대에서 기지를 세울 만한 땅을 발견한 점에 찬사를 보냈다.

심지어 체리-개라드조차도 그 곳을 땅이라고 하는 아문센의 말을 믿었고 스콧과 생각이 같은 스콧 탐험대 북부팀에 속한 지질학자 프리스틀리의 판단을 오판이라고 지적했다. 하지만 그 곳은 체리-개라드가 죽은 (1959년) 후에 떨어져 나갔다.

결국 내부 정보가 거의 전무한 상태나 다름없는 당시의 남극에서 운은 성패를 좌우하는 결정적 요소 중 하나였고 스콧 역시 이것을 부인하지 않았다. 그는 출발하기 전 호주의 한 인터뷰에서 '운이 많은 것을 좌우하

게 될 것'이라고 예견했고 기록 속에서 끊임없이 '제발 운이 우리를 돌아

봐 주시기를'이라고 기원하고 있었기 때문이었다.

부록1,2 (p.518~539) © 박미경

초판 1쇄 발행 2017년 3월 10일

옮긴이 박미경
펴낸이 나성원
펴낸곳 나비의활주로

편집 유지은
디자인 ALL DESIGN GROUP
캘리그라피 고미서

주소 서울시 강북구 삼양로85길 36
전화 070-7643-7272
팩스 02-6499-0595
전자우편 butterflyrun@naver.com
출판등록 제2010-000138호

ISBN 978-89-97234-96-7 03100